CETC 云计算技术与应用专业校企合作系列教材

企业SaaS云应用开发

主　编　吴升刚　衣马木艾山·阿布都力克木
副主编　黄金凤　徐新建　张可雪
主　审　王春莲

高等教育出版社·北京

内容简介

本书是云计算技术与应用专业校企合作系列教材。

本书通过校企产教融合的实践项目——企业进销存管理系统，较为系统地介绍了企业 SaaS 云应用开发的相关知识和技能。全书共分为 3 篇——基础知识篇、系统功能篇与部署发布篇，并根据程序员的岗位要求和职业标准，系统地分为 11 个项目，涵盖了 SaaS 云应用开发程序员岗位的基本知识与技能要求。

本书可作为高等职业及应用型本科院校云计算技术与应用专业、软件技术专业的核心课程及计算机相关专业的教材，也可作为软件技术应用和云计算技术与应用的培训教材。

图书在版编目（CIP）数据

企业 SaaS 云应用开发 / 吴升刚，衣马木艾山·阿布都力克木主编. --北京：高等教育出版社，2019.4

ISBN 978-7-04-051127-7

Ⅰ. ①企… Ⅱ. ①吴… ②衣… Ⅲ. ①计算机网络-应用-企业管理-高等职业教育-教材 Ⅳ. ①F272.7

中国版本图书馆 CIP 数据核字（2019）第 006451 号

Qiye SaaS Yunyingyong Kaifa

策划编辑 吴鸣飞 责任编辑 许兴瑜 封面设计 赵 阳 版式设计 徐艳妮
插图绘制 于 博 责任校对 刁丽丽 责任印制 赵义民

出版发行	高等教育出版社	网　址	http://www.hep.edu.cn
社　址	北京市西城区德外大街 4 号		http://www.hep.com.cn
邮政编码	100120	网上订购	http://www.hepmall.com.cn
印　刷	北京中科印刷有限公司		http://www.hepmall.com
开　本	787mm×1092mm 1/16		http://www.hepmall.cn
印　张	16.75		
字　数	460 千字	版　次	2019 年 4 月第 1 版
购书热线	010-58581118	印　次	2019 年 4 月第 1 次印刷
咨询电话	400-810-0598	定　价	48.00 元

本书如有缺页、倒页、脱页等质量问题，请到所购图书销售部门联系调换

物 料 号 51127-00

前 言

近年来，云计算技术的迅猛发展给 IT 行业带来了新鲜的活力，云计算技术的兴起给很多企业带来了蓬勃发展的机会，并使越来越多的企业开始关注并选择基于云计算的软件或者硬件服务。SaaS 就是基于云计算的一个软件开发模式。基于 SaaS 模式的企业软件越来越得到企业的重视，SaaS 不仅满足企业的各种业务需求，还给企业节约了大量成本，并由此带来巨大的 SaaS 人才需求。为适应高职院校对云计算技术与应用专业的教学需求，校企合作将陆续推出系列专业教材，本书就是在此背景下，由成员单位山东商业职业技术学院、南京第五十五所技术发展有限公司和江苏一道云科技发展有限公司共同编写而成的。本书是校企产教融合后的实践产物。该书结合 SaaS 进销存系统的应用开发、数据可视化技术、云平台部署作为核心内容，是针对高职高专云计算技术与应用专业或相关专业的云应用与开发课程的参考教材。本书以企业进销存管理系统的开发为主线，将进销存管理系统项目的开发分解为若干子模块。在每一个子模块中，首先提出要完成的任务目标，然后详细描述了任务的实现步骤，并对项目涉及的技术原理进行了详细介绍，最后给出了每一个模块的实现效果。本书力争做到基础知识介绍有针对性，任务目标操作具体化。企业进销存管理系统使用业内主流的 Java Web 框架开发技术、数据可视化技术，结合 SaaS 模式和云平台部署，项目功能全面，系统扩展性强，具有良好的实用性。

一、特点

1. 项目贯穿

本书以企业经典应用——企业进销存管理系统作为 SaaS 案例，贯穿全书的 3 个篇章——基础知识篇、系统功能篇和部署发布篇，并根据 Java Web 开发程序员的岗位要求和职业标准，系统地分为 11 个项目，涵盖了 SaaS 云应用开发程序员岗位的基本知识与技能要求。

2. 任务驱动

11 个项目各包含多个功能任务。在基础知识篇中，每个任务的内容按实际教学实施的步骤分为任务描述和知识学习，并在每个项目最后进行项目总结；在系统功能篇和部署发布篇中，每个项目开始会罗列对整个项目的项目描述、知识目标、技能目标及项目所包含的任务列表这 4 部分内容。每个任务的内容按照实际教学实施的步骤分为任务描述、任务目标、知识学习和任务实施 4 个环节。在系统功能篇和部署发布篇的每个项目结束时有一个技能训练环节，考查学生的学习情况，最后对每个项目进行总结。任务设计的思路：先“做中学”，通过完成功能掌握技能，学习知识；再“学中做”，通过掌握的技能与知识进行进一步的技能训练与拓展。

3. 技能点与知识点紧密融合

每个任务的完成都需要知识点与技能点的支撑，学生在完成任务的同时也实现了对知识与技能点的内部消化，知识点与技能点已经融合在任务中，不可分割。

二、内容

1. 基础知识篇

项目 1　SaaS 介绍、云应用开发概述——介绍 SaaS、云应用等相关知识，包括 SaaS 介绍、云应用开发概念等。读者可对企业 SaaS 云应用开发形成宏观的理论认知，有利于后续内容的学习。

项目 2　SaaS 多租户架构介绍——介绍 SaaS 系统多租户架构的概念及实现方式。

项目 3　SaaS 系统安全防范——详细介绍云安全和 SaaS 安全的基础理论知识，以及安全防患措施。

2. 系统功能篇

项目 4　SaaS Java 开发环境搭建——介绍利用 Java 技术搭建 SaaS 系统环境，包括 JDK、Eclipse、MySQL、Tomcat，为后续系统开发打下良好的环境基础。

项目 5　进销存系统设计和框架搭建——介绍系统的需求分析、概要设计及数据库设计。概要设计和数据库设计为后续的任务实施确定了方案，是任务实施的关键环节，同时介绍框架的搭建，为后续开发打下环境基础。

项目 6　商户管理员系统功能——通过实现商户管理员登录、租户管理、服务管理等功能，详细讲解基于 SSM 框架的 Java Web 开发过程和方法。

项目 7　租户管理员管理功能——实现租户管理员的租户信息查看、修改，以及用户配置之用户维护、角色维护等功能。

项目 8　租户用户之采购管理——实现租户用户的原材料信息维护、供应商信息维护、原材料采购维护等功能。

项目 9　租户用户之销售管理——实现租户用户的货物信息维护、客户信息维护、商品销售维护等功能。

项目 10　租户用户之库存管理——实现租户用户的仓库信息维护、库存管理等功能。

3. 部署发布篇

项目 11　系统云部署及发布——详细介绍了应用打包、服务器发布和部署，以及腾讯云市场发布的过程。

三、使用说明

1. 教学内容与课时安排

本书建议授课 90 学时，教学单元与课时安排如表 1 所示。

表 1　教学单元与课时安排

项目	项目名称	课时安排	篇章安排
1	SaaS 介绍、云应用开发概述	2	基础知识篇（6 课时）
2	SaaS 多租户架构介绍	2	
3	SaaS 系统安全防范	2	
4	SaaS Java 开发环境搭建	8	系统功能篇（76 课时）
5	进销存系统设计和框架搭建	10	
6	商户管理员系统功能	16	
7	租户管理员管理功能	12	
8	租户用户之采购管理	12	
9	租户用户之销售管理	12	
10	租户用户之库存管理	6	
11	系统云部署及发布	8	部署发布篇（8 课时）
总计（课时）		90	

2. 课程资源一览表

本书是云计算技术与应用专业校企合作系列教材，开发了丰富的数字化教学资源，可使用的教学资源如表 2 所示。

表 2　课程教学资源一览表

序号	资源名称	表现形式与内涵
1	课程简介	Word 文档，包括对课程内容的简单介绍，以及对课时、适用对象等项目的介绍，让学生对企业 SaaS 云应用开发有个简单的认识
2	学习指南	Word 文档，包括对学前要求、学习目标要求及学习路径和考核标准要求，让学生知道如何使用资源完成学习
3	课程标准	Word 文档，包括课程定位、课程目标要求及课程内容与要求，可供教师类读者备课时使用
4	教案文档	Word 文档，包括课程设计思路、课程具体的目标要求，以及课程内容设计和能力训练设计，同时给出考核方案设计，让教师理解课程的设计理念，有助于教学实施
5	课件 PPT 和视频	PPT 文件和 MP4 视频文件，可帮助教师、学生更好地理解授课内容
6	案例	Tar 包，包括单元项目案例和综合案例，要求综合运用所学的知识
7	习题库、试卷库	Word 文档，习题包括理论习题和操作习题，试卷包括单元测试和课程测试。通过练习和测试，学生可加深对知识的理解程度
8	附书源码	Tar 包，包括本书中所有例题和任务的源代码

本书配套的资源包、项目源码、电子教案，请读者登录 http://www.1daoyun.com 下载。

3. 使用范围

本书不仅可以作为高职院校和应用型本科院校的云计算专业、软件技术专业及计算机类相关专业的教材，也可以作为 Java 程序爱好者的参考用书。

四、致谢

本书由山东商业职业技术学院的吴升刚等老师、南京第五十五所技术开发有限公司和江苏一道云科技发展有限公司共同编写。

由于编者水平有限，错误和不足之处在所难免，恳请各位读者给予批评、指正，将不胜感激。

编　者

2019 年 1 月

目录

第三篇　部署发布篇

第一篇

基础知识篇

项目 1 SaaS 介绍、云应用开发概述

项目描述

本项目分为两个任务。任务 1.1 介绍了 SaaS 的概念和发展历史，学生通过学习可以了解 SaaS 的概念、SaaS 的特征、SaaS 软件架构及整个的发展历史。任务 1.2 介绍了云应用的理论知识，学生通过学习可以了解云应用相关理论的基础知识，为后续的开发打下良好的基础。

PPT1
SaaS 介绍、云应用开发概述

PPT

【知识目标】

- 理解 SaaS 的概念。
- 掌握云应用的概念。

【任务列表】

任务编号	任务名称	建议课时
任务 1.1	了解 SaaS 理论基础	1
任务 1.2	学习云应用理论	1
总计（课时）		2

任务 1.1　了解 SaaS 理论基础

【任务描述】

- 了解 SaaS 基础理论知识。
- 了解 SaaS 整个发展历史。
- 了解 SaaS 系统软件技术架构。

【知识学习】

1. SaaS 介绍说明

SaaS 是 Software as a Service（软件即服务）的简称。SaaS 提供商为企业搭建信息化所需要的所有网络基础设施，以及软件、硬件运作平台，并负责所有前期的实施、后期的维护等一系列服务。企业无须购买软硬件、建设机房、招聘 IT 人员，即可通过互联网使用信息系统。就像打开自来水龙头就能用水一样，企业根据实际需要，向 SaaS 提供商租赁软件服务。

SaaS 是一种软件布局模型，其应用专为网络交付而设计，便于用户通过互联网托管、部署及接入。SaaS 应用软件的价格通常为“全包”费用，囊括了通常的应用软件许可证费、软件维护费及技术支持费。人们将各费用统一为每个用户的月度租用费。

对于广大中小型企业来说，SaaS 是采用先进技术实施信息化的最好途径。但 SaaS 绝不仅仅适用于中小型企业，所有规模的企业都可以从 SaaS 中获利。

SaaS 已成为软件产业的一个重要力量。只要 SaaS 的品质和可信度能继续得到证实，它的魅力就不会消退。

2. SaaS 发展历史

最早的应用服务提供商（Application Service Provider，ASP）厂商是 Salesforce 和 Netsuite，其后还有一批跟随企业。这些厂商创业时都专注于客户关系管理（Customer Relationship Management，CRM）的在线化，但是 ASP 厂商很快遭遇互联网泡沫破裂，风险资本撤离互联网企业，大批 ASP 厂商破产。

2003 年，Sun 公司推出 J2EE 技术，微软推出.NET 技术，以前只能通过桌面应用才能实现的功能可以通过基于网页的技术实现。以 Salesforce 为首的多个企业推出了功能强大、用户体验良好的企业级产品。公平地说，SaaS 和 ASP 的差异一直就比较模糊，它们的区别有各种各样的说法，但提出 ASP 概念的厂商已经不多了。其实概念还是次要的，最主要的是在线软件模式的技术已经变得成熟。

2003 年后，随着美国 Salesforce、WebEx Communication、Digital Insight 等企业 SaaS 模式的成功，国内厂商也开始了追赶、模仿之路。微软、谷歌、IBM、甲骨文（Oracle）等 IT 界巨头们也都悄然抢占中国 SaaS 市场。同时，SaaS 正在深入地细化和发展，除了 CRM 之外，ERP（Enterprise Resource Planning，企业资源计划）、eHR（Electronic Human

Resource，电子化人力资源管理系统）、SCM（Supply Chain Management，供应链管理）等系统也都开始 SaaS 化。

2008 年前，IDC（Internet Data Center，互联网数据中心）将 SaaS 分为两大组成类别：托管应用管理（hosted AM）——以前称作应用服务提供（ASP），以及“按需定制软件”，即 SaaS 的同义词。

从 2009 年起，托管应用管理已作为 IDC 应用外包计划的一部分，而按需定制软件及 SaaS 被视为相同的交付模式。

2010 年，阿里巴巴宣布放弃 SaaS，意味着 SaaS 在中国的路并不平坦。

3. SaaS 软件架构

企业软件的整体架构方案主要有 C/S 和 B/S 两大类，如图 1-1 和图 1-2 所示。

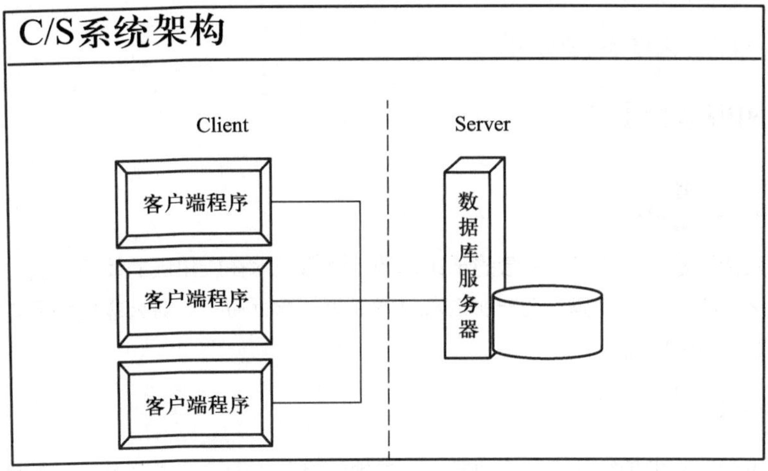

图 1-1
企业软件架构之 C/S 架构

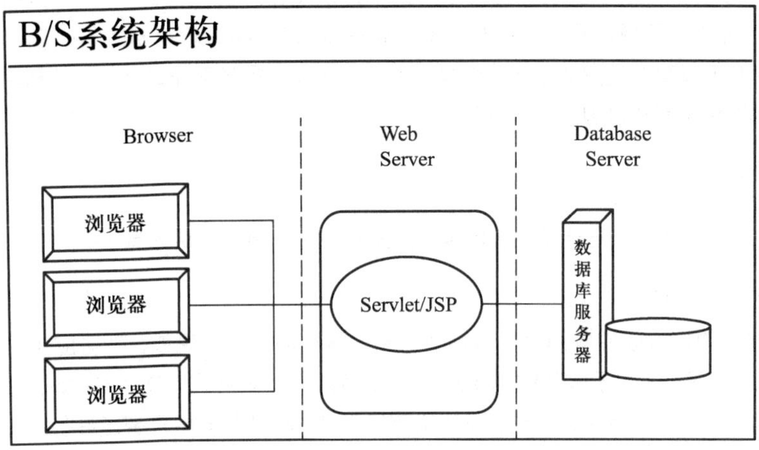

图 1-2
企业软件架构之 B/S 架构

C/S 即 Client/Server，由客户端和服务器端两部分组成，使用者需要预先安装软件客户端。常见的 C/S 结构的软件有 QQ、Foxmail 客户端、3D 游戏客户端等。C/S 结构的软件有两大优势。第一，可以利用使用者的计算机资源进行较为复杂的运算。如 3D 网游客户端的 3D 动效运算，就是在用户的计算机上完成的。第二，没有网络也可以工作，在本地存储数据，联网后再同步到服务器。如 Foxmail 客户端，离线状态也能阅读邮件。

B/S 即 Browser/Server，由浏览器和服务器端两部分组成，用户无须安装浏览器之外的其他客户端。人们访问的各类网站，也是广义的 B/S 结构软件。随着互联网的发展、浏览器和前端开发技术的成熟，B/S 结构软件与 C/S 结构软件在使用上几乎没有差别。不用下载客户端的特性，也让 B/S 结构的软件更容易触达客户，也更方便维护和升级。

任务 1.2　学习云应用理论

【任务描述】

- 了解云应用相关理论知识。

【知识学习】

1. 云应用定义

“云应用”是“云计算”概念的子集，是云计算技术在应用层的体现。云应用跟云计算最大的不同在于，云计算作为一种宏观技术发展概念而存在，而云应用则是直接面对客户解决实际问题的产品。

2. 原理

“云应用”是把传统软件“本地安装、本地运算”的使用方式变为“即取即用”的服务，通过互联网或局域网连接并操控远程服务器集群，完成业务逻辑或运算任务的一种新型应用。“云应用”的主要载体为互联网技术，以瘦客户端（Thin Client）或智能客户端（Smart Client）为展现形式。其界面实质上是 HTML 5、JavaScript 或 Flash 等技术的集成。云应用不但可以帮助用户降低 IT 成本，而且还能大大提高工作效率，因此传统软件向云应用转型的发展革新浪潮已经不可阻挡。

3. 特性

“云应用”具有“云计算”技术概念的所有特性，概括来讲分为 3 个方面。

（1）跨平台性

大部分的传统软件应用只能运行在单一的系统环境中，例如，一些应用只能安装在 Windows XP 下，而对于较新的 Windows 7 或 Windows 8 系统，或是Windows之外的系统（如 MAC-OSX 与Linux），又或者是当前流行的 Android 与 iOS 等智能设备操作系统，则不能兼容使用。如今智能操作系统的兴起，打破了传统 PC 操作系统（Windows XP）一统天下的状况，而云应用的跨平台特性可以帮助用户大大降低使用成本，并提高工作效率。

（2）易用性

复杂的设置是传统软件的特色，越是强大的应用软件其设置越复杂。而云应用不但完全有能力实现不输于传统软件的强大功能，而且还可以把复杂的设置变得极其简单。云应用不需要用户进行如传统软件一样的下载、安装等复杂的部署流程，更可借助与远程服务器集群时刻同步的“云”特性，免去用户永无止境的软件更新之苦。如果云应用有任何更新，用户只需简单地操作（如刷新一下网页），便可完成升级，并开始使用最新的功能。

（3）轻量性

安装众多的传统本地软件不但拖慢计算机速度，而且还带来了如隐私泄露、木马病毒等诸多安全问题。云应用的界面说到底是 HTML 5、JavaScript 或 Flash 等技术的集成，其轻量的特点首先保证了应用的流畅运行。优秀的云应用更提供了银行级的安全防护，将传统由本地木马或病毒所导致的隐私泄露、系统崩溃等风险降到最低。

项目总结

本项目介绍了 SaaS 的概念和云应用的基础理论知识。通过本项目学习，学生会对 SaaS 有个简单初步的认识，会对云应用具备一定的理论基础，从而对后续的学习和系统开发打下良好的理论基础。

项目 2 SaaS 多租户架构介绍

项目描述

从架构层面来看，SaaS 和传统软件技术最大的差别就是多租户技术，掌握多租户架构理论，对后续系统设计、开发有非常重要的作用。

PPT2
SaaS 多租户架构介绍
PPT

【知识目标】

- 掌握多租户架构的理论知识。
- 了解多租户技术的发展历史。
- 掌握分析多租户技术的实现方式。

【任务列表】

任务编号	任务名称	建议课时
任务 2.1	学习多租户架构理论	1
任务 2.2	了解多租户实现方式	1
总计（课时）		2

任务 2.1　学习多租户架构理论

【任务描述】

- 了解多租户架构理论知识。
- 了解多租户发展的历史。
- 简要分析多租户技术实现方式。

【知识学习】

1. 多租户定义

多租户技术（multi-tenancy technology）或称多重租赁技术，是一种软件架构技术，它是探讨和实现如何在多用户的环境下共用相同的系统或程序组件，并且仍可确保各用户间数据的隔离性。

由于云计算议题的持续，在共用的数据中心内如何以单一系统架构与服务提供多数客户端相同甚至可定制化的服务，并且仍然可以保障客户的数据隔离，让多租户技术成为云计算技术下的显学。

2. 发展历史

多租户技术源于 20 世纪 60 年代，许多公司为了能够使用更多的运算资源，向持有大型主机（Mainframe）的供应商租用，而这些用户经常会用到相同的应用程序，当时会以用户在登录系统时输入的数据来决定用户的账户 ID。基于这个 ID，Mainframe 的供应商即可计算运算的资源使用量，包含 CPU、存储器、软盘或磁带等的使用量，这个方法也被 SAP 公司用在其 R/1 ~ R/3 的产品线。

到了 20 世纪 90 年代，应用程序服务提供者（Application Service Provider）模式出现，它的运作模式与租用大型主机时的相同。不过租用的资源是在软件上，除了操作系统以外还包含其上的应用程序，如 ERP 系统或是 CRM 等应用，系统可能会运行在数台不同的机器上，或是在相同的主机上共享不同的数据库，以区分并计算客户的资源使用量，并作为计费的标准，而此技术也有效地缩减了供应商的实体机器成本（因为可以在一台计算机上同时运行多个用户所租用的应用程序进程）。到了现代，受欢迎的消费者导向 Web 应用程序（如 Hotmail 或 Gmail 等）也是以单一应用程序平台来支持所有用户的，这是多租户技术自然演化的结果。多租户技术也可以让客户中的一部分用户得以进一步定制他们的应用程序。

在虚拟化（Virtualization）技术的成熟与应用性的扩张之下，多租户技术可以驾驭虚拟化的平台，更可以强化用户应用程序与数据之间的隔离，让多租户技术更加发挥它的特色。

3. 多租户技术

在多租户技术中，租户（Tenant）是指使用系统或计算机运算资源的客户。租户包含系统中可识别为指定用户的一切数据，如账户与统计信息（Accounting Data）、用户在系统中创建及设置的各式数据，以及用户本身的定制化应用程序环境等，都属于租户的范围。而租户所使用的则是基于供应商所开发，创建及设置的应用系统或运算资源等。供应商所设计的应用系统会容纳多个用户在同一个环境下使用。为了能使多个用户的环境能在同一个应用程序与运算环境中使用，应用程序与运算环境必须要特别设计，除了系统平台允许多份相同的应用程序同时运行外，保护租户数据的隐私与安全也是多租户技术的关键之一。

技术上，多租户技术可以通过许多不同的方式来切割用户的应用程序环境或数据。

（1）数据面（Data Approach）

供应商可以利用切割数据库（Database）、切割存储区（Storage）、切割结构描述（Schema）或是表格（Table）来隔离租户的数据，必要时需要进行对称或非对称加密以保护敏感数据，但不同的隔离方法有不同的实现复杂度与风险。

（2）程序面（Application Approach）

供应商可以利用应用程序挂载（Hosting）环境，在进程（Process）上切割不同租户应用程序的运行环境，在无法跨越进程通信的情况下保护各租户应用程序的运行环境，但供应商的运算环境要足够强。

（3）系统面（System Approach）

供应商可以利用虚拟化技术将实体运算单元切割成不同的虚拟机，各租户可以使用其中的一台或数台虚拟机来作为应用程序与数据的保存环境，但对供应商的运算能力要求很高。

任务 2.2　了解多租户实现方式

【任务描述】

- 了解多租户技术实现方式。

【知识学习】

多租户技术的实现重点在于不同租户间应用程序环境的隔离（Application Context Isolation）及数据的隔离（Data Isolation），以使不同租户间的应用程序不会相互干扰，同时数据的保密性也应足够强。

① 应用程序部分：通过进程或支持多应用程序同时运行的装载环境（如 Web Server，像是 Apache 或 IIS 等）来进行进程间的隔离，或在同一个伺服程序（Server）进程内以运行实例的方式隔离。

② 数据部分：通过不同的机制将不同租户的数据隔离，Force 是采用中介数据

（Metadata）的技术来切割的，微软 MSDN 的技术文件则展示了使用结构描述的方式隔离。

多租户技术就是多个租户共用一个实例，租户的数据既有隔离又有共享，从而解决数据存储的问题。从架构层面来分析，SaaS 区别于传统技术的重要差别就是 Multi-Tenant 模式。多租户系统架构如图 2-1 所示。

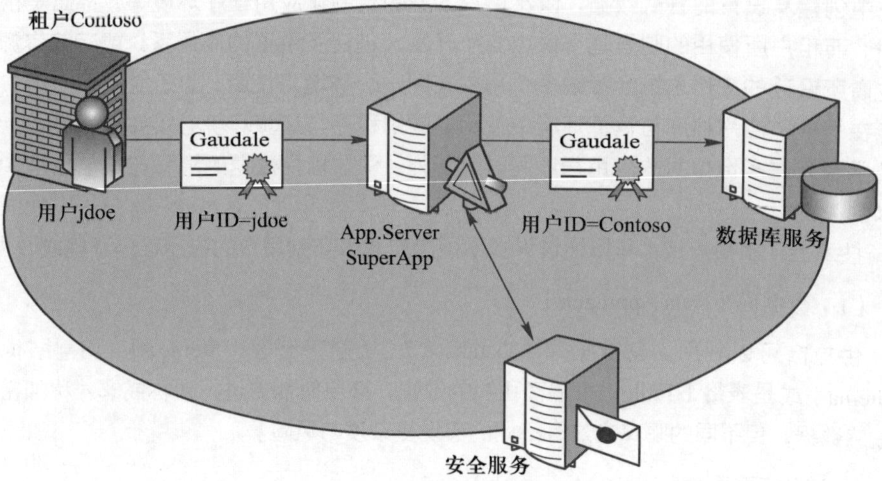

图 2-1
多租户系统架构图

SaaS 多租户在数据存储上存在 3 种主要的方案，分别如下。

（1）独立数据库

这是第 1 种方案，即一个租户使用一个数据库。这种方案的用户数据隔离级别最高，安全性最好，但成本也高。其优点一是为不同的租户提供独立的数据库，有助于简化数据模型的扩展设计，满足不同租户的独特需求；二是如果出现故障，恢复数据比较简单。其缺点是增大了数据库的安装数量，随之带来维护成本和购置成本的增加。

这种方案与传统的一个客户、一套数据、一套部署类似，差别只在于软件统一部署在运营商那里。如果面对的是银行、医院等需要非常高数据隔离级别的租户，可以选择这种模式，提高租用的定价。如果定价较低，产品走低价路线，对运营商来说，这种方案是无法承受的。

（2）共享数据库，隔离数据架构

这是第 2 种方案，即多个或所有租户共享数据库，但一个租户对应一个 Schema。其优点一是为安全性要求较高的租户提供了一定程度的逻辑数据隔离，并不是完全隔离；二是每个数据库可以支持更多的租户数量。其缺点一是如果出现故障，数据恢复比较困难，因为恢复数据库将牵扯到其他租户的数据；缺点二是如果需要跨租户统计数据，那么存在一定困难。

（3）共享数据库，共享数据架构

这是第 3 种方案，即租户共享同一个数据库、同一个 Schema，但在表中通过租户 ID 区分租户的数据。这是共享程度最高、隔离级别最低的模式。它的优点是，较上两种方案，其维护和购置成本最低，允许每个数据库支持的租户数量最多。其缺点一是隔离级别最低，安全性最低，需要在设计开发时加大对安全的开发量；缺点二是数据备份和恢复最困难，需要逐表逐条备份和还原。

如果希望以最少的服务器为最多的租户提供服务，并且租户接受以牺牲隔离级别来降低成本，那么这种方案最适合。本书系统案例采用的就是这种方案。

项目总结

SaaS 模式和传统软件模式最大的区别就是多租户架构。充分理解多租户的原理和架构理念对开发 SaaS 系统非常重要。读者学好 SaaS 多租户架构理论知识，对后续的系统设计和开发奠定了理论基础。

项目 3　SaaS 系统安全防范

项目描述

系统和信息安全是使用方最关心的问题。了解安全方面的知识，加强开发人员在系统设计、开发和部署方面的安全意识，从而采取有效的安全措施，保证系统和客户信息的安全，为用户提供安全高效的服务。

PPT3
SaaS 系统安全防范
PPT

【知识目标】

- 熟悉 SaaS 系统安全的理论知识。

【任务列表】

任务编号	任务名称	建议课时
任务 3.1	了解云安全	1
任务 3.2	学习 SaaS 安全	1
总计（课时）		2

任务 3.1　了解云安全

【任务描述】

云安全是 SaaS 系统面临的一个重要问题。通过了解云安全相关的理论知识，学生会对系统可能面临的安全问题有一个初步的理解，从而在后续系统开发和设计中加强安全方面的功能设计。

【知识学习】

1. 云安全的概念

“云安全（Cloud Security）”技术是网络时代信息安全的最新体现，它融合了并行处理、网格计算、未知病毒行为判断等新兴技术和概念，通过网状的大量客户端对网络中软件行为的异常监测，获取互联网中木马、恶意程序的最新信息，推送到 Server 端进行自动分析和处理，再把病毒和木马的解决方案分发到每一个客户端。

2. 云安全的技术分类

云安全从性质上可以分为两大类，一类是用户的数据隐私保护，另一类是针对传统互联网和硬件设备的安全。

在云安全技术方面，首先是多租户带来的安全问题。不同用户之间相互隔离，避免相互影响。在云时代，需要通过一些技术防止用户有意或无意地“串门”。其次，采用第三方平台带来的安全风险问题。提供云服务的厂商不是全部拥有自己的数据中心，一旦租用第三方的云平台，那么就存在服务提供商管理人员权限的问题。

3. 云安全应对

（1）漏洞扫描与渗透测试

漏洞扫描和渗透测试是所有平台即服务（PaaS）和基础设施即服务（IaaS）云安全技术都必须执行的。无论是在云中托管应用程序，还是运行服务器和存储基础设施，用户都必须对暴露在互联网中的系统的安全状态进行评估。

对于在 PaaS 和 IaaS 环境中测试 API 和应用程序的集成来说，与云供应商协作的企业应重点关注处于传输状态下的数据，以及通过绕过身份认证或注入式攻击等方式对应用程序和数据的潜在非法访问。

（2）云安全技术配置管理

云安全技术中最重要的要素就是配置管理，其中包括了补丁管理。

在 SaaS 环境中，配置管理是完全由云供应商负责处理的。如果有可能，客户可通过鉴证业务准则公告（SSAE）第 16 号、服务组织控制（SOC）报告或 ISO 认证，以及云安全联盟的安全、信任和保证注册证明，向供应商提出一些补丁管理和配置管理实践的要求。

在 PaaS 环境中，平台的开发与维护都是由供应商来负责的。应用程序配置与开发的库和工具可能是由企业用户管理的，因此安全配置标准仍然属于内部定义范畴，且这些标准都应在 PaaS 环境中被应用和监控。

（3）云安全技术的安全控制

云供应商负责所有基础设施的运行，其中包括了虚拟化技术、网络及存储等各个方面。同时，它还负责应用系统的相关代码和发布部署，包括管理界面和供外部调用的 API 接口，所以对它的开发实践和系统开发生命周期的评价也是非常必要的。只有 IaaS 客户对整个系统规格拥有真正的控制权；如果虚拟机是基于一个供应商提供的模板而部署的，那么在实际使用前也应对这些虚拟机进行仔细研究，并确保其安全性。

任务 3.2　学习 SaaS 安全

【任务描述】

SaaS 安全对于客户来说非常重要，SaaS 系统会存储客户非常重要的商业信息，这些商业信息对于客户来说，是具有隐私性的，不允许泄露和被窃取，所以保证 SaaS 系统的安全对于服务方和使用方都是非常重要的。

【知识学习】

1. SaaS 信息安全隐患

尽管中小企业应用 SaaS 平台模式具有诸多优势，但同时也面临着巨大的挑战。对于中小企业特别是处于快速成长期的中小企业而言，其最核心的企业价值就是客户的数据等信息，因此，信息安全是企业管理者最关心的问题。由于 SaaS 平台模式要求将用户的全部相关数据存放在服务供应商提供的平台上，这使得企业数据在安全性、可靠性、稳定性等方面存在较大的信息安全隐患。分析机构 IDC 的分析师 Laura DuBois 表示：“中小型企业必须非常谨慎地挑选供应商以存储他们宝贵的数据”。

（1）安全性隐患

安全性隐患是 SaaS 平台模式面对的首要问题。对于企业来说，数据的安全性至关重要，尤其是作为企业核心机密的财务数据和客户信息。安全性隐患主要体现在以下两方面。一方面，财务管理人员由于缺乏网络信息安全知识及对信息安全规则的认识不足而造成的数据丢失、泄露等隐患。例如，网上报账会使外界干预系统的机会增多，从而加大了更改订单、银行结算单等恶性事件发生的可能性。另一方面，由于目前 SaaS 平台模式数据库缺少有效的数据加密措施，外界可以轻而易举地从外部打开数据库并进行修改，从而加大了客户信息遭到泄露、恶意篡改及被删除的可能性，造成整个网络系统的瘫痪。

（2）可靠性隐患

可靠性隐患主要体现在网络病毒和非法入侵两方面。一是，由于企业使用 SaaS 平台模式时必须将其局域网与互联网相连接，因此使 SaaS 平台系统感染病毒的概率大大增加，病毒防范的难度加大，任何在互联网上的行为都有可能使 SaaS 平台系统感染病毒。二是，由于 SaaS 平台模式采用的是公用通信线路，因此存在恶意损坏网络设备、在网络上对系统进行非法入侵等可靠性隐患。

（3）稳定性隐患

稳定性隐患主要是指网络延迟。由于 SaaS 平台模式服务提供商在数据库设计上普遍采用大型商用关系型数据库和集群技术，许多企业用户共享一个数据库，当用户访问量骤然增加时，势必增加响应延迟，影响平台服务的稳定性。

2．防范信息安全隐患的措施

针对 SaaS 平台模式存在的安全性、可靠性、稳定性等信息安全隐患，无论是 SaaS 服务提供商还是企业用户，都应该积极采取各种防范措施，减少信息安全隐患的发生。

（1）增强信息安全防范意识

提高信息安全防范意识是保证 SaaS 平台模式信息安全的重要前提。对于 SaaS 平台模式服务提供商而言，要增强信息安全防范意识，首先要制定统管全局的信息安全管理制度，明确责任，使信息安全管理有章可循，有法可依；其次要加强对系统维护人员和技术支持人员的职业道德教育，使其能够恪守职责。

（2）确保硬件设备安全

硬件设备安全是 SaaS 平台正常运营的基本保障。SaaS 服务提供商应将 SaaS 平台服务器、通信设备等硬件设备设置在一个高度安全的场所。该场所应具有防火、防盗、防静电设施，配有温度和湿度控制设备，电源安全应符合网络设备要求，从而确保硬件设备安全。

（3）建立身份认证和访问控制

在认证与授权方面可以通过对信息操作人员设置不同的权限及权限组合形成多维、多层次、全方位的身份认证和访问控制，最大限度地保证 SaaS 平台模式的安全性和可靠性。

（4）采用服务器双机热备份模式

在数据存储上可采用服务器双机热备份技术来对数据进行存储和备份。SaaS 平台模式服务提供商应同时设立两个服务器数据中心：一个服务器数据中心为主服务器，进行日常数据处理；另一个服务器数据中心作为冗余备份。当主服务器出现故障时，备用服务器将自动接管所有服务，待主服务器恢复正常工作后，备用服务器自动交还服务。这样能够减少由于服务器或防火墙故障问题而停止运行带来的信息安全隐患。

3．SaaS 的安全问题

（1）数据安全

在 SaaS 模式下，企业数据存储在 SaaS 供应商的数据中心。因此，SaaS 企业应采取措施来保障数据安全，防止应用程序漏洞或者恶意特权用户泄露敏感信息。SaaS 应该使用强大的密码保护，以确保在数据访问上的控制。所有数据，包括管理权限的访问，都应该被记录下来，并定期审计。这些检查是至关重要的。

（2）数据分离

在一个多租户 SaaS 的部署中，多个企业的数据可能会保存在相同的数据存储位置。因此要保证其中一个用户在进行数据访问时不能访问到其他用户。泄露敏感的业务计划可能暴露竞争对手的弱点，因为这类数据可能会导致严重的经济损失。SaaS 的应用体系结构和数据模型的设计应确保正确的数据隔离。如果 SaaS 的应用程序部署在一个公开的云供应商那里，则应加强防范，使通过一个应用程序的数据不能访问其他应用程序。一个第三方 SaaS 的安全评估是至关重要的，隔离并查明这些数据的安全问题和解决这些问题之后，SaaS 才可以更好地被应用。

（3）SaaS 应用程序的安全部署

用户在选择 SaaS 供应商的解决方案后可以部署使用公共云供应商或 SaaS 供应商的私有云。然而，这些部署应首先确保其安全性，采用托管 SaaS 的部署，要求卖方提供相关服务（防火墙、入侵检测系统等）来强化其安全性。第三方的 SaaS 应用程序部署的安全审计也十分必要，这样可以更好地识别任何安全问题或威胁，以确保企业数据的安全。

（4）网络安全

在 SaaS 的部署模式中，企业和 SaaS 提供商之间的数据流在传输过程中必须得到保护，以防止敏感信息外泄。SaaS 的供应商应使用诸如 SSL 来确保数据在互联网上流动的安全性，或者在 SaaS 的部署网络中采取加密技术。其他保障措施还包括处理 MITM（Man-in-the-Middle Attack，中间人攻击）攻击对网络安全造成的问题、防 IP 欺骗、端口扫描、数据包嗅探等。

（5）法规遵从风险和法规遵从

这在 SaaS 应用程序的审计中至关重要。对是否符合监管标准的评估，有助于确定是否合规，并确保正确的业务流程到位。

（6）可用性

SaaS 的应用程序需要支持高可用性，以确保其能够 24×7 小时地为企业服务。这涉及架构设计和基础设施的应用，以使它们能够适应硬件或软件故障及拒绝服务攻击。此外，适当的业务连续性和灾后恢复计划也需要制订，以确保停机时间最短。

（7）备份

SaaS 企业应确保服务水平协议涵盖安全的备份和恢复服务。SaaS 应用的备份需经过验证，并且满足基础设施和云级恢复服务的需要，以促进灾后恢复和降低对敏感数据的丢失概率，减少失败的风险。备份的数据应该得到严格保护，如业务数据等就需要使用强大的加密机制。这些检查也是非常必要的，它可以减少未经授权的访问和敏感数据泄露的风险。

（8）身份管理和登录

安全身份管理（IDM）和签署组件可以为用户提供服务的账户处理、密码管理和安全认证，并且可以根据安全方面的挑战对不同身份进行区别对待。一个 SaaS 供应商可以提供完整的 IDM 和登录服务。在这种情况下，用户的信息、密码等，都保留在 SaaS 供应商的网站，因此应该安全地存储和处理。SaaS 供应商应该能够保障密码的安全性并提供企业密码过期政策，还要遵守监管要求。

项目总结

保证 SaaS 系统和客户数据安全是 SaaS 最为关注的问题。开发人员一定要从系统、网络、协议、数据各个方面进行设计，保证 SaaS 系统最大程度的安全。

第二篇

系统功能篇

项目 4 SaaS Java 开发环境搭建

项目描述

本项目介绍使用Java技术体系开发SaaS应用的开发技术及环境搭建流程。通过本项目的学习，读者可以掌握 JDK 的安装与环境变量的配置，Eclipse 安装、配置及使用方法，MySQL 数据库及客户端软件的安装及使用，Tomcat 的安装及 Eclipse 的集成使用方法。

PPT4 SaaS Java 开发环境搭建

PPT

【知识目标】

- 掌握开发中用到的软件及工具的具体功能和作用。

【技能目标】

- 学会 JDK、Eclipse、MySQL 和 Tomcat 这些开发工具的安装和配置。
- 学会 JDK、Eclipse、MySQL 和 Tomcat 这些开发工具的使用。

【任务列表】

任务编号	任务名称	建议课时
任务 4.1	安装与配置 JDK	1
任务 4.2	安装与配置 Eclipse	2
任务 4.3	安装与配置 MySQL	2
任务 4.4	安装与配置 Tomcat	1
任务 4.5	新建 HelloWorld 案例工程	2
总计（课时）		8

任务 4.1　安装与配置 JDK

微课 4-1
安装与配置 JDK

【任务描述】

● 通过介绍 JDK 的理论知识，了解 JDK 是 Java 开发工具；通过对 JDK 安装步骤的介绍，帮助学生实现 JDK 的安装和配置。

【任务目标】

● 学习 JDK 的安装过程。
● 掌握系统环境变量的配置方法。

【知识学习】

JDK（Java Development Kit）称为 Java 开发包或 Java 开发工具，是一个编写 Java Applet 的开发环境。JDK 是整个 Java 的核心，包括了 Java 运行环境（Java Runtime Envirnment，JRE）、Java 工具和 Java 的核心类库（Java API）。主流的 JDK 是 Sun 公司发布的。除了 Sun 之外，还有很多公司和组织都开发了自己的 JDK。例如，IBM 公司的 JDK，BEA 公司的 Jrocket，还有 GNU 组织开发的 JDK。

另外，可以把 Java API 类库中的 Java SE API 子集和 Java 虚拟机这两部分统称为 JRE。JRE 是支持 Java 程序运行的标准环境。

需要说明的是，JRE 是运行环境，JDK 是开发环境，因此编写 Java 程序的时候需要 JDK，而运行 Java 程序的时候就需要 JRE。另外，JDK 里面已经包含了 JRE，因此只要安装了 JDK，就可以编辑 Java 程序，也可以正常运行 Java 程序。但由于 JDK 包含了许多与运行无关的内容，占用的空间较大，因此运行普通的 Java 程序无须安装 JDK，而只需要安装 JRE 即可。

【任务实施】

1. 安装 JDK

① 单击 JDK 安装程序图标，进入安装向导界面，单击“下一步”按钮，如图 4-1 所示。

② 设置安装路径，如图 4-2 所示。单击“更改”按钮，可以修改安装路径。

③ 安装 JRE。在安装完 JDK 后，会弹出安装 JRE 的界面（注意，这里修改的安装路径必须和 JDK 在同一目录下，而不是安装在 JDK 目录下），如图 4-3 所示。

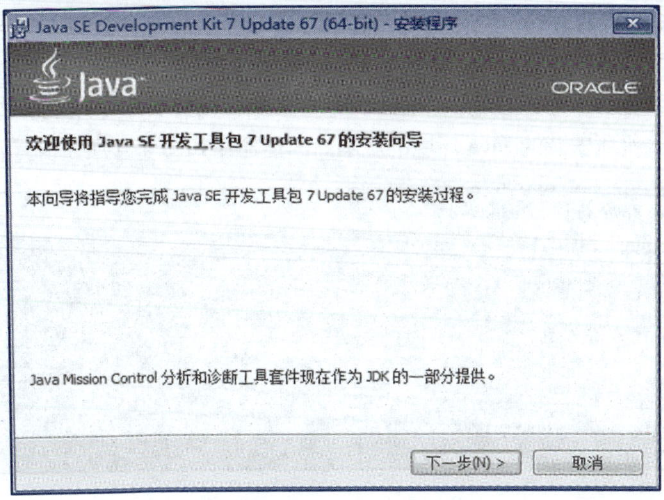

图 4-1
安装 Java SDK 向导

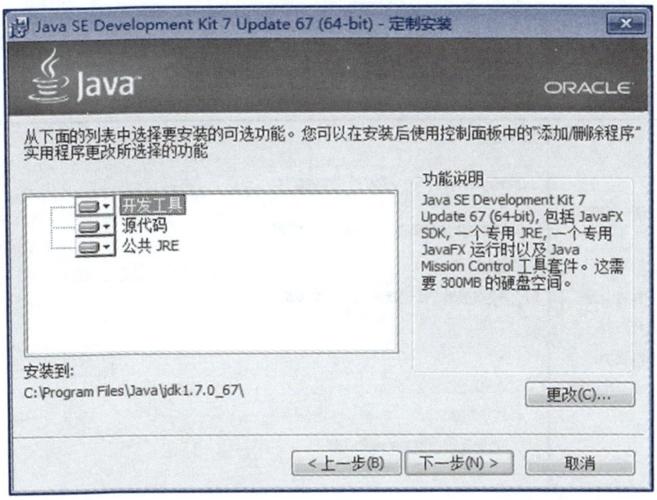

图 4-2
设置安装路径

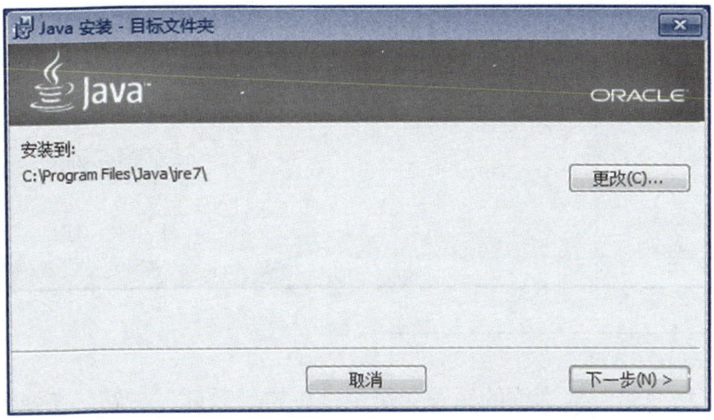

图 4-3
安装 JRE 的界面

④ 验证安装是否成功。安装完成后需要验证 Java 环境是否安装成功。验证方式有多种，可以编写一个最简单的 Java 程序文件，然后编译执行，也可以通过显示 Java 版本的命令方式进行验证。本书通过输入 java-version 命令验证安装是否成功。读者也可以通过这个命令检查本机所安装的 Java 环境的版本。具体命令如图 4-4 所示。

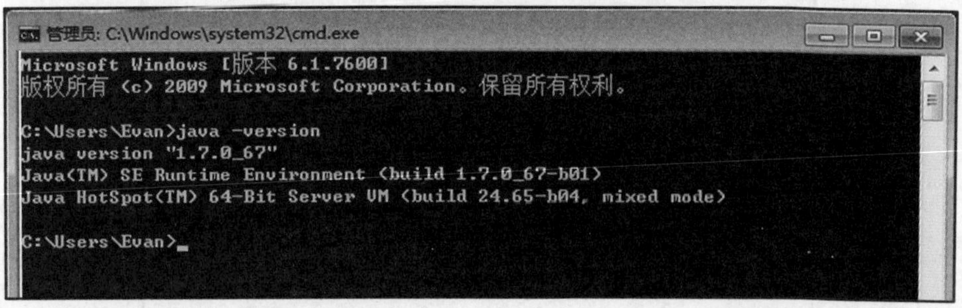

图 4-4
验证 Java 环境安装情况

2. 配置系统环境变量

① 安装完 JDK 后配置环境变量。选择“计算机→属性→高级系统设置→高级”命令，在“系统属性”对话框中单击“环境变量”按钮，如图 4-5 所示。

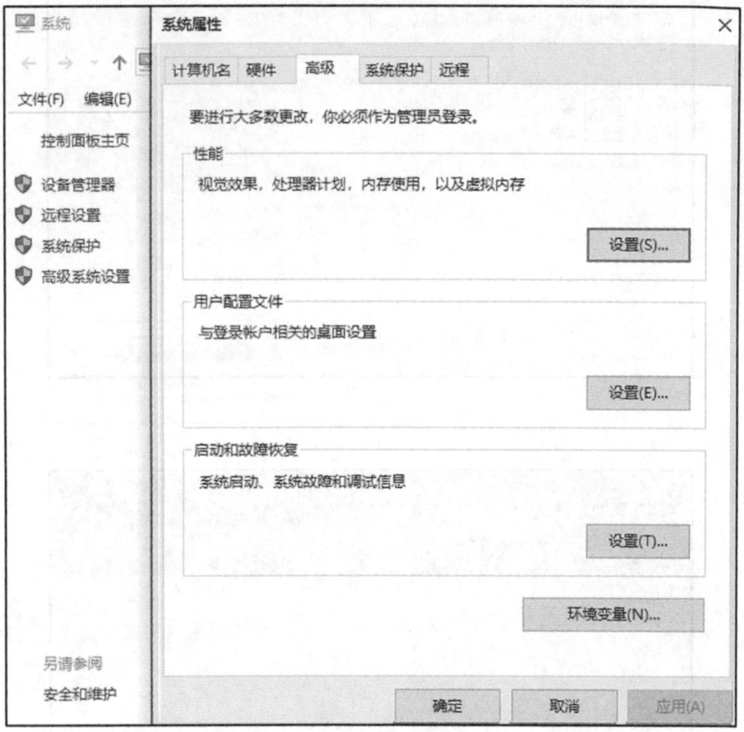

图 4-5
“系统属性”对话框

② 在“环境变量”对话框的系统变量中，单击“新建”按钮，在弹出的“新建系统变量”对话框中，填写变量名为 JAVA_HOME，变量值为 JDK 的安装目录（如 C:\Program Files\Java\jdk1.7.0），最后单击“确定”按钮。

③ 在“环境变量”对话框的系统变量中，选择 Path 变量，单击“编辑”按钮，在

弹出的“编辑系统变量”对话框中，在变量值最后输入%JAVA_HOME%\bin;%JAVA_HOME%\jre\bin;（注意，原来的 Path 变量值末尾有没有;号，如果没有，先输入;号再输入上面的代码），如图 4-6 所示，最后单击“确定”按钮。

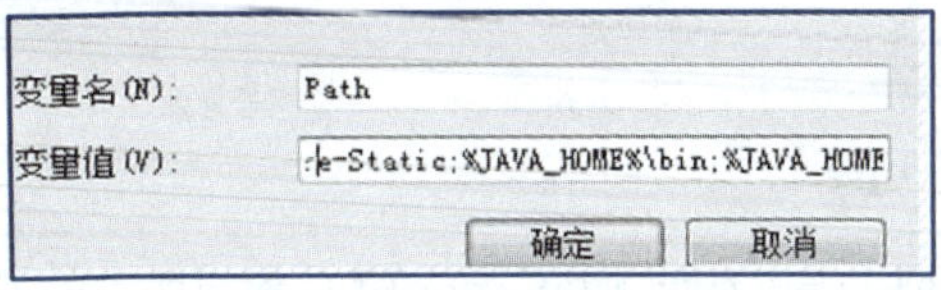

图 4-6
编辑 Path 环境变量

④ 在“环境变量”对话框的系统变量中，单击“新建”按钮，在弹出的对话框中填写变量名为 CLASSPATH，填写变量值为.;%JAVA_HOME%\lib;%JAVA_HOME%\lib\tools.jar（注意，变量值最前面有一个点）。系统变量配置完毕，单击“确定”按钮，如图 4-7 所示。

图 4-7
新建 CLASSPATH 环境变量

⑤ 检验是否配置成功。运行 cmd，在光标后输入 java -version（注意，java 和-version 之间有空格），若显示图 4-8 所示的版本信息则说明安装和配置成功。

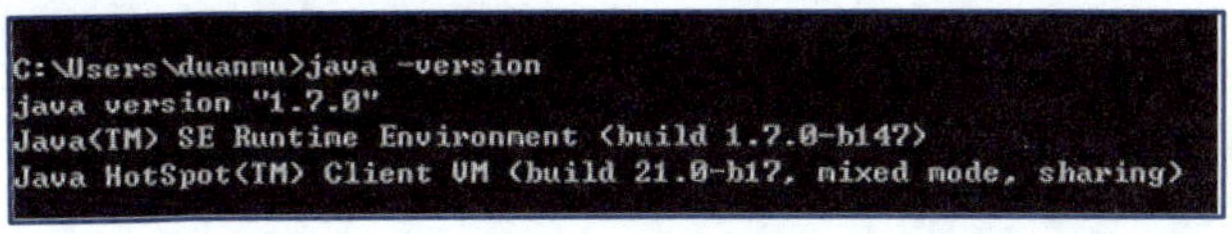

图 4-8
校验 Java 安装是否成功

任务 4.2　安装与配置 Eclipse

【任务描述】

- 通过介绍 Eclipse 的理论知识，了解 Eclipse 是一种可扩展的开放源代码的集成开发环境；通过对 Eclipse 安装步骤的介绍，学生实现 Eclipse 的安装和配置。

微课 4-2
安装与配置 Eclipse

【任务目标】

- 学习 Eclipse 的安装过程。
- 掌握 Eclipse 的配置方法。

【知识学习】

Eclipse 是一种可扩展的开放源代码的集成开发环境，是一款非常受欢迎的 Java 开发工具。Eclipse 的最大特点是支持各种插件的使用，包括 JDT（Java Development Tools），利用该插件可以大大提高 Java 的开发效率。

【任务实施】

1. 下载和安装 Eclipse

登录 Eclipse 的官网（http://www.eclipse.org）获取最新版本的 Eclipse，一般下载 Eclipse IDE for Java EE Developers 版本。

将下载好的 Eclipse 压缩包解压至计算机的本地磁盘，解压好的文件如图 4-9 所示。

图 4-9
Eclipse 目录文件

2. 配置和运行 Eclipse

① 双击 eclipse.exe 文件以启动 Eclipse，选择工作目录，注意该目录不要有中文信息，单击“OK”按钮，如图 4-10 所示。

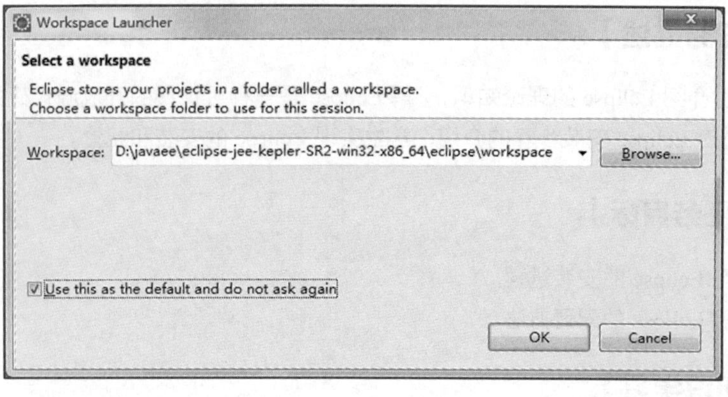

图 4-10
选择工作目录

② 配置 Eclipse 的 Web 服务器。在主菜单栏中选择“Window→Preferences”菜单命令，在 Preferences 窗口中选择“Server→Runtime Environments”选项，如图 4-11 所示。

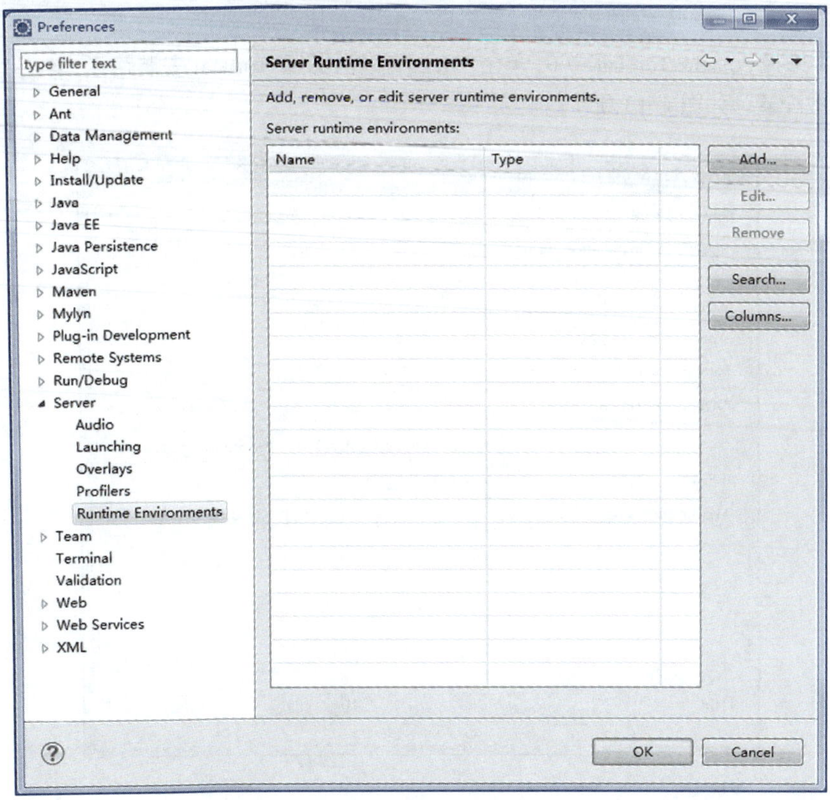

图 4-11
选择配置服务运行环境的菜单命令

③ 单击右侧的“Add”按钮，选择 Tomcat 服务器，如图 4-12 所示。

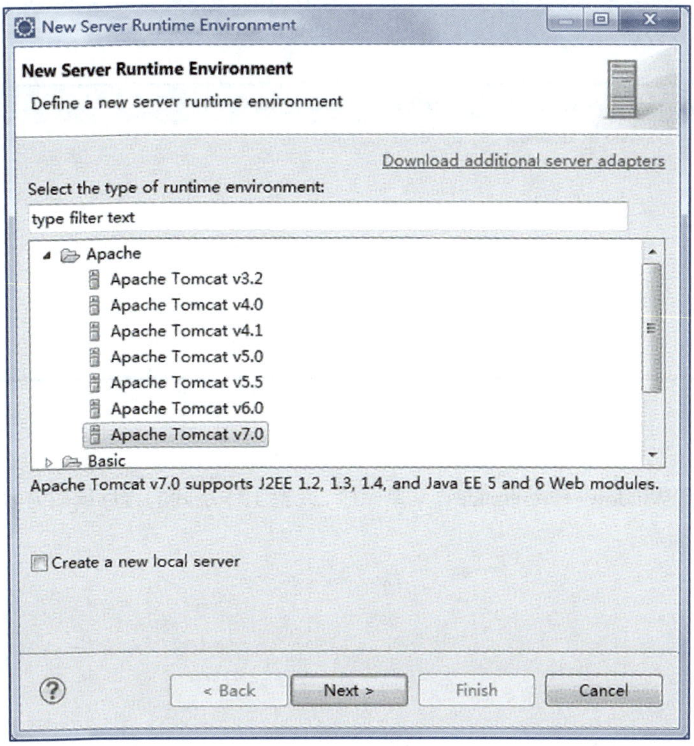

图 4-12
选择 Tomcat 服务器

④ 选择 Apache Tomcat v7.0，单击“Next”按钮，设置 Tomcat 安装路径，单击“Finish”按钮完成配置，如图 4-13 所示。

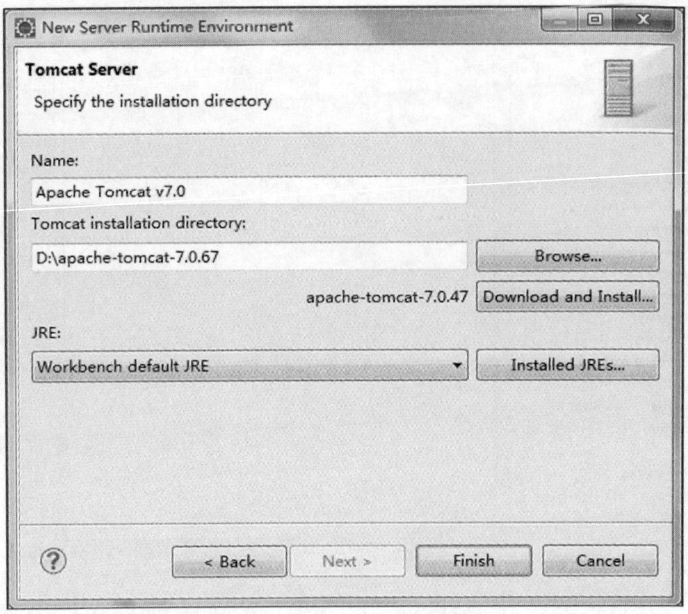

图 4-13
配置 Tomcat

⑤ 在主菜单栏中选择“Window→Show View→Servers”菜单命令，打开 Servers 窗口，添加刚才创建的 Tomcat 服务器，如图 4-14 所示。在此窗口中可以直接停止或者启动调试 Tomcat 服务器。

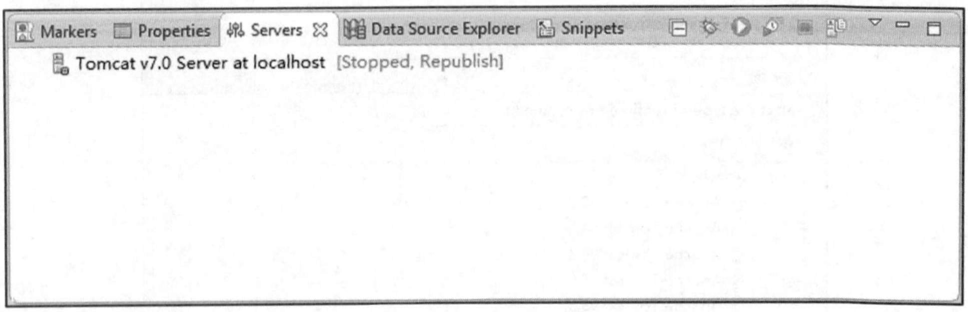

图 4-14
添加 Tomcat 服务器

⑥ 选择“Window→Preferences”菜单命令，设置工作空间的程序编码方式为“UTF-8”，如图 4-15 所示。

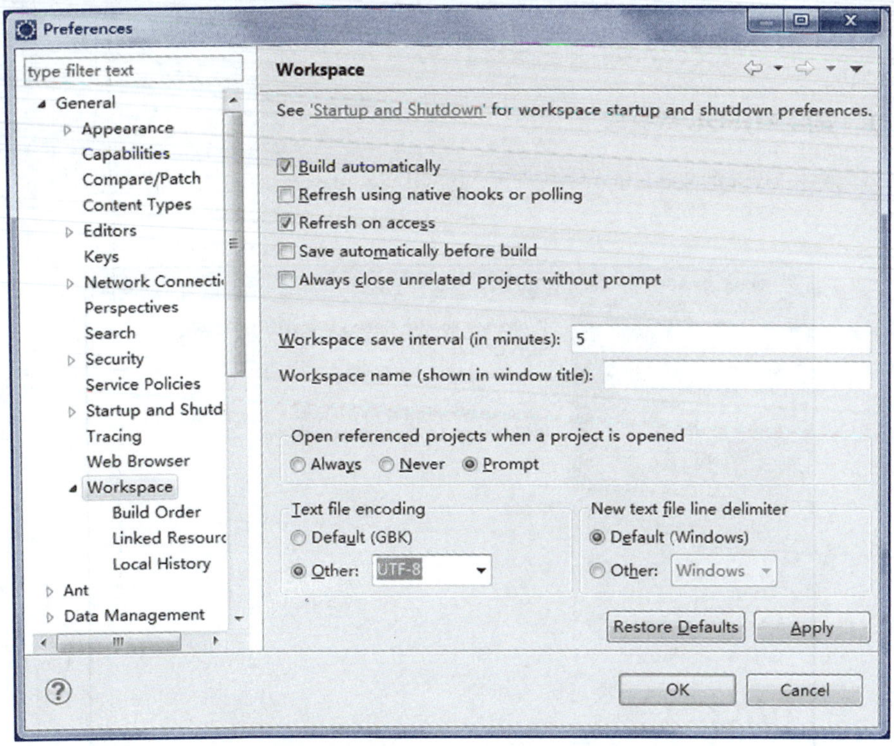

图 4-15
设置程序编码方式

任务 4.3　安装与配置 MySQL

【任务描述】

通过安装 MySQL，掌握 MySQL 的安装方法，理解安装过程每一步骤的含义；通过自定义配置，满足自定义需求，进一步加深对 MySQL 的理解并掌握其使用方法。

微课 4-3
安装与配置 MySQL

【任务目标】

- 学习 MySQL 及客户端的安装过程。
- 掌握客户端软件的使用方法。

【知识学习】

MySQL 是一个关系数据库管理系统，最早由瑞典 MySQL AB 公司开发，目前为 Oracle 公司的产品。MySQL 是业内流行的关系数据库，MySQL 软件采用了双授权政策，它分为社区版和商业版。由于其具有体积小、速度快、开放源码等特点，因此一般中小型网站的开发都选择 MySQL 作为数据库。

【任务实施】

1. 安装 MySQL 数据库

① 双击 MySQL Server 5.0 安装程序 MySQL\Setup.exe，单击“Next”按钮，如图 4-16 所示。

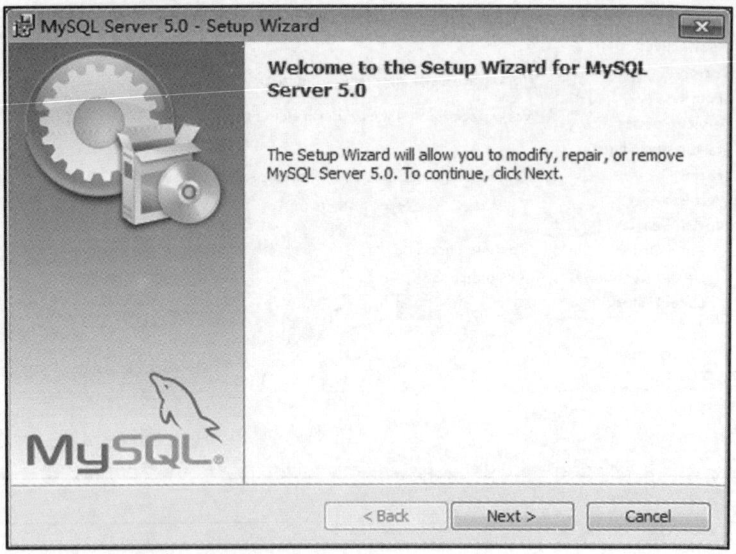

图 4-16
MySQL 安装向导

② 在出现的选择安装类型的窗口中，有 Typical（默认）、Complete（完全）、Custom（用户自定义）3 个选项，选择“Custom”单选按钮，单击“Next”按钮，如图 4-17 所示。

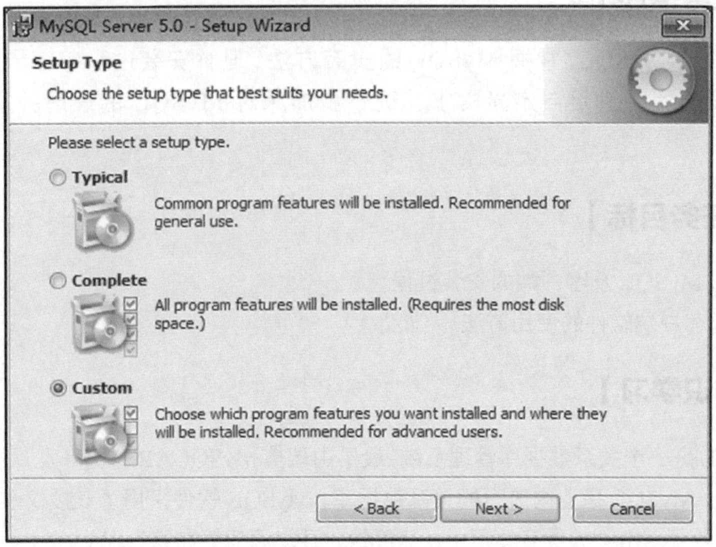

图 4-17
选择安装的类型

③ 在出现的自定义安装界面中选择 MySQL 数据库的安装路径，本书设置的路径是 D:\Program File\MySQL。单击 Developer Components（开发者部分）前的倒三角按钮▼，在弹出的下拉菜单中选择 “This feature,and all subfeatures,will be installed on local hard drive.” 菜单命令，完成上述操作后单击 “Next” 按钮，如图 4-18 所示。

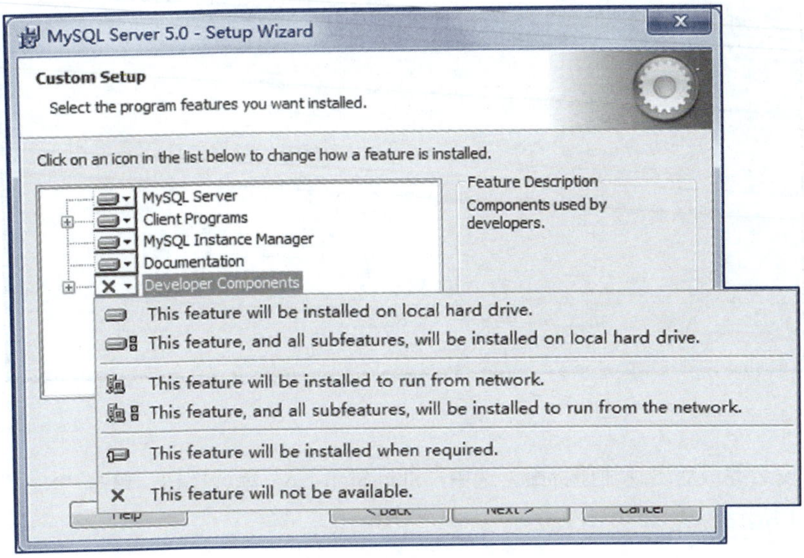

图 4-18
安装设置

④ 进入到准备安装的界面，首先确认一下刚才的设置是否正确。如果有误，单击 “Back” 按钮返回，可以重新设置。如果之前的配置没有错误，单击 “Install” 按钮继续安装，如图 4-19 所示。

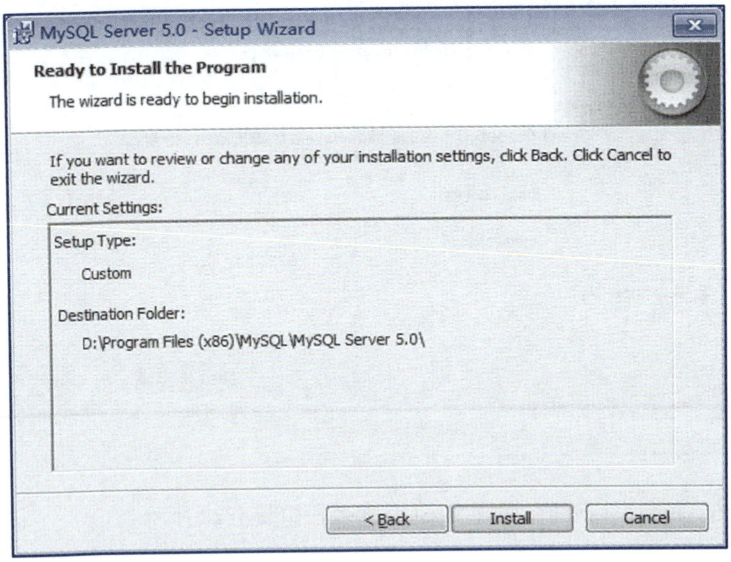

图 4-19
准备安装界面

⑤ 此时出现正在安装的界面，如图 4-20 所示。

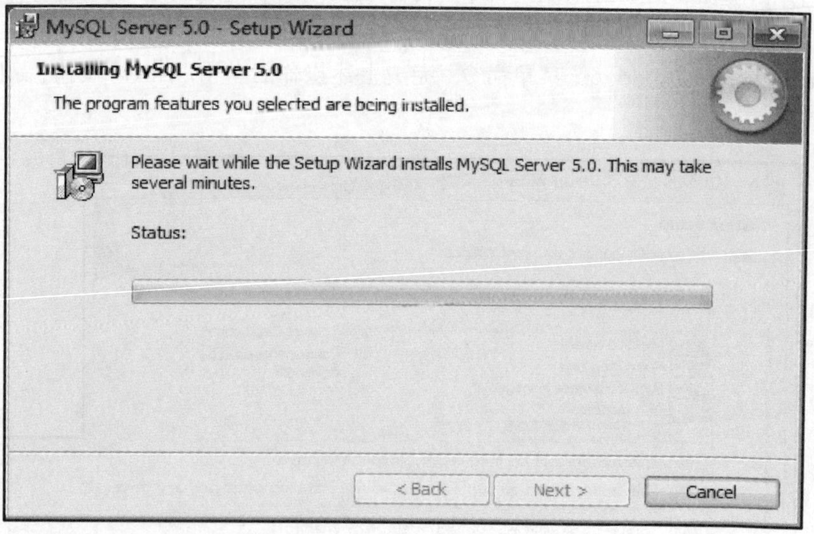

图 4-20
正在安装界面

⑥ 安装完成后出现注册界面，选中“Skip Sign-Up”单选按钮，单击“Next”按钮，如图 4-21 所示。

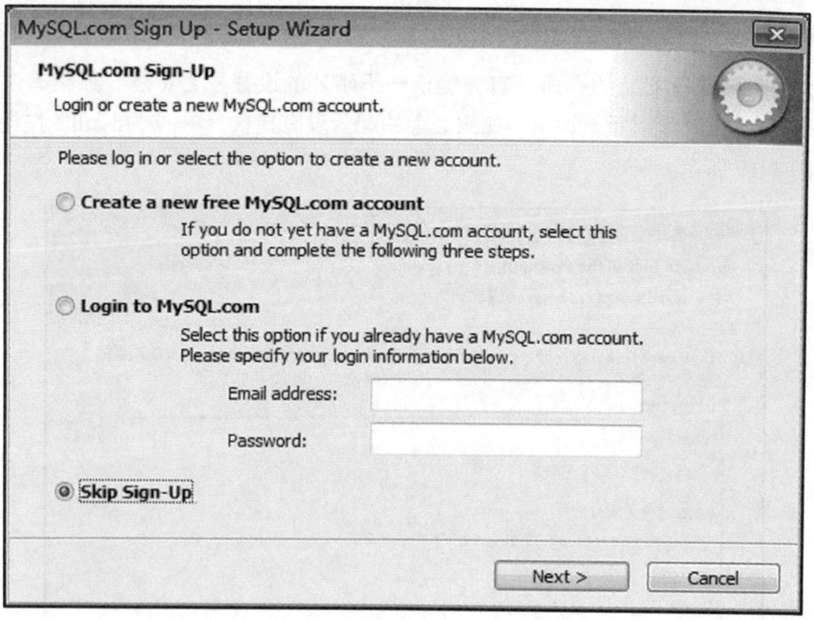

图 4-21
注册界面

⑦ 单击“Finish”按钮，完成 MySQL 安装，如图 4-22 所示。

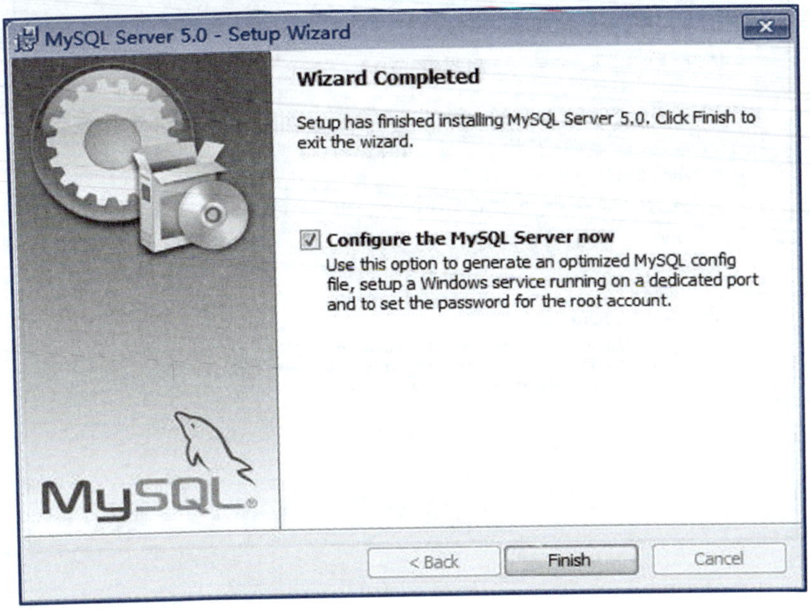

图 4-22
MySQL 安装完成

⑧ MySQL 数据库安装完成之后，出现图 4-23 所示的配置界面向导，单击“Next”按钮。

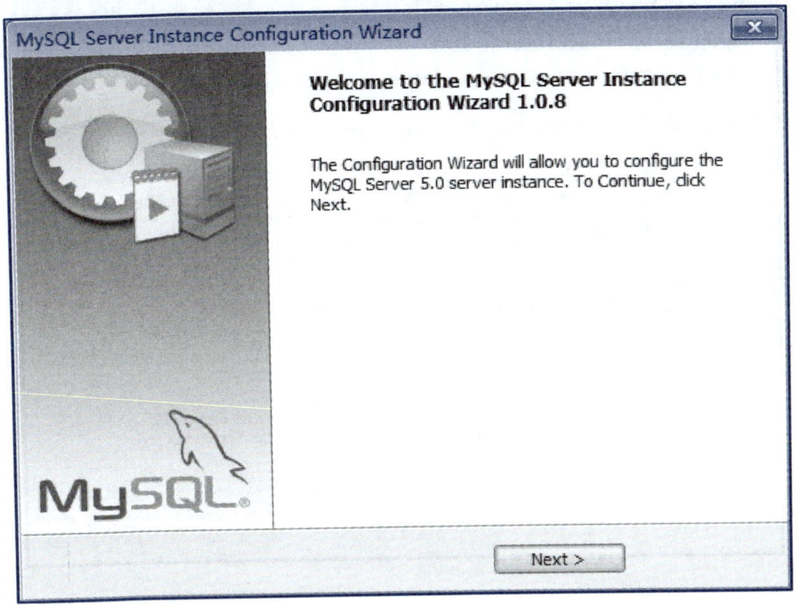

图 4-23
MySQL 配置界面向导

⑨ 选择配置方式为“Detailed Configuration（详细配置）”，单击“Next”按钮，如图 4-24 所示。

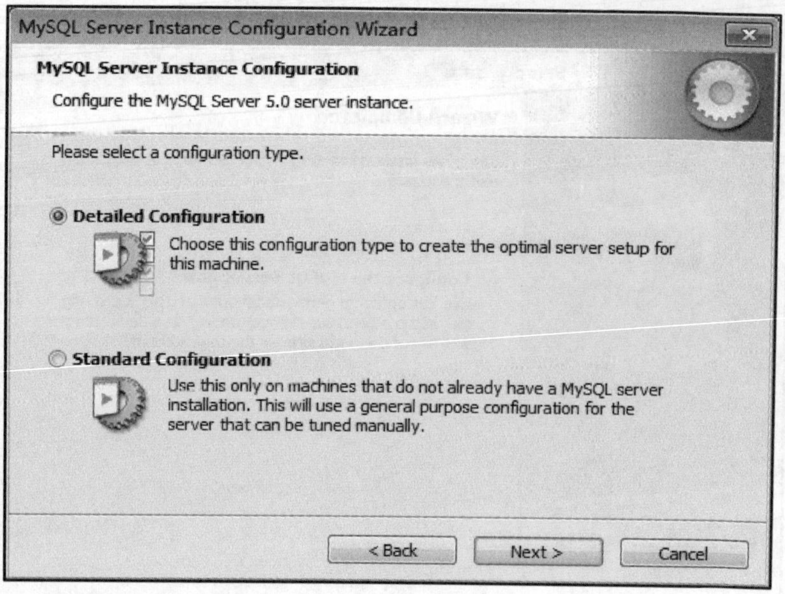

图 4-24
选择配置方式

⑩ 选择服务器的类型为“Developer Machine（开发测试类）”，单击“Next”按钮，如图 4-25 所示。

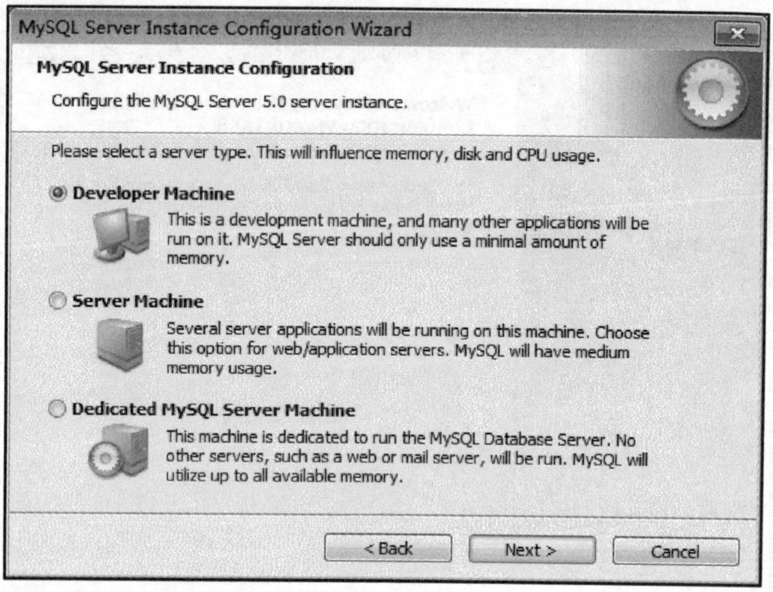

图 4-25
选择服务器类型

⑪ 设置 MySQL 数据库的用途，选中“Multifunctional Database（通用多功能型）”单选按钮，单击“Next”按钮，如图 4-26 所示。

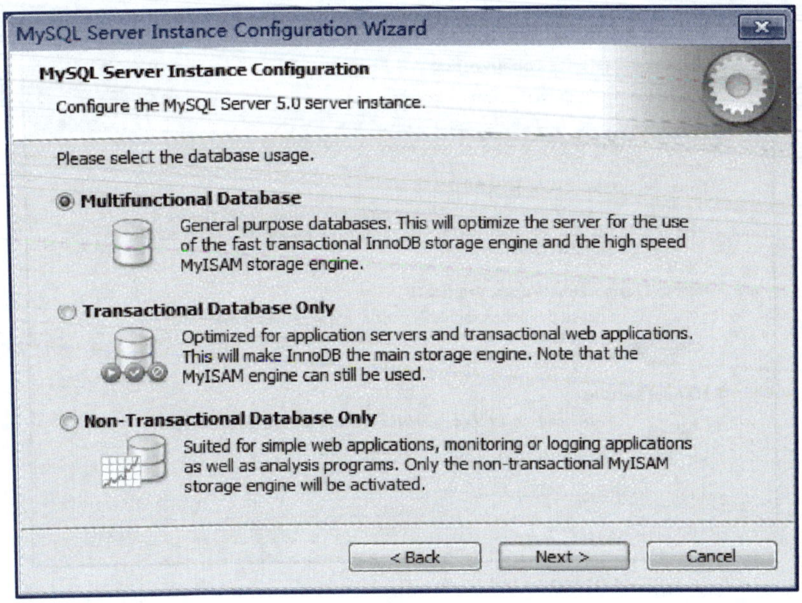

图 4-26
设置数据库用途

⑫ 对 InnoDB Tablespace 进行配置，选择 InnoDB 数据库文件存储位置。选择默认安装目录 Installation Path，单击“Next”按钮，如图 4-27 所示。

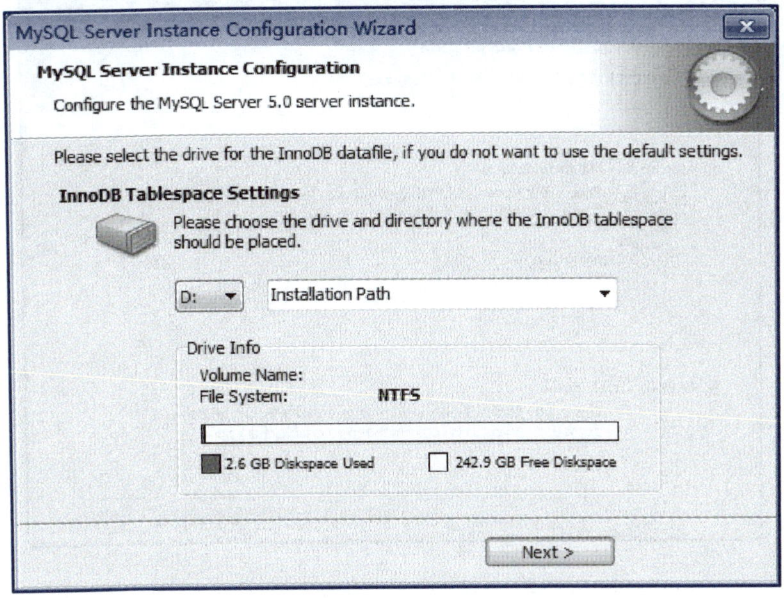

图 4-27
选择存储位置

⑬ 配置 MySQL 服务器的参数，选中“Manual Setting（手动设置）”单选按钮，单击“Next”按钮，如图 4-28 所示。

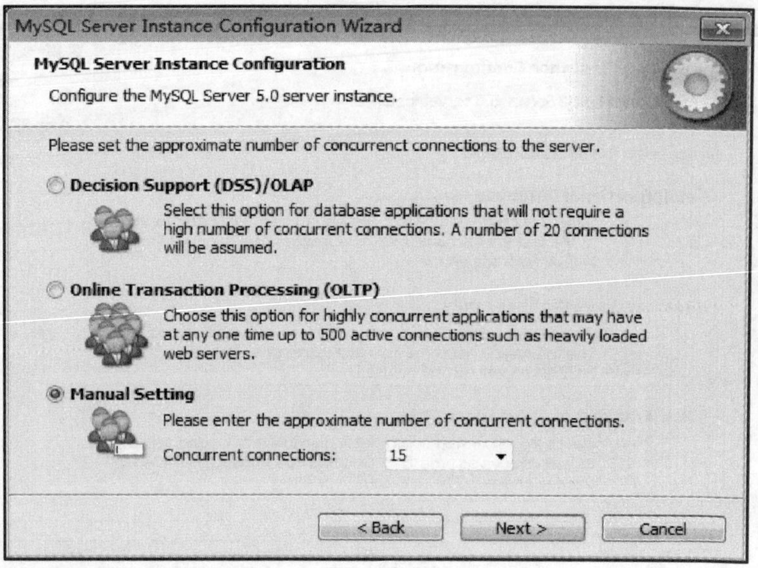

图 4-28
配置 MySQL 服务器参数

⑭ 设置 TCP/IP 参数，勾选“Enable TCP/IP Networking”复选框，默认的端口是 3306，勾选“Enable Strict Mode”复选框，单击“Next”按钮，如图 4-29 所示。

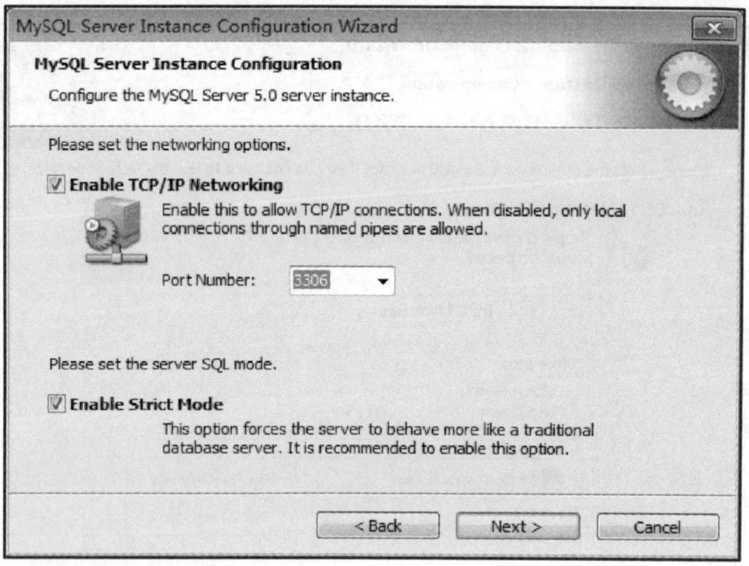

图 4-29
MySQL TCP 参数设置

⑮ 配置字符集，选中“Manual Selected Default Character Set / Collation”单选按钮，在 Character Set 下拉列表中选择“utf8”，单击“Next”按钮，如图 4-30 所示。

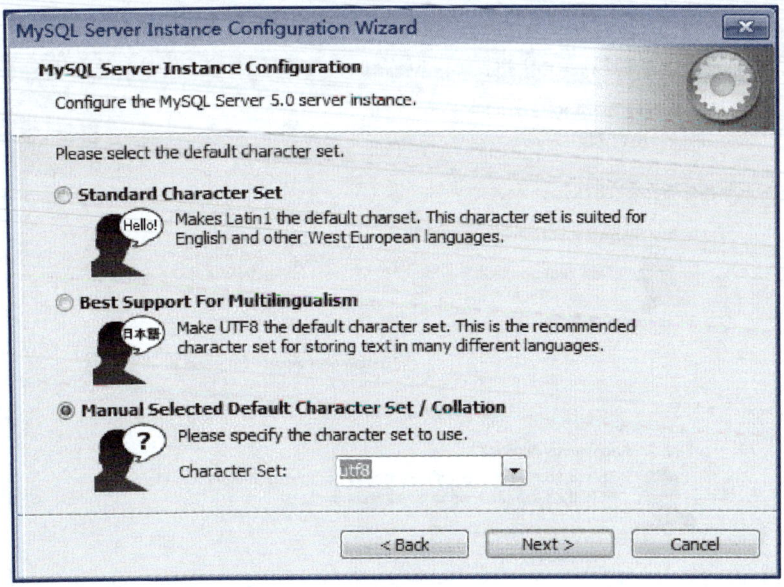

图 4-30
MySQL 的字符集设置

⑯ 安装 Windows 服务，勾选“Install As Windows Service”和“Include Bin Directory in Windows PATH”复选框，单击“Next ”按钮，如图 4-31 所示。

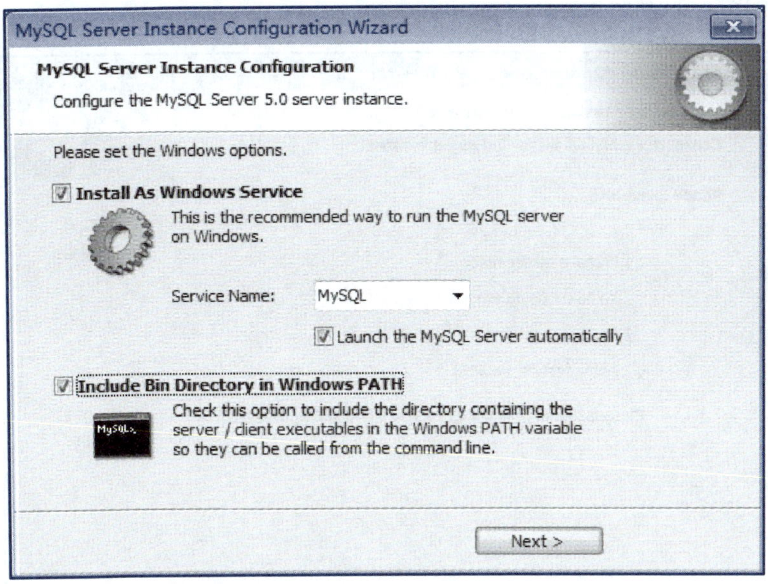

图 4-31
安装 Windows 服务

⑰ 设置管理员密码，管理员账号为 root，在“New root password”文本框中输入密码，并在“Confirm”文本框中再次输入该密码，单击“Next ”按钮，如图 4-32 所示。

图 4-32
登录密码设置

⑱ 经过以上操作，MySQL 安装的所有配置都已设置完成，单击“Execute”按钮执行配置，如图 4-33 所示。

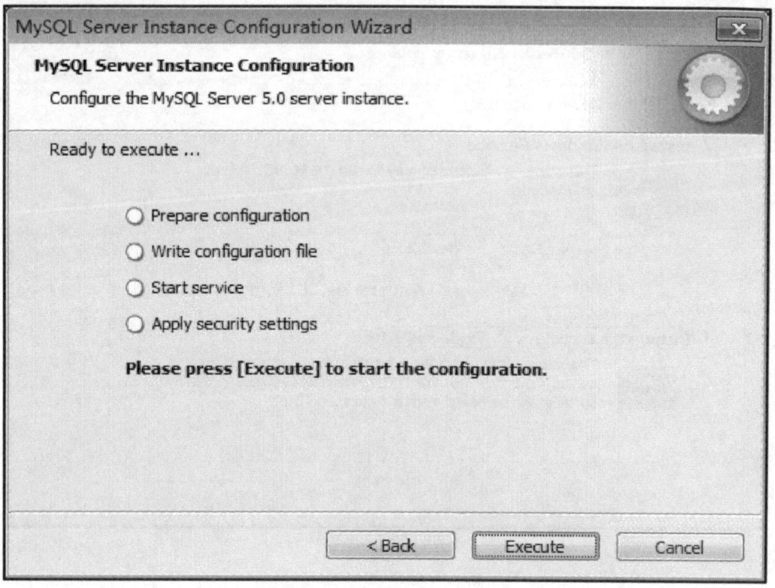

图 4-33
执行配置

⑲ 安装成功后，单击“Finish”按钮，如图 4-34 所示。

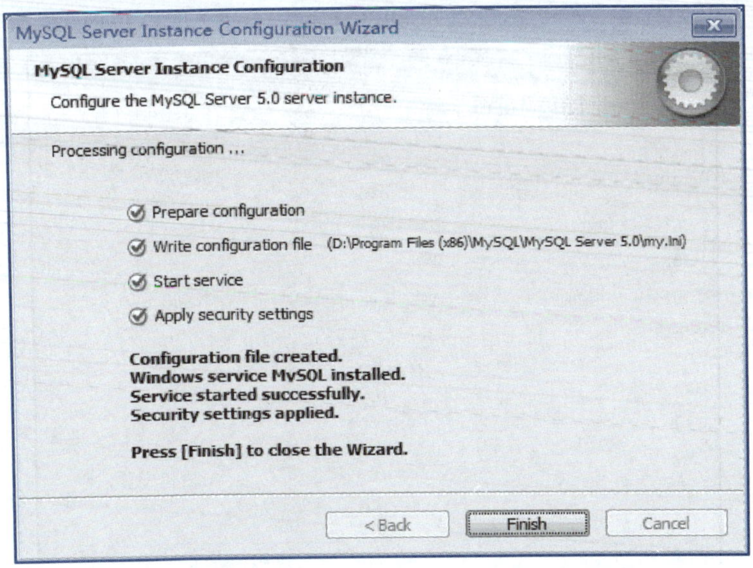

图 4-34
安装成功

2. 安装 MySQL 数据库管理工具

本书使用 Navicat 作为 MySQL 的客户端管理工具。运行 Navicat 8.0.exe 安装程序，设置安装目录后，单击“安装”按钮，如图 4-35 所示。

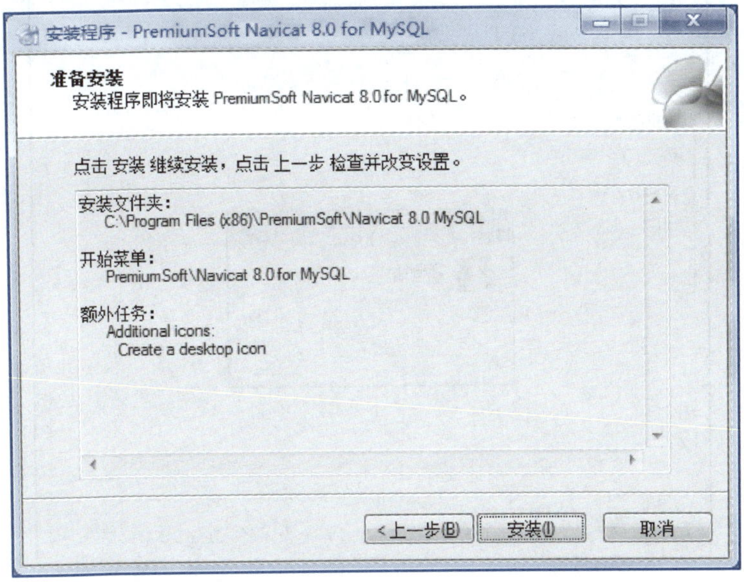

图 4-35
安装 MySQL 数据库管理工具

3. 功能验证测试

① 打开 Navicat，测试与本地 MySQL 数据库的连接，输入主机名、端口号、用户名与密码，单击“确定”按钮，如图 4-36 所示。

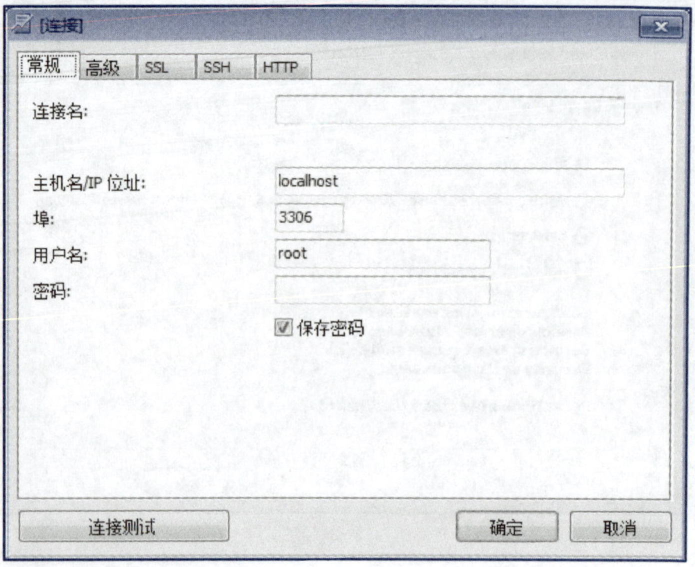

图 4-36
输入数据库连接参数

② 单击“连接测试”按钮，提示连接成功，如图 4-37 所示。

图 4-37
测试连接是否成功

③ 进入到 Navicat 主界面，用户可以对指定的数据库进行操作和管理，如图 4-38 所示。

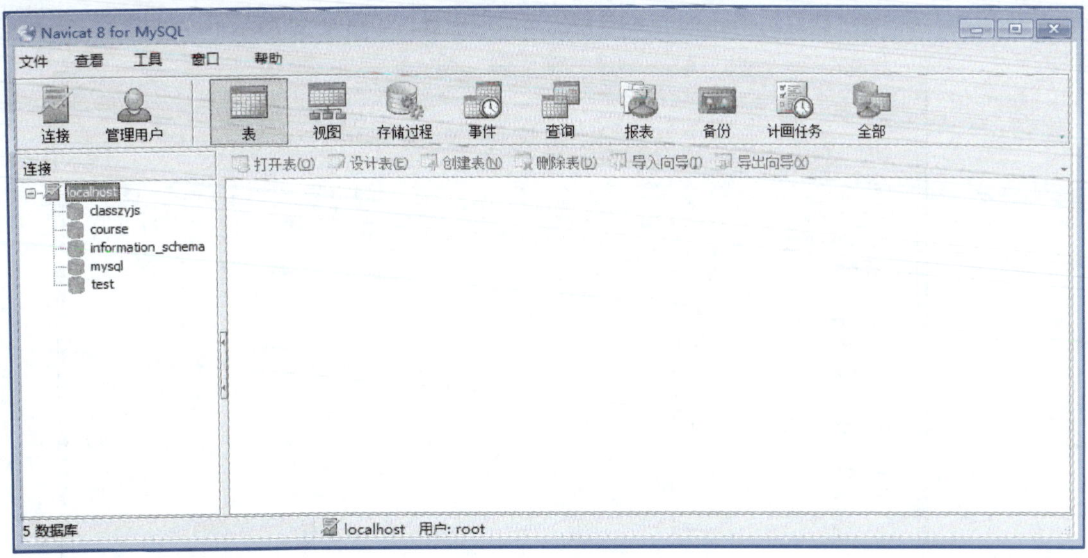

图 4-38
Navicat 主界面

任务 4.4　安装与配置 Tomcat

【任务描述】

通过介绍 Tomcat 的理论知识，可使读者了解 Tomcat 是一个免费且开源的 Web 服务器；通过对 Tomcat 安装步骤的介绍，帮助学生实现 Tomcat 的安装，并掌握 Tomcat 和 Eclipse 集成的方法。

微课 4-4
安装与配置 Tomcat

【任务目标】

- 学习 Tomcat 的安装过程。
- 掌握 Tomcat 和 Eclipse 集成的方法。

【知识学习】

Tomcat 最初由 Sun 公司的软件构架师詹姆斯・邓肯・戴维森开发，后来由 Sun 献给 Apache 软件基金会，目前是 Apache 软件基金会的顶级项目。Tomcat 是一个免费且开源的 Web 服务器，支持 Servlet 和 JSP 规范。Tomcat 免费开源，技术先进，性能稳定，深受 Java 爱好者的喜爱，并得到了部分软件开发商的认可，是目前比较流行的 Web 应用服务器。

【任务实施】

1. 下载安装 Tomcat

① 从 Apache 网站（http://tomcat.apache.org/）下载 Tomcat，本书采用 Tomcat 7.0 版本。

② 将下载好的 Tomcat 压缩包解压至本地磁盘，如图 4-39 所示。

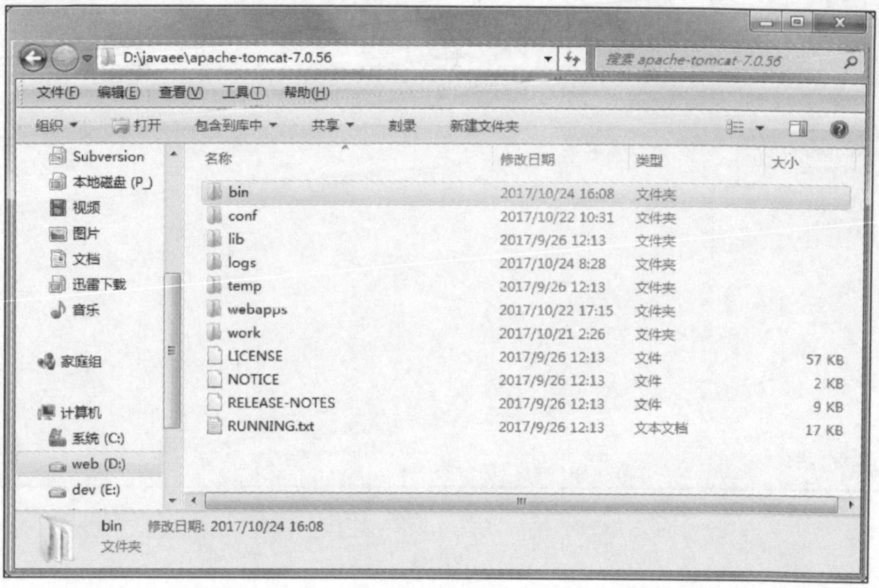

图 4-39
Tomcat 目录结构

2. 运行测试 Tomcat

① 在 Tomcat 文件夹下进入 bin 子文件夹，双击 startup.bat 文件，启动 Tomcat 服务器，如图 4-40 所示。

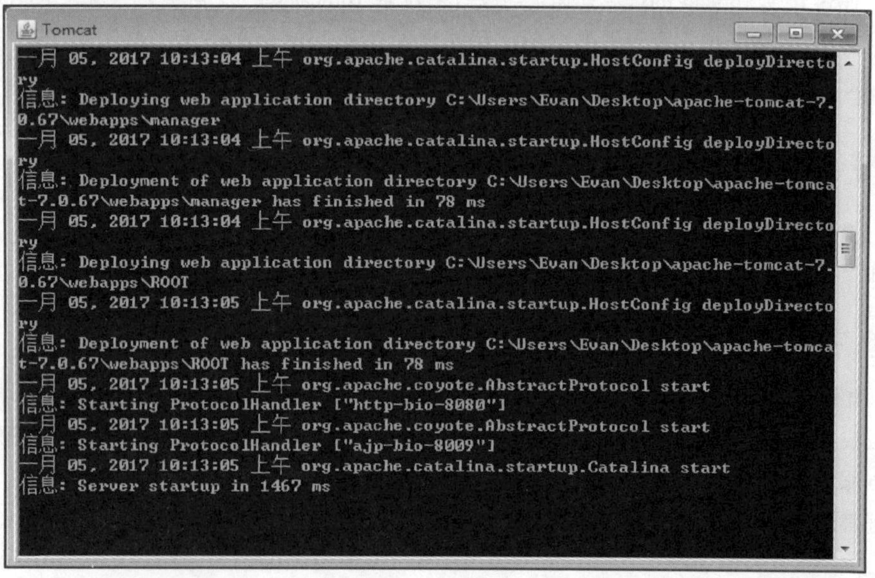

图 4-40
启动 Tomcat 服务器

② 在浏览器的地址栏内输入 http://localhost:8080，如果 Tomcat 服务器部署成功，则显示图 4-41 所示的界面。

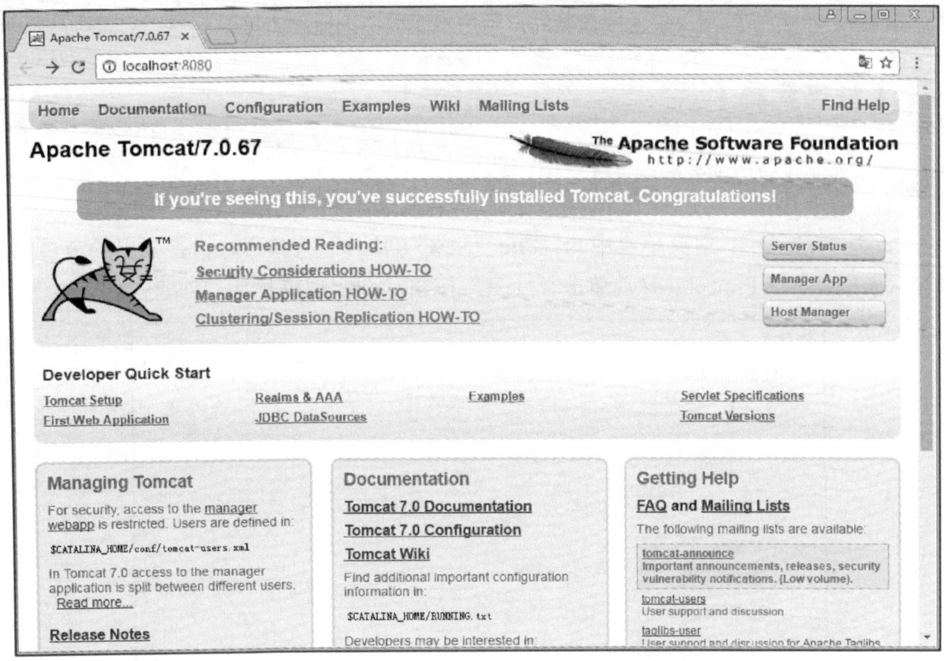

图 4-41
Tomcat 运行界面

任务 4.5　新建 HelloWorld 案例工程

【任务描述】

本任务将创建一个 Java Web 案例工程。通过此案例，学生可熟悉 Java Web 的相关理论知识，并学会 Java Web 工程的创建和配置，进一步熟悉 Eclipse 和 Tomcat 的使用。

微课 4-5
新建 HelloWorld 案例工程

【任务目标】

- 学会 Java Web 工程的创建过程。
- 学会 Java Web 工程文件的配置。

【知识学习】

Java Web 应用具有固定的目录结构，这里使用 Eclipse 创建一个名为 HelloWorld 的 Web 工程。该 Web 工程的目录结构如表 4-1 所示。

表 4-1　Web 工程的目录结构

目录	描述
/HelloWorld	Web 工程的根目录，所有的 JSP 和 HTML 文件都存放于此目录下
/HelloWorld/WEB-INF	存放 Web 工程发布的描述文件 Web.xml
/HelloWorld/WEB-INF/classes	存放各种 class 文件，Servlet 类文件也存放于此目录下
/HelloWorld/WEB-INF/lib	存放 Web 工程所需的各种 JAR 文件

WEB-INF 目录对用户来说是隐藏的，用户不能通过浏览器直接访问这个目录中的文件。

【任务实施】

1. 使用 Maven 新建 HelloWorld 工程

① 选择 Eclipse 主菜单栏中的 “File→New→Other” 菜单命令，在弹出的窗口中选择 Maven→ Maven Project，然后单击 “ Next ” 按钮，如图 4-42 所示，创建一个 Web 工程。

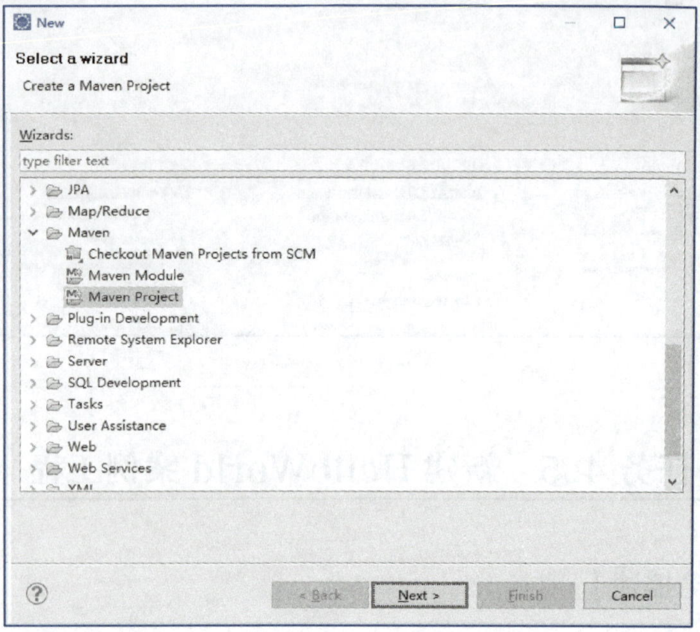

图 4-42
使用 Maven 新建 Web 工程

② 在新建 Maven Project 向导中，选中 Create a simple project(skip archetype selection) 复选框，并指定项目保存的目录（如 F:\worksp\Maven\webproject），然后单击 “Next” 按钮，如图 4-43 所示。

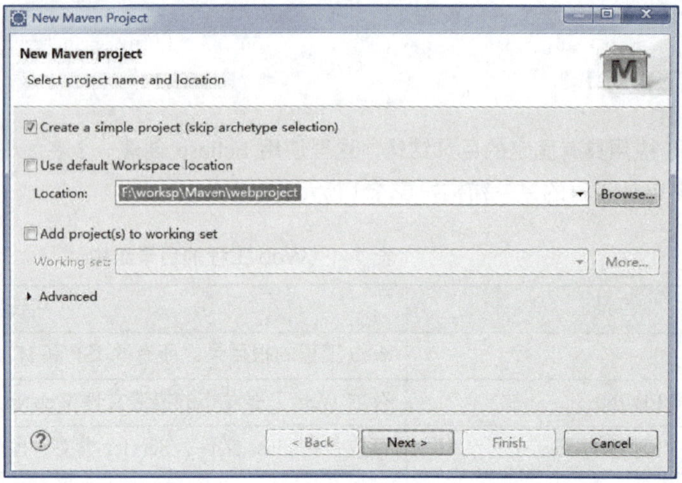

图 4-43
指定项目保存的目录

③ 添加项目信息，最后单击“Finish”按钮，如图 4-44 所示。

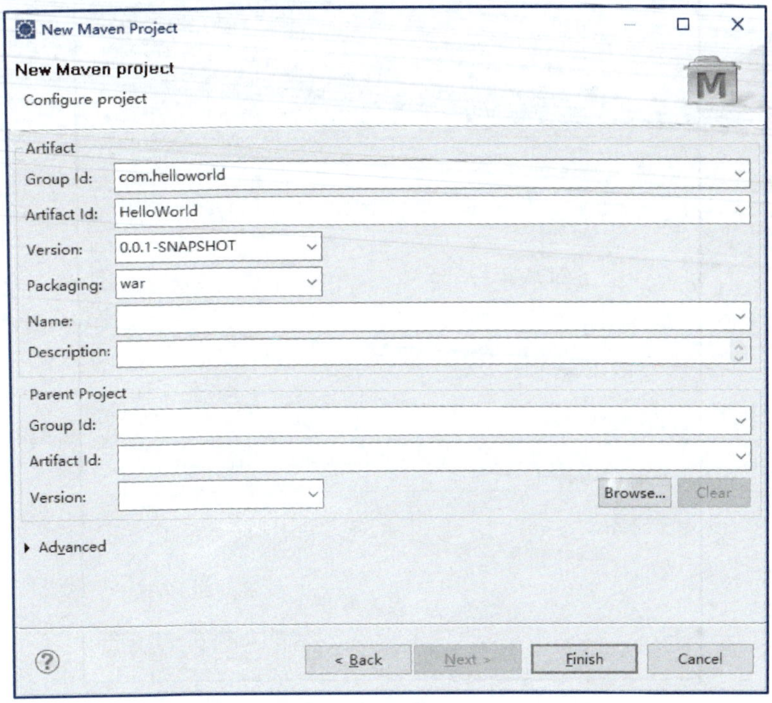

图 4-44
Web 工程配置

2. 新建 Web 页面

Web 项目新建完成之后，还需要给项目新建一个可以访问的 Web 页面，命名为 index.xml。

① 创建完成的 Web 项目结构如图 4-45 所示。

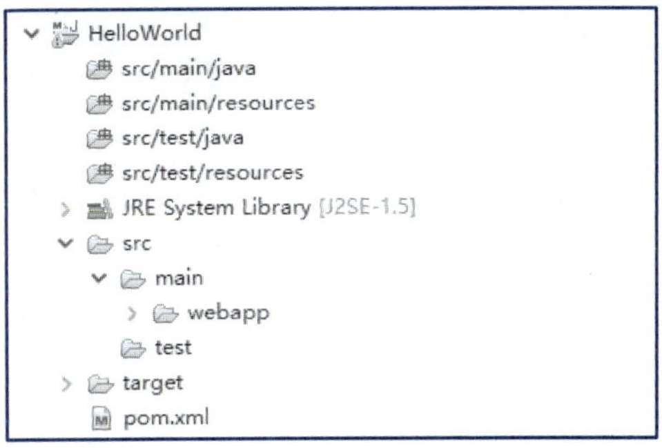

图 4-45
Web 项目的结构

② 右击项目，在弹出的快捷菜单中选择“New”命令，在 webapp 目录下创建一个 HTML 文件，并命名为 index.html，如图 4-46 所示。

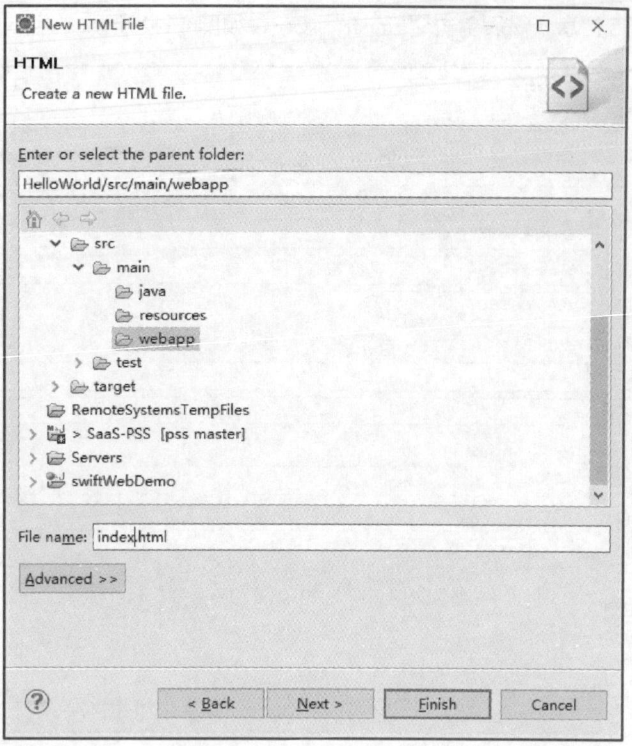

图 4-46
新建 HTML 文件

③ 编辑 index.html 文件，输入如下代码。

```
<!DOCTYPEhtml>
<html>
<head>
<meta charset="UTF-8">
<title>My Web Project</title>
</head>
<body>
    Hello World!
</body>
</html>
```

3．功能验证测试

① 在 Eclipse 中集成 Tomcat 配置。在主菜单中选择 “Window→Preferences→Server” 命令，弹出如图 4-47 所示的窗口。

② 选择 Server 下的 Runtime Environments 选项，在右侧单击“Add”按钮，添加 Tomcat 服务器，如图 4-48 所示。

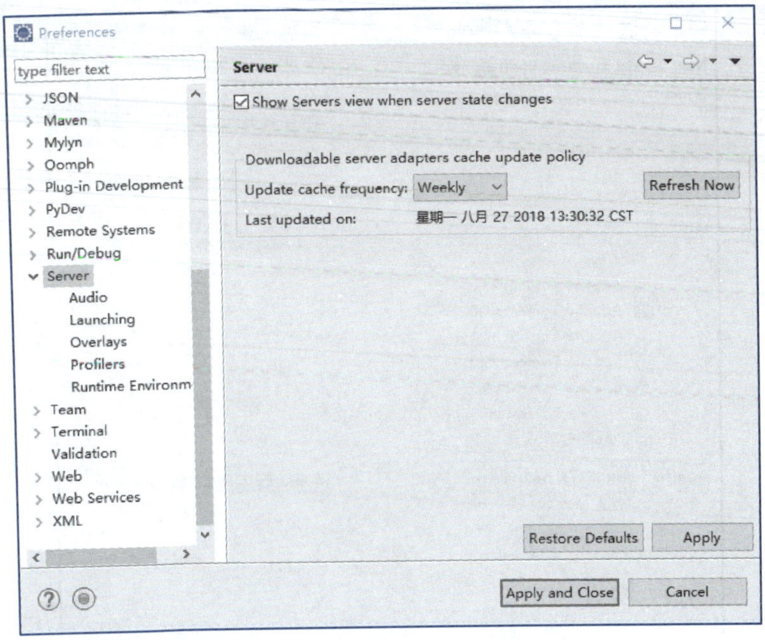

图 4-47
Server 窗口

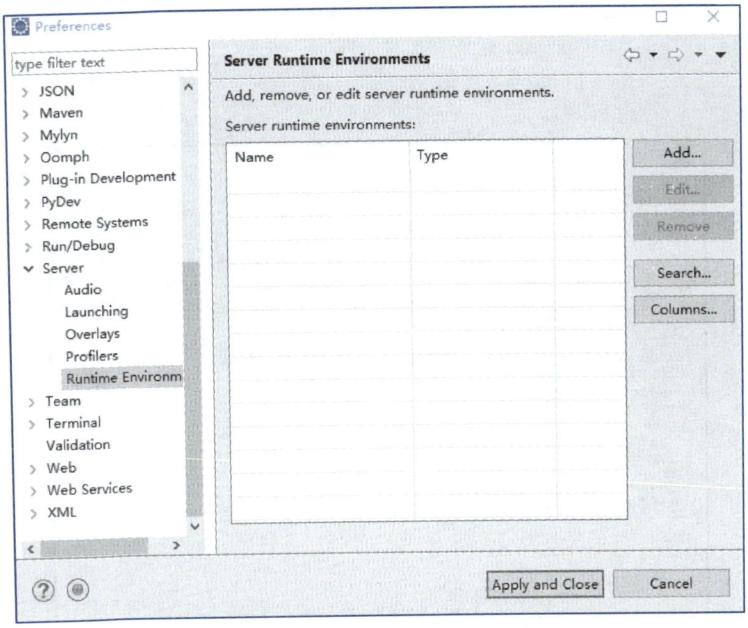

图 4-48
添加 Tomcat 服务器

③ 选择 Apache Tomcat v7.0，单击“Next”按钮，然后设置 Tomcat 安装路径，最后单击“Finish”按钮完成配置，如图 4-49 和图 4-50 所示。

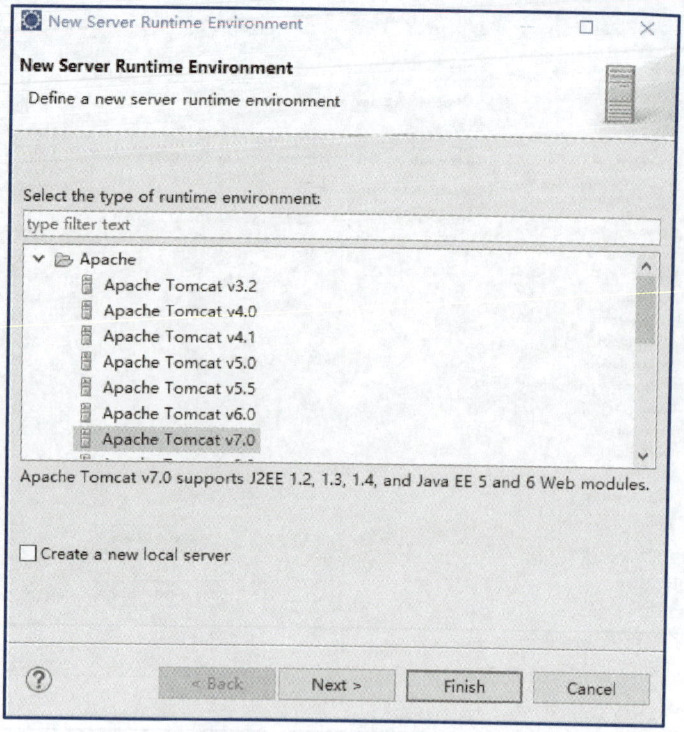

图 4-49
选择 Apache Tomcat v7.0 服务器

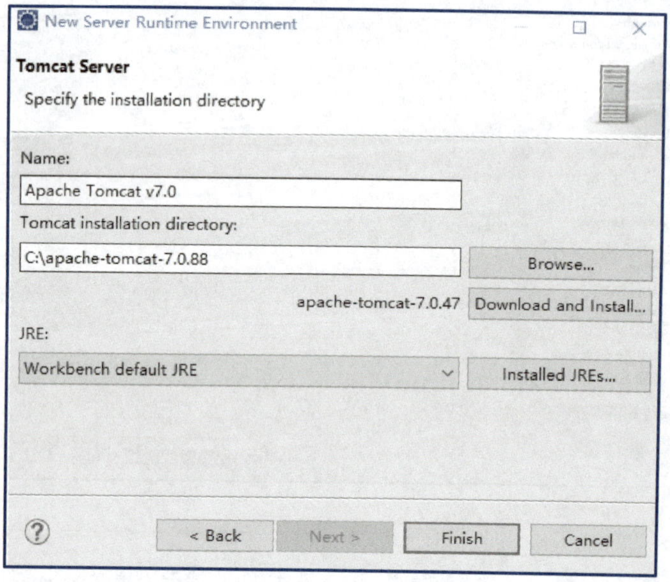

图 4-50
配置 Tomcat

④ 右击 Tomcat，将 HelloWorld 项目添加至 Tomcat，如图 4-51 所示。

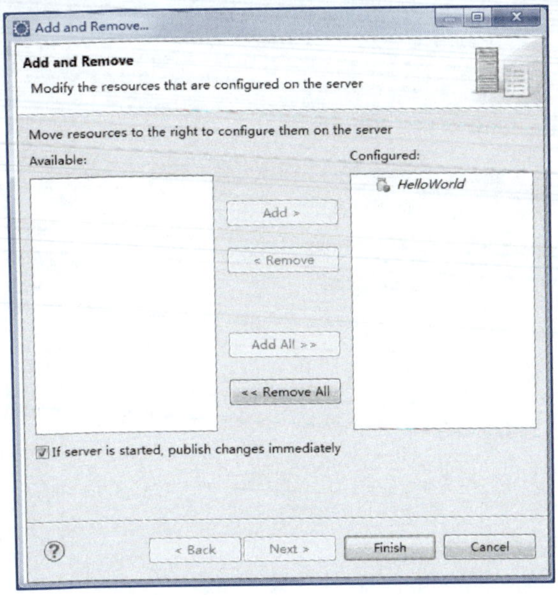

图 4-51
添加 HelloWorld 项目

⑤ 运行 Tomcat 服务器。打开浏览器访问 localhost:8080/HelloWorld，显示界面如图 4-52 所示，则表示 HelloWorld 程序部署成功。

图 4-52
HelloWorld 程序部署成功

技能训练

① 根据课堂讲解，自己独立搭建开发环境。

② 开发 Java Web 的案例应用 HelloWorld。

项目总结

开发环境是系统开发的基础，搭建好开发环境才能进行系统开发。在学会搭建环境的同时，读者需要熟悉各个环境工具的作用和使用方法。

项目 5 进销存系统设计和框架搭建

项目描述

进销存系统是为了对企业生产经营中的采购、销售、库存、订单等进行全程（即从接获订单合同开始，到物料采购、入库、领用，到产品完工入库、交货、回收货款、支付原材料款等）跟踪（每一步都提供详尽准确的数据）、管理（有效辅助企业解决业务管理、分销管理、存货管理、营销计划的执行和监控、统计信息的收集等方面的业务问题）而设计的整套方案。本书以进销存系统作为 SaaS 开发案例，整体介绍整个 SaaS 系统的开发过程。

PPT5
进销存系统设计和框架搭建

PPT

【知识目标】

- 了解企业进销存系统的业务知识。
- 掌握系统设计的方法。
- 了解 Java Web 的 3 个开发框架。

【技能目标】

- 学会根据需求进行系统设计的方法。
- 掌握 3 个框架的集成方法。

【任务列表】

任务编号	任务名称	建议课时
任务 5.1	系统分析和设计	5
任务 5.2	搭建 SSM 开发框架	5
总计（课时）		10

任务 5.1　系统分析和设计

【任务描述】

本任务主要介绍进销存系统的主要功能和功能模块划分，以及数据库的设计。要完成企业进销存管理系统，首先要进行充分的需求分析，其次根据需求分析确定系统功能模块，最后完成原型设计，为开发做好准备工作。

【任务目标】

- 掌握需求分析的方法。
- 完成系统功能设计、确定系统技术架构。
- 完成数据库和表的创建。

【知识学习】

1. 分析系统需求

SaaS 企业进销存管理系统是一个以 Java Web 为核心开发技术的应用系统。该 Web 应用实现企业进销存的租户管理、货物采购、销售、库存管理、订单管理等，完整阐述一个企业的整体运营过程，包括 Java Web 框架编程开发、数据可视化技术及云平台搭建和部署等重要内容。

2. 分析系统功能

企业 SaaS 进销存管理系统包括 3 类用户角色：SaaS 服务提供商企业管理员（简称商户管理员）、SaaS 服务使用商企业管理员（简称租户管理员）、SaaS 服务使用商企业普通用户（简称租户用户），不同用户的功能如表 5-1 所示。

表 5-1　企业 SaaS 进销存系统不同用户的功能

系统名称	用户	一级功能	二级功能
企业 SaaS 进销存管理系统	商户管理员	系统登录	系统登录
		租户管理	租户信息
		服务管理	服务设置
			价格策略
	租户管理员	租户注册	创建租户
		系统登录	
		租户个人信息	租户信息查看
			租户信息修改

续表

系统名称	用户	一级功能	二级功能
企业 SaaS 进销存管理系统	租户管理员	服务订阅	服务查看
			我的服务
		用户配置	用户管理
			角色管理
	租户用户	系统登录	系统登录
		采购管理	
		销售管理	
		库存管理	

3. 设计原型界面

分析了用户的功能结构后，就可以对项目进行界面设计了。本项目的主要操作界面有管理员登录界面、进销存一体化管理员主页、用户登录界面和进销存一体化用户主页，具体如图 5-1 ~ 图 5-4 所示。

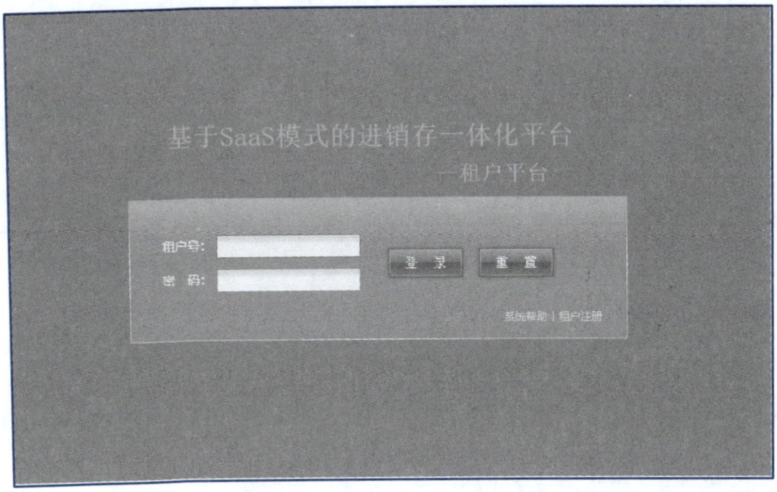

图 5-1
管理员登录界面

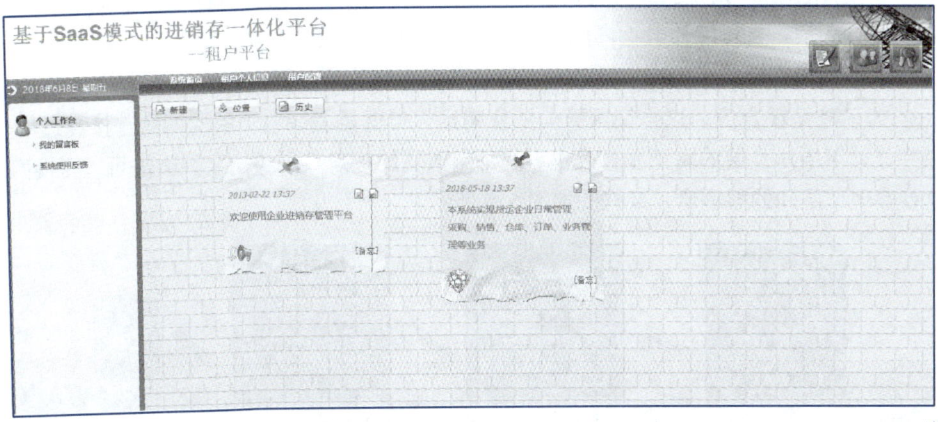

图 5-2
进销存一体化管理员主页

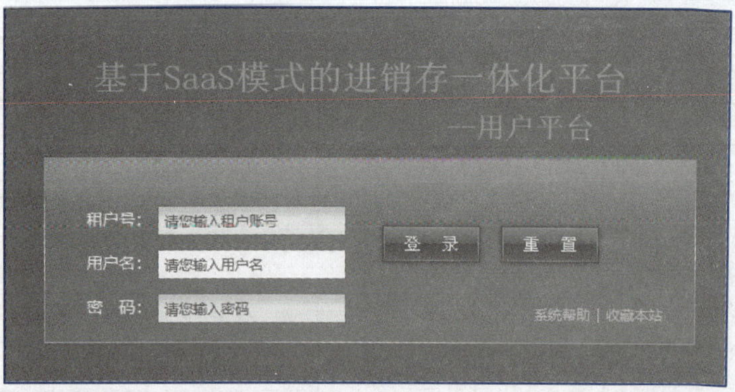

图 5-3
用户登录界面

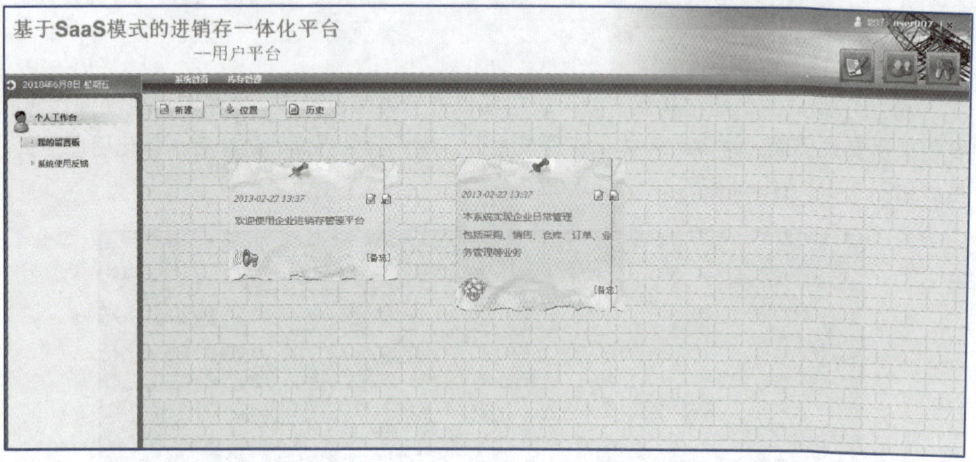

图 5-4
进销存一体化用户主页

4. 制定技术架构

本项目采用 MVC 的 3 层架构模式，架构设计如下。

3 层架构是指视图（View）层、服务（Service）层和持久（Dao）层，它们的功能如下。

- View 层：用来接收用户请求的代码，如请求如何分发。
- Service 层：系统的业务逻辑主要写在这里，如借书系统会有借书的业务。
- Dao 层：直接操作数据库的代码。之所以分 Dao 层，主要是相同的 SQL 语句有可能使用在比较多的地方，改动的时候理解为只改动一处即可。

为了降低耦合度，这里使用面向抽象编程，也就是上层对下层的调用直接通过接口来完成，下层对上层的真正服务提供者是下层实现的接口实现类，实现类是可以更换的，这就实现了层间的解耦合，架构图如图 5-5 所示。

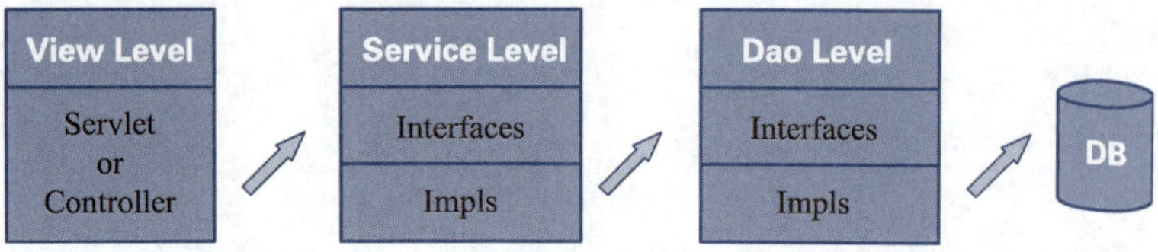

图 5-5
企业 SaaS 进销存系统项目的整体技术架构

SSM 即 SpringMVC、MyBatis 与 Spring 的统称。

- SpringMVC：作为 View 的实现者，完成客户请求的接受功能，它的 Controller 作为整个应用的控制器，完成用户请求的转发和对用户的响应。
- MyBatis：作为 Dao 的实现者，完成数据库的增删改查等功能。
- Spring：是整个应用的大管家，整个应用中所有的 Bean 的生命周期行为都是由 Spring 来管理的，就是说整个应用中所有对象的创建、初始化、销毁及对象之间关联的关系维护，都由 Spring 来进行管理，如图 5-6 所示。

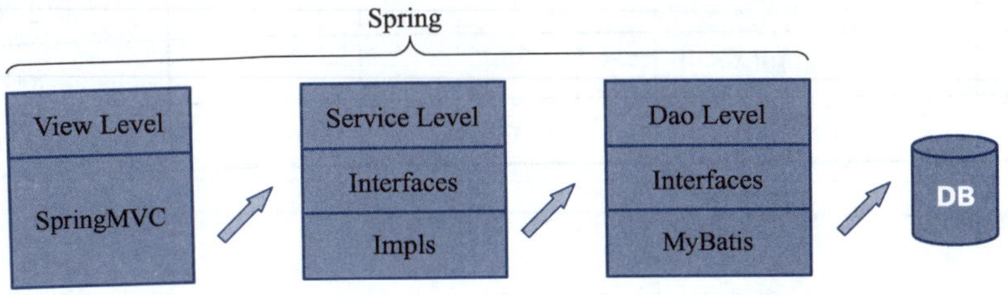

图 5-6
SSM 实现 MVC 架构图

5. 设计数据库

① tenant_c 表（租户信息表）如表 5-2 所示。

表 5-2　tenant_c 表

序号	字段名	数据类型	是否可为空	主外键	描述
1	TENANT_ID	varchar(50)	No	PK	租户 ID
2	TENANT_NO	varchar(255)	Yes		租户号
3	PASSWORD	varchar(255)	Yes		租户密码
4	NAME	varchar(100)	Yes		租户姓名
5	COMPANY	varchar(200)	Yes		租户公司
6	CONTACTOR	varchar(50)	Yes		租户联系人
7	ADDRESS	varchar(200)	Yes		租户地址
8	TELEPHONE	varchar(20)	Yes		联系电话
9	STATE	varchar(3)	Yes		租户状态

② user_c 表（用户信息表）如表 5-3 所示。

表 5-3　user_c 表

序号	字段名	数据类型	是否可为空	主外键	描述
1	USER_ID	varchar(50)	No	PK	用户 ID
2	USER_NO	varchar(50)	Yes		用户编号
3	PASSWORD	varchar(50)	Yes		用户密码
4	TELEPHONE	varchar(50)	Yes		电话
5	EMAIL	varchar(50)	Yes		电子邮箱
6	ADDRESS	varchar(50)	Yes		地址
7	STATUS	varchar(50)	Yes		状态
8	TENANT_ID	varchar(50)	Yes		租户 ID

③ role_c 表（角色信息表）如表 5-4 所示。

表 5-4　role_c 表

序号	字段名	数据类型	是否可为空	主外键	描述
1	ROLE_ID	varchar(100)	No	PK	角色 ID
2	ROLE_NO	varchar(255)	Yes		角色编号
3	NAME	varchar(100)	Yes		角色名称
4	DESCRIPTION	varchar(100)	Yes		描述
5	TENANT_ID	varchar(100)	Yes		租户 ID

④ function_c 表（服务信息表）如表 5-5 所示。

表 5-5　function_c 表

序号	字段名	数据类型	是否可为空	主外键	描述
1	FUNCTION_ID	varchar(50)	No	PK	服务 ID
2	Function_NO	varchar(50)	Yes		服务编号
3	FUNCTION_URL	varchar(50)	Yes		服务 URL
4	FUNCTION_NAME	varchar(50)	Yes		服务名称
5	DESCRIPTION	varchar(50)	Yes		服务描述

⑤ user_role_c 表（用户角色表）如表 5-6 所示。

表 5-6　user_role_c 表

序号	字段名	数据类型	是否可为空	主外键	描述
1	USER_ROLE_ID	varchar(50)	Yes	PK	用户角色 ID
2	USER_ID	varchar(50)	Yes		用户 ID
3	ROLE_ID	varchar(50)	Yes		角色 ID

⑥ role_function_c 表（角色服务表）如表 5-7 所示。

表 5-7　role_function_c 表

序号	字段名	数据类型	是否可为空	主外键	描述
1	ROLE_FUNCTION_ID	varchar(50)	No	PK	角色服务 ID
2	ROLE_ID	varchar(50)	Yes		角色 ID
3	FUNCTION_ID	varchar(50)	Yes		服务 ID

⑦ subsciber_c 表（订阅信息表）如表 5-8 所示。

表 5-8　subsciber_c 表

序号	字段名	数据类型	是否可为空	主外键	描述
1	SUBSCIBER_ID	varchar(50)	No	PK	订阅 ID
2	TENANT_ID	varchar(50)	Yes		租户 ID
3	FUNCTION_ID	varchar(50)	Yes		服务 ID
4	BEGIN_DATE	varchar(50)	Yes		开始日期
5	END_DATE	varchar(50)	Yes		结束日期
6	SUBSCIBER_DATE	varchar(50)	Yes		订阅日期
7	REMAINDER	varchar(50)	Yes		剩余服务天数

⑧ pricepolicy_c 表（价格策略表）如表 5-9 所示。

表 5-9　pricepolicy_c 表

序号	字段名	数据类型	是否可为空	主外键	字段说明
1	PRICEPOLICY_ID	varchar(50)	No	PK	价格策略 ID
2	PRICEPOLICY_NO	varchar(50)	Yes		价格策略编号
3	FUNCTION_NO	varchar(50)	Yes		服务编号
4	FUNCTION_NAME	varchar(50)	Yes		服务名称
5	UNIT	varchar(50)	Yes		单位
6	PRICE	varchar(50)	Yes		价格

⑨ supplier_c 表（供应商信息表）如表 5-10 所示。

表 5-10　supplier_c 表

序号	字段名	数据类型	是否可为空	主外键	描述
1	SUPPLIER_ID	varchar(50)	No	PK	供应商 ID
2	SUPPLIER_NAME	varchar(50)	Yes		供应商名称
3	SUPPLIER_NO	varchar(50)	Yes		供应商编号
4	SHORT_NAME	varchar(50)	Yes		供应商简称
5	CONTACTS	varchar(50)	Yes		联系人
6	ADDRESS	varchar(50)	Yes		联系地址
7	EMAIL	varchar(50)	Yes		电子邮箱
8	MOBIL	varchar(50)	Yes		手机
9	PHONE	varchar(50)	Yes		电话
10	FAX	varchar(50)	Yes		传真
11	MEMO	varchar(50)	Yes		备忘
12	TENANT_ID	varchar(50)	Yes		租户 ID

⑩ material_c 表（原材料信息表）如表 5-11 所示。

表 5-11　material_c 表

序号	字段名	数据类型	是否可为空	主外键	描述
1	MATERIAL_ID	varchar(50)	No	PK	原材料 ID
2	MATERIAL_NO	varchar(50)	Yes		原材料编号
3	MATERIAL_NAME	varchar(50)	Yes		原材料名称
4	SPECIFICATION	varchar(50)	Yes		规格
5	PACKING_UNIT	varchar(50)	Yes		包装单位
6	PRICE	varchar(50)	Yes		价格
7	MEMO	varchar(50)	Yes		备注
8	TENANT_ID	varchar(50)	Yes		租户 ID

⑪ material_put_c 表（原材料入库信息表）如表 5-12 所示。

表 5-12　material_put_c 表

序号	字段名	数据类型	是否可为空	主外键	描述
1	MATERIAL_PUT_ID	varchar(50)	No	PK	原材料入库 ID
2	MATERIAL_NO	varchar(50)	Yes		原材料编号
3	MATERIAL_NAME	varchar(50)	Yes		原材料姓名
4	MATERIAL_AMOUNT	varchar(50)	Yes		原材料数量
5	PACKING_UNIT	varchar(50)	Yes		包装单位
6	OPERATOR	varchar(50)	Yes		操作者
7	REPOSITORY_NO	varchar(50)	Yes		仓库编号
8	PUT_TIME	varchar(50)	Yes		出库时间
9	STATE	varchar(50)	Yes		状态
10	MEMO	varchar(50)	Yes		备注
11	TENANT_ID	varchar(50)	Yes		租户 ID

⑫ material_out_c 表（原材料出库信息表）如表 5-13 所示。

表 5-13　material_out_c 表

序号	字段名	数据类型	是否可为空	主外键	描述
1	MATERIAL_OUT_ID	varchar(50)	No	PK	原材料出库 ID
2	MATERIAL_NO	varchar(50)	Yes		原材料编号
3	MATERIAL_NAME	varchar(50)	Yes		原材料姓名
4	MATERIAL_AMOUNT	varchar(50)	Yes		原材料数量
5	PACKING_UNIT	varchar(50)	Yes		包装单位
6	PICKING_PEOPLE	varchar(50)	Yes		领料人
7	OPERATOR	varchar(50)	Yes		操作者
8	REPOSITORY_NO	varchar(50)	Yes		仓库编号
9	OUT_TIME	varchar(50)	Yes		出库时间
10	STATE	varchar(50)	Yes		状态
11	MEMO	varchar(50)	Yes		备注
12	TENANT_ID	varchar(50)	Yes		租户 ID

⑬ material_ull_c 表（原材料上下限表）如表 5-14 所示。

表 5-14　material_ull_c 表

序号	字段名	数据类型	是否可为空	主外键	描述
1	MATERIAL_ULL_ID	varchar(50)	No	PK	原材料上下限 ID
2	REPOSITORY_NO	varchar(50)	Yes		仓库编号
3	MATERIAL_NO	varchar(50)	Yes		原材料编号
4	MATERIAL_NAME	varchar(50)	Yes		原材料姓名
5	UPPER_AMOUNT	varchar(50)	Yes		上限数量
6	LOWER_AMOUNT	varchar(50)	Yes		下限数量
7	BEST_AMOUNT	varchar(50)	Yes		最佳数量
8	PACKING_UNIT	varchar(50)	Yes		包装单位
9	MEMO	varchar(50)	Yes		备注
10	TENANT_ID	varchar(50)	Yes		租户 ID

⑭ stock_c 表（库存信息表）如表 5-15 所示。

表 5-15　stock_c 表

序号	字段名	数据类型	是否可为空	主外键	描述
1	STOCK_ID	varchar(50)	No	PK	库存 ID
2	REPOSITORY_NO	varchar(50)	Yes		仓库编号
3	GOODS_NO	varchar(50)	Yes		货物编号
4	GOODS_NAME	varchar(50)	Yes		货物名称
5	GOODS_TYPE	varchar(50)	Yes		货物类型
6	AMOUNT	varchar(50)	Yes		数量
7	PACKING_UNIT	varchar(50)	Yes		包装单位
8	TENANT_ID	varchar(50)	Yes		租户 ID

⑮ purchase_order_c 表（采购订单表）如表 5-16 所示。

表 5-16　purchase_order_c 表

序号	字段名	数据类型	是否可为空	主外键	描述
1	PURCHASE_ORDER_ID	varchar(40)	No	PK	采购订单 ID
2	PURCHASE_ORDER_NO	varchar(40)	Yes		采购订单编号
3	MATERIAL_NO	varchar(40)	Yes		原材料编号
4	MATERIAL_NAME	varchar(40)	Yes		原材料名称
5	SUPPLIER_NO	varchar(40)	Yes		供应商编号
6	SUPPLIER_NAME	varchar(40)	Yes		供应商名称
7	MATERIAL_AMOUNT	varchar(40)	Yes		原材料数量
8	PACKING_UNIT	varchar(40)	Yes		包装单位
9	PHONE	varchar(40)	Yes		电话
10	PURCHASE_TIME	varchar(40)	Yes		采购时间
11	TENANT_ID	varchar(40)	Yes		租户 ID

⑯ sales_order_c 表（销售订单表）如表 5-17 所示。

表 5-17　sales_order_c 表

序号	字段名	数据类型	是否可为空	主外键	描述
1	SALES_ORDER_ID	varchar(20)	No	PK	销售订单 ID
2	SALES_ORDER_NO	varchar(40)	Yes		销售订单编号
3	CUSTOM_NO	varchar(50)	Yes		客户编号
4	CUSTOM_NAME	varchar(50)	Yes		客户姓名
5	PRODUCT_NO	varchar(50)	Yes		产品编号
6	PRODUCT_NAME	varchar(50)	Yes		产品名称
7	PRODUCT_AOMOUT	varchar(50)	Yes		产品数量
8	PACKING_UNIT	varchar(50)	Yes		产品单位
9	SALE_TIME	varchar(50)	Yes		销售时间
10	VALID_START_TIME	varchar(50)	Yes		审批开始时间
11	VALID_END_TIME	varchar(50)	Yes		审批结束时间
12	TENANT_ID	varchar(50)	Yes		租户 ID

⑰ order_c 表（订单信息表）如表 5-18 所示。

表 5-18　order_c 表

序号	字段名	数据类型	是否可为空	主外键	描述
1	ORDER_ID	varchar(50)	No	PK	订单 ID
2	ORDER_NO	varchar(40)	Yes		订单编号
3	TYPE	varchar(2)	Yes		类型
4	STATE	varchar(2)	Yes		状态
5	ORDERER	varchar(40)	Yes		下单人
6	INPUT	varchar(40)	Yes		录入人
7	PURCHASE_TIME	varchar(20)	Yes		购买时间
8	MEMO	varchar(40)	Yes		备忘
9	TENANT_ID	varchar(40)	Yes		租户 ID

⑱ repository_c 表（仓库信息表）如表 5-19 所示。

表 5-19　repository_c 表

序号	字段名	数据类型	是否可为空	主外键	描述
1	REPOSITORY_ID	varchar(60)	No	PK	仓库 ID
2	REPOSITORY_NO	varchar(50)	Yes		仓库编号
3	REPOSITORY_NAME	varchar(50)	Yes		仓库名称
4	SHORT_NAME	varchar(50)	Yes		仓库简称

续表

序号	字段名	数据类型	是否可为空	主外键	描述
5	TYPE	varchar(50)	Yes		类型
6	LOCATION	varchar(50)	Yes		位置
7	CREATE_TIME	varchar(50)	Yes		创建时间
8	AREA	varchar(50)	Yes		地区
9	MEMO	varchar(50)	Yes		备忘
10	TENANT_ID	varchar(50)	Yes		租户 ID

⑲ product_c 表（产品信息表）如表 5-20 所示。

表 5-20　product_c 表

序号	字段名	数据类型	是否可为空	主外键	描述
1	PRODUCT_ID	varchar(50)	No	PK	产品 ID
2	PRODUCT_NAME	varchar(50)	Yes		产品名称
3	PRODUCT_NO	varchar(50)	Yes		产品编号
4	BAR_CODE	varchar(50)	Yes		条形码
5	SPECIFICATION	varchar(50)	Yes		说明书
6	PACKING_UNIT	varchar(50)	Yes		包装单位
7	PRICE	varchar(50)	Yes		价格
8	DESCRIPTION	varchar(50)	Yes		描述
9	MEMO	varchar(50)	Yes		备忘
10	TENANT_ID	varchar(50)	Yes		租户 ID

⑳ product_put_c 表（产品入库表）如表 5-21 所示。

表 5-21　product_put_c 表

序号	字段名	数据类型	是否可为空	主外键	描述
1	PRODUCT_ULL_ID	varchar(50)	No	PK	产品上下限 ID
2	REPOSITORY_NO	varchar(50)	Yes		仓库编号
3	PRODUCT_NO	varchar(50)	Yes		产品编号
4	PRODUCT_NAME	varchar(50)	Yes		产品名称
5	UPPER_AMOUNT	varchar(50)	Yes		上限数量
6	LOWER_AMOUNT	varchar(50)	Yes		下限数量
7	BEST_AMOUNT	varchar(50)	Yes		最优数量
8	PACKING_UNIT	varchar(50)	Yes		包装单位
9	MEMO	varchar(50)	Yes		备忘
10	TENANT_ID	varchar(50)	Yes		租户 ID

㉑ product_out_c 表（产品出库表）如表 5-22 所示。

表 5-22　product_out_c 表

序号	字段名	数据类型	是否可为空	主外键	描述
1	PRODUCT_ULL_ID	varchar(50)	No	PK	产品上下限 ID
2	REPOSITORY_NO	varchar(50)	Yes		仓库编号
3	PRODUCT_NO	varchar(50)	Yes		产品编号
4	PRODUCT_NAME	varchar(50)	Yes		产品名称
5	UPPER_AMOUNT	varchar(50)	Yes		上限数量
6	LOWER_AMOUNT	varchar(50)	Yes		下限数量
7	BEST_AMOUNT	varchar(50)	Yes		最优数量
8	PACKING_UNIT	varchar(50)	Yes		包装单位
9	MEMO	varchar(50)	Yes		备忘
10	TENANT_ID	varchar(50)	Yes		租户 ID

㉒ product_ull_c 表（产品上下限表）如表 5-23 所示。

表 5-23　product_ull_c 表

序号	字段名	数据类型	是否可为空	主外键	描述
1	PRODUCT_ULL_ID	varchar(50)	No	PK	产品上下限 ID
2	REPOSITORY_NO	varchar(50)	Yes		仓库编号
3	PRODUCT_NO	varchar(50)	Yes		产品编号
4	PRODUCT_NAME	varchar(50)	Yes		产品名称
5	UPPER_AMOUNT	varchar(50)	Yes		上限数量
6	LOWER_AMOUNT	varchar(50)	Yes		下限数量
7	BEST_AMOUNT	varchar(50)	Yes		最优数量
8	PACKING_UNIT	varchar(50)	Yes		包装单位
9	MEMO	varchar(50)	Yes		备忘
10	TENANT_ID	varchar(50)	Yes		租户 ID

㉓ custom_c 表（客户信息表）如表 5-24 所示。

表 5-24　custom_c 表

序号	字段名	数据类型	是否可为空	主外键	描述
1	CUSTOM_ID	varchar(50)	No	PK	客户 ID
2	CUSTOM_NO	varchar(50)	Yes		客户编号
3	CUSTOM_NAME	varchar(50)	Yes		客户姓名
4	SHORT_NAME	varchar(50)	Yes		客户简称
5	CONTACTS	varchar(50)	Yes		联系人
6	ADDRESS	varchar(50)	Yes		地址
7	EMAIL	varchar(50)	Yes		电子邮箱
8	MOBIL	varchar(50)	Yes		移动电话
9	FAX	varchar(50)	Yes		传真
10	MEMO	varchar(50)	Yes		备注
11	TENANT_ID	varchar(50)	Yes		租户 ID

【任务实施】

下面介绍创建数据库及表。

① 在 MySQL 中新建数据库。在 Navicat 管理工具中单击“表”按钮，新建一个名为 saas_pss 的数据库，如图 5-7 所示。

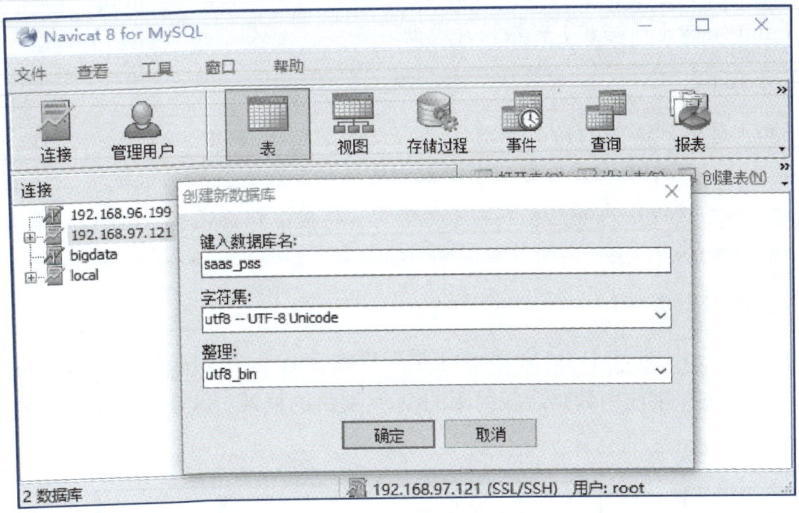

图 5-7
新建数据库

② 在新建的数据库中执行 pss.sql 文件中的 SQL 建表语句。

任务 5.2　搭建 SSM 开发框架

【任务描述】

开发框架是开发的基础，本任务首先介绍 SSM 框架是什么，然后通过开发框架的搭建加深对这一知识的巩固。

微课 5
搭建 SSM 开发框架

【任务目标】

- 了解 SSM 框架。
- 学会搭建 SSM 开发框架。

【知识学习】

SSM 框架是由 SpringMVC、Spring、MyBatis 三大框架组成。

(1) SpringMVC

SpringMVC 属于 Spring Framework 的后续产品，已经融合在 Spring Web Flow 里面。Spring 框架提供了构建 Web 应用程序的全功能 MVC 模块。在使用 Spring 进行 Web 开发时，能够选择使用 Spring 的 SpringMVC 框架或集成其他 MVC 开发框架，如 Struts1（现在一般不用）、Struts2 等。

（2）Spring

Spring 是一个开放源代码的设计层面框架，它解决的是业务逻辑层和其他各层的松耦合问题，它将面向接口的编程思想贯穿整个系统应用。Spring 是于 2003 年兴起的一个轻量级的 Java 开发框架，由 Rod Johnson 创建。简单来说，Spring 是一个分层的 JavaSE/EE full-stack（一站式）轻量级开源框架。

（3）MyBatis

MyBatis 是一款优秀的持久层框架，它支持定制化 SQL、存储过程及高级映射。MyBatis 避免了几乎所有 JDBC 代码、手动设置参数及获取结果集的情况。MyBatis 可以使用简单的 XML 或注解来配置和映射原生信息，将接口和 Java 的 POJOs（Plain Old Java Objects，普通的 Java 对象）映射成数据库中的记录。

（4）SSM 框架集

SSM（Spring+SpringMVC+MyBatis）框架集由 Spring、SpringMVC、MyBatis 这 3 个开源框架整合而成，常作为数据源较简单的 Web 项目的框架。SSM 框架执行流程如图 5-8 所示。

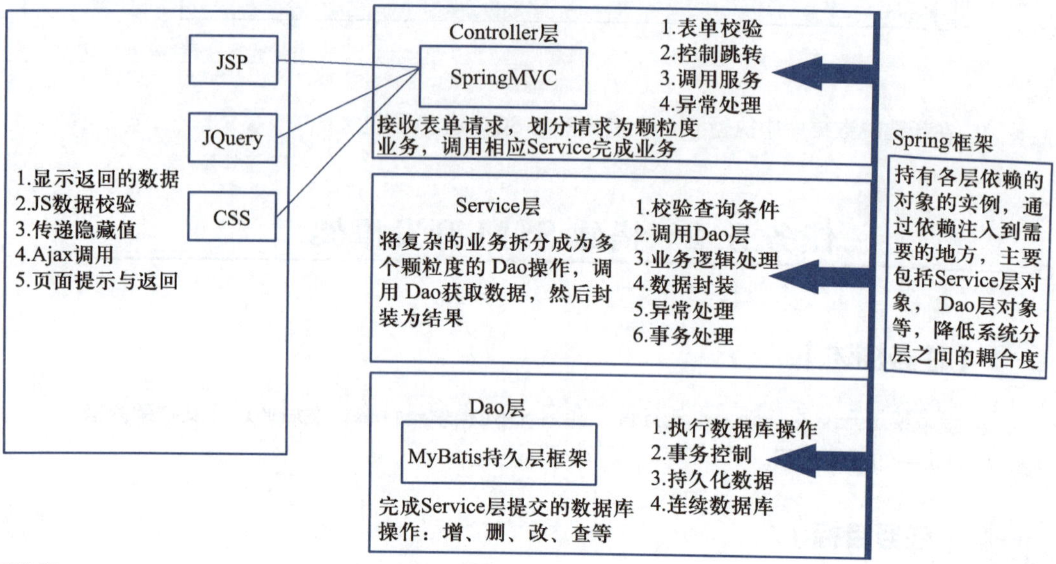

图 5-8
SSM 框架执行流程

【任务实施】

1. 创建系统工程

① 参考任务 4.5 的相关内容新建一个 Maven 工程，选择 Maven Project，并设置好项目保存的目录。

② 根据向导，选择 maven-archetype-webapp，单击“Next”按钮，如图 5-9 所示。

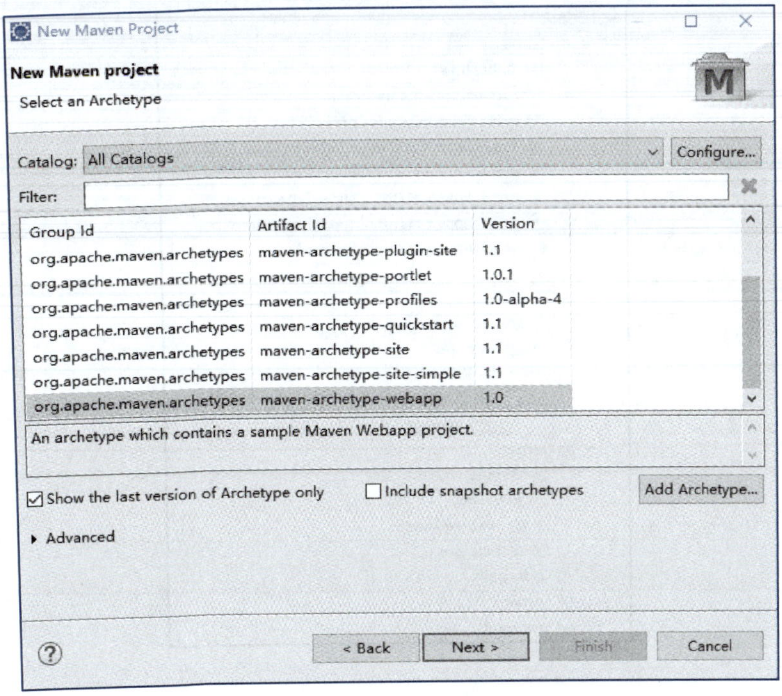

图 5-9
选择 Archetype

③ 在 Artifact Id 文本框中输入“pss”，作为工程名称，如图 5-10 所示。最后单击“Finish”按钮，完成创建，工程目录结构如图 5-11 所示。

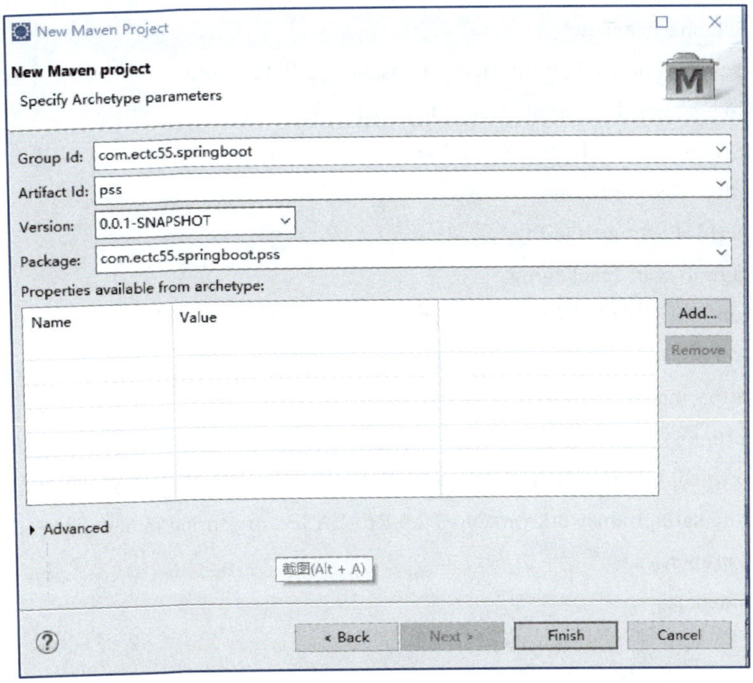

图 5-10
设定工程名称

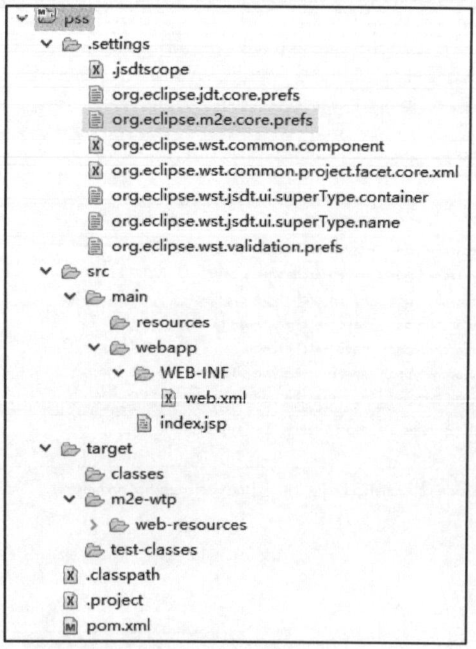

图 5-11
工程目录结构

2．Maven 引入 SSM 框架来搭建需要的 JAR 包

在 pom.xml 中引入 JAR 包，代码如下。

```
<project xmlns="http://maven.apache.org/POM/4.0.0" xmlns:xsi="http://www.w3.org/
2001/XMLSchema-instance"
    xsi:schemaLocation="http://maven.apache.org/POM/4.0.0
http://maven.apache.org/maven-v4_0_0.xsd">
<modelVersion>4.0.0</modelVersion>
<groupId>PSS</groupId>
<artifactId>PSS</artifactId>
<packaging>war</packaging>
<version>0.0.1-SNAPSHOT</version>
<name>PSS</name>
<url>http://maven.apache.org</url>
<properties>
    <project.build.sourceEncoding>UTF-8</project.build.sourceEncoding>
    <org.springframework.version>3.2.6.RELEASE</org.springframework.version>
    </properties>
<dependencies>
        <!-- 整合 Spring 框架 -->
        <dependency>
            <groupId>org.springframework</groupId>
            <artifactId>spring-webmvc</artifactId>
            <version>${org.springframework.version}</version>
```

```
        </dependency>
        <dependency>
            <groupId>org.springframework</groupId>
            <artifactId>spring-orm</artifactId>
            <version>${org.springframework.version}</version>
        </dependency>
        <dependency>
            <groupId>org.springframework</groupId>
            <artifactId>spring-test</artifactId>
            <version>${org.springframework.version}</version>
            <type>jar</type>
            <scope>test</scope>
        </dependency>
<dependency>
            <groupId>org.aspectj</groupId>
            <artifactId>aspectjweaver</artifactId>
            <version>1.7.2</version>
        </dependency>
<!--Spring 与 MyBatis 框架整合 -->
        <dependency>
            <groupId>org.mybatis</groupId>
            <artifactId>mybatis</artifactId>
            <version>3.2.2</version>
        </dependency>
        <dependency>
            <groupId>org.mybatis</groupId>
            <artifactId>mybatis-spring</artifactId>
            <version>1.2.0</version>
        </dependency>
        <!-- c3p0 数据库连接池 -->
        <dependency>
            <groupId>c3p0</groupId>
            <artifactId>c3p0</artifactId>
            <version>0.9.1.2</version>
        </dependency>
        <!-- Oracle、MySQL 数据库驱动 -->
        <dependency>
            <groupId>mysql</groupId>
  <artifactId>mysql-connector-java</artifactId>
            <version>5.1.36</version>
        </dependency>
```

```
<!-- log4j 日志配置 -->
        <dependency>
            <groupId>org.slf4j</groupId>
            <artifactId>slf4j-api</artifactId>
            <version>1.7.12</version>
        </dependency>
        <dependency>
            <groupId>org.slf4j</groupId>
            <artifactId>slf4j-log4j12</artifactId>
            <version>1.7.12</version>
        </dependency>
<!-- POI -->
        <dependency>
            <groupId>org.apache.poi</groupId>
            <artifactId>poi</artifactId>
            <version>3.13</version>
        </dependency>
        <!-- 使用 XSSF 时添加，对高版本的支持 -->
        <dependency>
            <groupId>org.apache.poi</groupId>
            <artifactId>poi-ooxml</artifactId>
            <version>3.13</version>
        </dependency>
        <!-- jfreechart -->
        <dependency>
            <groupId>jfree</groupId>
            <artifactId>jfreechart</artifactId>
            <version>1.0.13</version>
        </dependency>
<!-- Junit -->
        <dependency>
            <groupId>junit</groupId>
            <artifactId>junit</artifactId>
            <version>4.9</version>
            <scope>test</scope>
        </dependency>
<!-- commons 组件配置 -->
<dependency>
            <groupId>commons-fileupload</groupId>
            <artifactId>commons-fileupload</artifactId>
            <version>1.2.2</version>
```

```
</dependency>
<dependency>
        <groupId>commons-io</groupId>
        <artifactId>commons-io</artifactId>
        <version>2.0.1</version>
    </dependency>
    <!-- JSTL 配置 -->
<dependency>
        <groupId>javax.servlet</groupId>
        <artifactId>jstl</artifactId>
        <version>1.2</version>
</dependency>
<!-- Servlet 配置 -->
        <dependency>
            <groupId>javax.servlet</groupId>
            <artifactId>servlet-api</artifactId>
            <version>2.5</version>
            <scope>provided</scope>
        </dependency>
        <dependency>
            <groupId>javax.servlet.jsp</groupId>
            <artifactId>jsp-api</artifactId>
            <version>2.2</version>
            <scope>provided</scope>
        </dependency>
    </dependencies>
    <build>
        <!-- 项目打包名称 -->
        <finalName>SaaS-pss</finalName>
        <plugins>
            <!-- 指定 JDK 1.7 -->
        <plugin>
    <groupId>org.apache.maven.plugins</groupId>
    <artifactId>maven-compiler-plugin</artifactId>
    <version>3.0</version>
    <configuration>
    <source>1.7</source>
    <target>1.7</target>
    <encoding>UTF-8</encoding>
    <verbal>true</verbal>
    </configuration>
```

```
        </plugin>
            </plugins>
        </build>
    </project>
```

3．框架整合

这次整合具有 3 个配置文件，分别是 beans.xml（包含 Spring 和 MyBatis 的配置文件）、SpringMVC 的配置文件 springmvc-servlet.xml，以及 MyBatis 的映射文件 sqlMapConfig.xml 文件。此外还有两个资源文件，分别是 db.properties 和 log4j.properties。完整目录结构如图 5-12 所示。

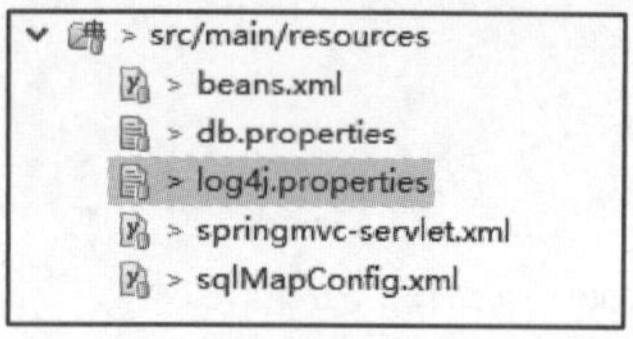

图 5-12
目录结构

① 配置 SpringMVC 相关文件 springmvc-servlet.xml。

```
<?xml version="1.0" encoding="UTF-8"?>
<beans xmlns="http://www.springframework.org/schema/beans"
xmlns:xsi="http://www.w3.org/2001/XMLSchema-instance"
xmlns:mvc="http://www.springframework.org/schema/mvc"
xmlns:context="http://www.springframework.org/schema/context"
xmlns:aop="http://www.springframework.org/schema/aop"xmlns:tx="http://www.spr-
ingframework.org/schema/tx"
xsi:schemaLocation="http://www.springframework.org/schema/beans
http://www.springframework.org/schema/beans/spring-beans-3.0.xsd
http://www.springframework.org/schema/mvc
http://www.springframework.org/schema/mvc/spring-mvc-3.0.xsd
http://www.springframework.org/schema/context
http://www.springframework.org/schema/context/spring-context-3.0.xsd
http://www.springframework.org/schema/aop
http://www.springframework.org/schema/aop/spring-aop-3.0.xsd
http://www.springframework.org/schema/tx
http://www.springframework.org/schema/tx/spring-tx-3.0.xsd ">
    <!-- 1.扫描 Controller -->
    <!-- 核心模块 -->
    <context:component-scan base-package="com.cetc55.pss.core.controller"/>
<!-- 基础信息模块 -->
    <context:component-scan base-package="com.cetc55.pss.baseinfo.controller"/>
```

```
    <!-- 业务管理模块 -->
    <context:component-scan base-package="com.cetc55.pss.cargo.controller"/>
    <!-- 系统管理模块 -->
    <context:component-scan base-package="com.cetc55.pss.sysadmin.controller"/>
<!-- 租户模块 -->
    <context:component-scan base-package="com.cetc55.pss.multiTenant.controller"/>

<!-- 2. 内部资源视图解析器 -->
    <bean id="jspViewResolver" class="org.springframework.web.servlet.view.
InternalResourceViewResolver">
        <property name="prefix" value="/WEB-INF/pages"/>
        <property name="suffix" value=""/>        </bean>
</beans>
```

② Spring 和 MyBatis 的配置文件 beans.xml 内容如下。

```
<?xml version="1.0" encoding="UTF-8"?>
<beans xmlns="http://www.springframework.org/schema/beans"
    xmlns:xsi="http://www.w3.org/2001/XMLSchema-instance"
xmlns:mvc="http://www.springframework.org/schema/mvc"
    xmlns:context="http://www.springframework.org/schema/context"
    xmlns:aop="http://www.springframework.org/schema/aop"
xmlns:tx="http://www.springframework.org/schema/tx"
xsi:schemaLocation="http://www.springframework.org/schema/beans
http://www.springframework.org/schema/beans/spring-beans-3.0.xsd
http://www.springframework.org/schema/mvc
http://www.springframework.org/schema/mvc/spring-mvc-3.0.xsd
http://www.springframework.org/schema/context
http://www.springframework.org/schema/context/spring-context-3.0.xsd
http://www.springframework.org/schema/aop
http://www.springframework.org/schema/aop/spring-aop-3.0.xsd
http://www.springframework.org/schema/tx
http://www.springframework.org/schema/tx/spring-tx-3.0.xsd ">
<!-- 1. 加载数据库配置属性文件 -->
    <context:property-placeholder  location="classpath:db.properties"/>
<!-- 2. 包扫描 dao、service -->
    <!-- 核心模块 -->
  <context:component-scan base-package="com.cetc55.pss.core.dao,com.cetc55.
pss.core.service"/>
    <!-- 基础信息模块 -->
    <context:component-scan base-package="com.cetc55.pss.baseinfo.dao,com.cetc55.
pss.baseinfo.service"/>
```

```
    <!-- 业务管理模块 -->
        <context:component-scan base-package="com.cetc55.pss.cargo.dao,com.cetc55.
pss.cargo.service"/>
        <!-- 系统管理模块 -->
        <context:component-scan base-package="com.cetc55.pss.sysadmin.dao,com.cetc55.
pss.sysadmin.service"/>
        <!-- 租户模块 -->
        <context:component-scan base-package="com.cetc55.pss.multiTenant.dao,com.
cetc55.pss.multiTenant.service"/>
    <!-- 3. 数据源 dataSource -->
        <bean id = "dataSource" class = "com.mchange.v2.c3p0.ComboPooledDataSource">
            <property name="driverClass" value="${jdbc.driverClassName}"/>
            <property name="jdbcUrl" value="${jdbc.url}"/>
            <property name="user" value="${jdbc.username}"/>
            <property name="password" value="${jdbc.password}"/>
            <property name="initialPoolSize" value="${c3p0.pool.initialPoolSize}"/>
            <property name="maxPoolSize" value="${c3p0.pool.maxPoolSize}"/>
            <property name="minPoolSize" value="${c3p0.pool.minPoolSize}"/>
            <property name="acquireIncrement" value="${c3p0.pool.acquireIncrement}"/>
        </bean>
    <!-- 4.配置 sqlSessionFactory -->
        <bean id ="sqlSessionFactory"class = "org.mybatis.spring.SqlSessionFactoryBean">
            <property name="dataSource" ref="dataSource"/>
                <!-- 整合 MyBatis -->
                <!-- 扫描配置文件 -->
            <property name="configLocation" value="classpath:sqlMapConfig.xml"/>
                <!-- 扫描 Mapper -->
            <property name="mapperLocations" value="classpath:com/cetc55/pss/*/
mapper/*.xml"/>
        </bean>
    <!-- 5.事务声明 -->
        <bean id = "txManager" class = "org.springframework.jdbc.datasource.
DataSourceTransactionManager">
            <property name="dataSource" ref="dataSource"/>
        </bean>
    <!-- 6.事务通知 -->
        <tx:advice id="txAdvice" transaction-manager="txManager">
            <tx:attributes>
                <tx:method name="insert*" propagation="REQUIRED"/>
                <tx:method name="update*" propagation="REQUIRED"/>
                <tx:method name="delete*" propagation="REQUIRED"/>
```

```
                <tx:method name="save*" propagation="REQUIRED"/>
                <tx:method name="find*" read-only="true"/>
                <tx:method name="get*" read-only="true"/>
                <tx:method name="view*" read-only="true"/>
            </tx:attributes>
        </tx:advice>
    <!-- 事务切面 -->
        <aop:config>
            <aop:pointcut expression="execution(* com.cetc55.pss.*.service.*.*(..))"
id="txPointcut"/>
            <aop:advisor advice-ref="txAdvice" pointcut-ref="txPointcut"/>
        </aop:config>
    </beans>
```

③ MyBatis 的映射文件 sqlMapConfig.xml 的内容如下。

```
<?xml version="1.0" encoding="UTF-8" ?>
<!DOCTYPE configuration
    PUBLIC "-//mybatis.org//DTD Config 3.0//EN"
    "http://mybatis.org/dtd/mybatis-3-config.dtd">
<configuration>
    <typeAliases>
        <package name="com.cetc55.pss.baseinfo.po"/>
        <package name="com.cetc55.pss.cargo.po"/>
        <package name="com.cetc55.pss.cargo.vo"/>
        <package name="com.cetc55.pss.sysadmin.po"/>
        <package name="com.cetc55.pss.sysadmin.vo"/>
        <package name="com.cetc55.pss.multiTenant.po"/>
        <package name="com.cetc55.pss.multiTenant.vo"/>
    </typeAliases>
    <!-- 注册分页拦截器 -->
    <plugins>
        <plugin interceptor="com.cetc55.pss.core.pargination.PageInterceptor">
            <property name="databaseType" value="mysql"/>
        </plugin>
    </plugins>
</configuration>
```

④ Log4j 的配置。

Log4j 是 Apache 的一个开放源代码项目，使用 Log4j 可以控制日志信息输送的目的地是控制台、文件、GUI 组件，还是套接口服务器、NT 的事件记录器、UNIX Syslog 守护进程等。Log4j 也可以控制每一条日志的输出格式，并且通过定义每一条日志信息的级别，开发人员能够更加细致地控制日志的生成过程。Log4j 的配置如下。

```
log4j.rootLogger=info, stdout
#Console
log4j.appender.stdout=org.apache.log4j.ConsoleAppender
log4j.appender.stdout.layout=org.apache.log4j.PatternLayout
log4j.appender.stdout.layout.ConversionPattern=%-5p - %m%n

#LogFile
log4j.appender.file=org.apache.log4j.FileAppender
log4j.appender.file.File=../logs/jklog.log
log4j.appender.file.layout=org.apache.log4j.PatternLayout
log4j.appender.file.layout.ConversionPattern=%d{ABSOLUTE} %5p %c{1}:%L - %m%n

#Daily LogFile
log4j.appender.dayfile=org.apache.log4j.DailyRollingFileAppender
log4j.appender.dayfile.File=../logs/jklog.log
log4j.appender.dayfile.DatePattern='.'yyyy-MM-dd'.log'
log4j.appender.dayfile.Append=true
log4j.appender.dayfile.layout=org.apache.log4j.PatternLayout
log4j.appender.dayfile.layout.ConversionPattern=%d{ABSOLUTE} %5p %c{1}:%L - %m%n

#LOGIN_LOG_P db config ###
log4j.appender.logindb=org.apache.log4j.jdbc.JDBCAppender
log4j.appender.logindb.BufferSize=1
log4j.appender.logindb.driver=com.mysql.jdbc.Driver
log4j.appender.logindb.URL=jdbc:mysql://localhost:3306/jkdb?characterEncoding=utf-8
log4j.appender.logindb.user=root
log4j.appender.logindb.password=123456

##MySQL
#log4j.appender.logindb.sql=INSERT INTO LOGIN_LOG_P(LOGIN_LOG_ID,
LOGIN_NAME,IP_ADDRESS,LOGIN_TIME) VALUES(uuid(), '%X{userId}|%X {userName}',
'%X{ip}','%d{yyyy-MM-dd HH:mm:ss}')
log4j.appender.logindb.sql=INSERT INTO LOGIN_LOG_P(LOGIN_LOG_ID,
LOGIN_NAME,IP_ADDRESS,LOGIN_TIME) VALUES(uuid(),'','',NOW())

log4j.appender.logindb.layout=org.apache.log4j.PatternLayout

#add log to package
log4j.logger.org.apache=INFO
log4j.logger.com.cetc55.pss=DEBUG
```

⑤ 数据库配置文件，db.properties 文件内容如下。

```
jdbc.driverClassName=com.mysql.jdbc.Driver
jdbc.url=jdbc:mysql://localhost:3306/SaaS_pss?characterEncoding=utf-8
jdbc.username=root
jdbc.password=123456
c3p0.pool.maxPoolSize=100
c3p0.pool.minPoolSize=5
c3p0.pool.initialPoolSize=3
c3p0.pool.acquireIncrement=2
```

4. 页面布局框架设计

管理页面的 UI 实行上下布局，上部展示用户一级功能菜单，下部采用左右布局，下部左边展示二级功能菜单，下部右边展示二级菜单功能详情，如图 5-13 所示。

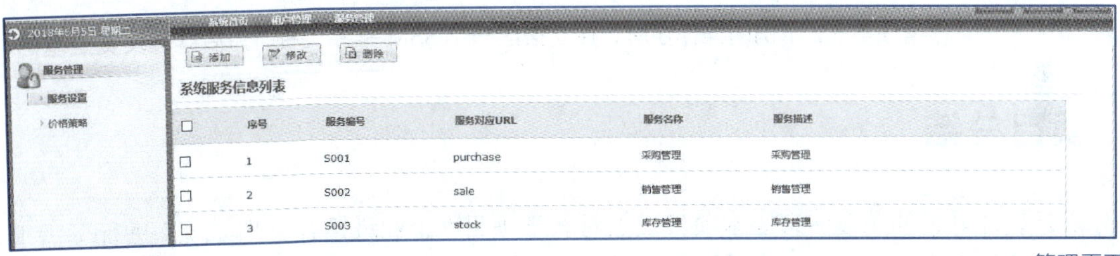

图 5-13
管理页面布局示意图

此布局采用<frameset>标签实现。

```
<%@ page language="java" pageEncoding="UTF-8"%>
<html>
<head>
<title>基于 SaaS 模式的进销存一体化平台--SaaS 平台</title>
</head>
<frameset rows="125,*" name="topFrameset" border="0">
    <frame name="top_frame" scrolling="no"  target="middleFrameSet" src=
"tenantadmintitle.action">
    <frameset cols="202,*" height="100%" name="middle" frameborder="no"
border="0" framespacing="0">
        <frame name="leftFrame"class="leftFrame"target="main"scrolling="no"
src="tenantadminleft.action" />
        <frame name="main"class="rightFrame"src="tenantadminmain.action" />
    </frameset>
</frameset>

<noframes>
```

```
15. <body>
16. <p>此网页使用了框架，但您的浏览器不支持框架。</p>
17. </body>
18. </noframes>
19.
</html>
```

代码说明

- 第 6 行：定义 frameset，内部包含 top_frame。
- 第 7 行：定义上部 frame，点击时的目标是 middleFrameSet。
- 第 9 行：定义下部左边 frame，点击时，右边展示功能详情。
- 第 10 行：定义下部右边 frame。

技能训练

根据任务 5.2 示例的操作步骤，独立搭建一个 SSM 框架工程，为后续开发奠定基础。

项目总结

需求分析是软件开发的重要阶段。本项目重点对教学项目“企业进销存管理系统”进行了需求分析，详细介绍了项目的背景知识，对系统进行了功能分析、数据库设计和开发框架搭建，为下一阶段的项目实施做足了准备。

项目 6 商户管理员系统功能

项目描述

本项目对 SaaS 服务提供商管理人员的系统功能及开发过程进行介绍。系统功能包括 3 部分：系统登录、租户管理和服务管理。其中，租户管理展示的是当前注册 SaaS 服务的所有租户概要信息及登录状态。服务管理则包括两个子功能，分别为服务设置及价格策略。本项目在开发过程中会对各个功能进行介绍。

PPT6 商户管理员系统功能

PPT

【知识目标】

- 理解商户管理员在此系统的角色定位。
- 理解商户管理员的功能业务知识。

【技能目标】

- 学会通过 SSM 框架开发系统功能。

【任务列表】

任务编号	任务名称	建议课时
任务 6.1	实现系统登录	6
任务 6.2	实现租户管理	5
任务 6.3	实现服务管理	5
总计（课时）		16

任务 6.1　实现系统登录

微课 6-1
实现系统登录

【任务描述】

管理员需登录系统后使用功能，登录界面如图 6-1 所示。系统默认系统管理员用户为 tenantadmin，在密码正确的情况下，成功登录系统；在密码错误的情况下，提示错误信息，如图 6-2 所示。

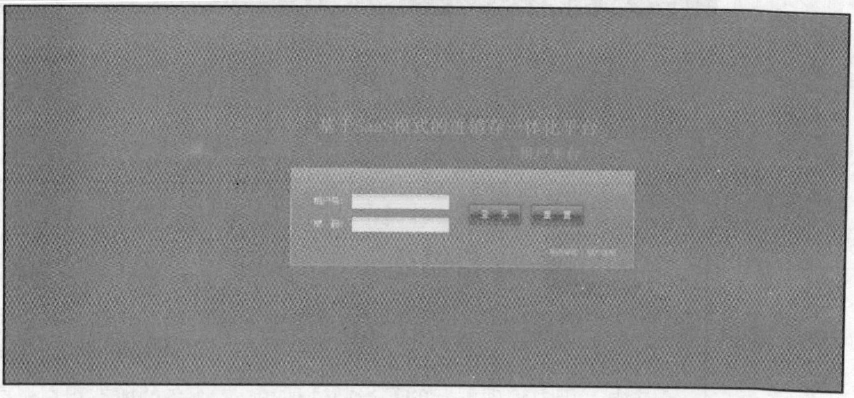

图 6-1
系统登录页面

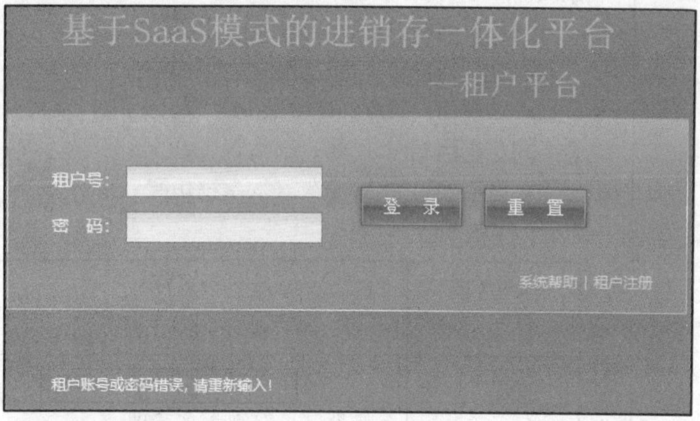

图 6-2
密码错误提示

【任务目标】

- 掌握商户管理员登录的实现方法。
- 掌握 SSM 框架的开发流程。

【知识学习】

进入系统后，首先是登录页面，商户管理员输入用户名和密码。

- 如果输入的用户名错误，则在页面提示错误信息“租户账号不存在，请重新输入。”。
- 如果密码输入错误，则在页面上提示错误信息“租户账号或密码错误，请重新输入！”。
- 如果用户名和密码正确，则成功登录系统。

【任务实施】

本任务开发结构为视图层→控制层→业务层→持久层。其中，视图层→控制层通过 SpringMVC 注解的方式实现。持久层通过 MyBatis 框架的数据库映射文件实现。

① 首先创建视图层的文件，在目录 src\main\webapp\WEB-INF\pages 下，新建租户登录页面 tenant_index.jsp，关键代码如下。

```
<%@ page language="java" pageEncoding="UTF-8"%>
<%@ include file="base.jsp" %>
                <div class="zc_line">租户号：
                <input type="text" value="" name="tenantNo" id="tenantNo"
                 onkeyup="showGs(event)"
                 onFocus="this.select();"
                 autocomplete="off" title="请您输入租户账号"/><div id="ts"
style="z-index:1;"></div></div>
            <div class="zc_line">密　码：
                <input  type="password"value=""name="password"id="password"
                 onfocus="$('#ts').css('display','none');this.select();"
                 onKeyDown="javascript:if(event.keyCode==13){submitFind();}"
                 title="请您输入密码"/></div>
        </div>
            <div class="dl">
                <input   class="loginImgOut" value="" type="button" onclick=
"formSubmit('${ctx}/tenantframe.action','_self');"
                  onmouseover="this.className='loginImgOver'"
                  onmouseout="this.className='loginImgOut'"
                />
        <div class="mirro"></div>
            <logic:notEmpty name="loginFailed">
                <c:if test="${loginFailed==1}">
                    <c:set var="errorInfo" value="租户账号或密码错误，
请重新输入!"/>
                </c:if>
                <c:if test="${loginFailed==2}">
                    <c:set var="errorInfo" value="租户账号不存在，请
重新输入!"/>
                </c:if>
```

```
49.                    <div class="erro" id="erro">
50.                         <div class="erro_intro">
51.                         ${errorInfo}
52.                         </div>
53.                    </div>
54.               </logic:notEmpty>
55.          </div>
```

代码说明

- 第 15～19 行：定义租户号的输入框。
- 第 20～24 行：定义密码的输入框。
- 第 27～30 行：定义登录 Button，提交动作为 tenantframe.action。
- 第 42～47 行：根据错误类型提示不同的错误信息。

同时，在同层目录下新建此 JSP 文件引用的 base.jsp 文件，关键代码如下。

```
<%@ page language="java" pageEncoding="UTF-8"%>
<%@ taglib uri="http://java.sun.com/jsp/jstl/core" prefix="c"%>
<c:set var="ctx" value="${pageContext.request.contextPath}"/>
<link rel="stylesheet" rev="stylesheet" type="text/css" href="${ctx}/skin/default/css/default.css" media="all"/>
<script language="javascript" src="${ctx}/js/common.js"></script>
```

② 编写控制层功能代码。在项目工程目录 src\main\java\com\cetc55\pss\core\controller 下新建控制层类 HomeController，并定义匹配/tenantframe.action 的控制方法 tenantFrame，关键代码如下。

```
package com.cetc55.pss.core.controller;
public class HomeController {

     @Resource
     UserService userService ;                 //租户下客户 Service
     @Resource
     TenantService tenantService ;             //租户 Service
     @Resource
     FunctionService functionService ;         //服务 Service
     @Resource
     SubsciberService subsciberService ;       //服务订购 Service

     //跳转到租户个人首页（验证）
     @RequestMapping(value="/tenantframe.action")
     public String tenantFrame(HttpSession session,String tenantNo, String password,Model model){
```

```
50.         //判断输入的租户账号和密码是否为空
51.         if(UtilFuns.isNotEmpty(tenantNo)&&UtilFuns.isNotEmpty (password)){
52.             //将租户信息放入 Session 中
53.             Map<String,Object> paraMap = new HashMap<String,Object>();
54.             paraMap.put("tenantNo", tenantNo);
55.             paraMap.put("password", Password.createPassword(password));
56.
57.             List<Tenant> tenants = tenantService.find(paraMap);
58.             if(UtilFuns.isNotEmpty(tenants)){
59.
60.                 Tenant tenant = tenants.get(0);
61.                 //将租户信息放入到 Session 中
62.                 session.setAttribute("CUR_TENANT", tenant);
63.                 //判断租户是否为租户管理员（tenantadmin）
64.                 if("tenantadmin".equals(tenant.getTenantNo())){
65.                     return "/multimm/fmain.jsp"; //跳转到租户管理员页面
66.                 }else{
67.                     //判断租户的状态是否为“2 :禁用”
68.                     if(tenant.getState()==2){
69.                         return "redirect:/toservicechoose.action";
                                                    //跳转到服务订购页面
70.                     }else{                      //非禁用状态
71.                         tenantService.updateState(new String[]{tenant.getId()}, 3);
                                                    //修改状态为已登录
72.                         return "/multitenant/fmain.jsp";
73.                     }
74.                 }
75.             }else{
76.                 return "redirect:/tenant.action?loginFailed=1";
77.             }
78.         }else{
79.             return "redirect:/tenant.action?loginFailed=2";
80.         }
81.     }
82. }
```

代码说明

- 第 48 行：定义 RequestMapping 注解，处理/tenantframe.action 请求。
- 第 57 行：调用 Service 中的方法，判断租户号和密码是否正确。
- 第 64 ~ 74 行：判断当前登录的租户号是否是 tenantadmin，如果是，则跳转到商户管理页面，否则跳转到租户管理页面。

● 第 75 ~ 79 行：根据不同的错误类型，返回前台不同的错误标志。

③ 编写业务层功能代码，首先定义接口，在项目工程目录 src\main\java\com\cetc55\pss\core\service\下新建业务接口类 BaseService 和它的子接口 TenantService。BaseService 的关键代码如下：

```
1.    package com.cetc55.pss.core.service;
9.    public interface BaseService<T> {
10.       /**
11.        * 带条件查询，条件可以为 null，即没有条件，返回 list 对象集合
12.        * @param paraMap
13.        * @return
14.        */
15.       public List<T> find(Map paraMap);
16.       }
```

代码说明

● 第 15 行：定义 find 方法，输入参数为 map 格式，查询条件放到 map 中。

子接口类 TenantService 的关键代码如下：

```
package com.cetc55.pss.multiTenant.service;
public interface TenantService extends BaseService<Tenant> {
}
```

代码说明

● 此接口继承 BaseService 接口，只需要进行接口定义，不需要进行方法定义。

④ 新建业务实现类 BaseServiceImpl，实现 find 方法。

```
package com.cetc55.pss.core.service.impl;
public class BaseServiceImpl<T> implements BaseService<T> {

    BaseDao<T> baseDao ;

    public void setBaseDao(BaseDao<T> baseDao) {
        this.baseDao = baseDao;
    }
    @Override
    public List<T> find(Map paraMap) {
        return this.baseDao.find(paraMap);
    }
}
```

代码说明

- 第 19~21 行：find 方法中调用持久层 baseDao 的 find 方法。

⑤ 编写持久层功能代码，首先定义接口，新建持久层接口类 BaseDao，定义 find 方法。

```
1.	package com.cetc55.pss.core.dao;
9.	public interface BaseDao<T> {
10.
11.		/**
12.		 * 查询所有数据
13.		 * @param map
14.		 * @return
15.		 */
16.		public List<T> find(Map map);
17.	}
```

代码说明

- 第 16 行：定义 find 方法，输入参数为 map 格式。

⑥ 新建持久层实现类 BaseDaoImpl，实现 find 方法。

```
package com.cetc55.pss.core.dao.impl;
public class BaseDaoImpl<T> extends SqlSessionDaoSupport implements BaseDao<T> {

	//spring-mybatis1.0 无须此方法，spring-mybatis-1.2 必须注入
	@Autowired
	public void setSqlSessionFactory(SqlSessionFactory sqlSessionFactory){
		super.setSqlSessionFactory(sqlSessionFactory);
	}

	//命名空间
	private String ns ;

	public String getNs() {
		return ns;
	}

	public void setNs(String ns) {
		this.ns = ns;
	}
```

```
32.
33.        @Override
34.        public List<T> find(Map map) {
35.            return this.getSqlSession().selectList(ns+".find", map);
36.        }}
```

代码说明

- 第 23 行：定义命名空间变量 ns，根据命名空间找到持久层对应的实现配置定义。
- 第 33～36 行：实现 find 方法，根据命名空间的值，调用持久层的实现。

⑦ 新建持久层映射文件 TenantMapper.xml，文件路径为 src\main\java\com\cetc55\pss\multiTenant\mapper\。其代码如下：

```
1.     <?xml version="1.0" encoding="UTF-8" ?>
2.     <!DOCTYPE mapper
3.     PUBLIC "-//mybatis.org//DTD Mapper 3.0//EN"
4.     "http://mybatis.org/dtd/mybatis-3-mapper.dtd">
5.     <mapper namespace="com.cetc55.pss.multiTenant.mapper.TenantMapper">
6.         <resultMap id="TenantRM" type="Tenant">
7.             <id property="id" column="TENANT_ID"/>
8.             <result property="tenantNo" column="TENANT_NO"/>
9.             <result property="password" column="PASSWORD"/>
10.            <result property="name" column="NAME"/>
11.            <result property="company" column="COMPANY"/>
12.            <result property="contactor" column="CONTACTOR"/>
13.            <result property="address" column="ADDRESS"/>
14.            <result property="telephone" column="TELEPHONE"/>
15.            <result property="state" column="STATE"/>
16.        </resultMap>
17.        <!-- 查询列表 -->
18.        <select id="find" parameterType="map" resultMap="TenantRM">
19.            select * from TENANT_C
20.            <where>
21.                <if test="tenantNo != null">TENANT_NO = #{tenantNo}</if>
22.                <if test="password != null">AND PASSWORD = #{password}</if>
23.            </where>
24.        </select>
25.    </mapper>
```

代码说明

- 第 5～16 行：指定命名空间的值，配置 PO 类 tenant 属性和数据库表 TENANT_C

列字段的映射关系。

- 第 18～25 行：定义 find 的 SQL 语句，根据查询条件是否为 null，来判断是否是带条件查询。

⑧ 在项目目录 src\main\java\com\cetc55\pss\multiTenant\po 下新建持久对象 PO 类 tenant.java，关键代码如下。

```
1.   package com.cetc55.pss.multiTenant.po;
11.  public class Tenant implements Serializable{
12.
13.      private static final long serialVersionUID = 2001298478417522783L;
14.
15.      private String id ;                    //ID
16.      private String tenantNo   ;            //租户编号
17.      private String password ;              //租户密码
18.      private String name ;                  //租户名称
19.      private String company ;               //所属企业
20.      private String contactor ;             //联系人
21.      private String address ;               //地址
22.      private String telephone ;             //联系电话
23.      private Integer state ;                //状态
24.
25.      /**
26.       * 租户状态:1：待审核 2：启用 3：禁用 4:登录  5:未登录
27.       */
28.      public static Map<String,Object> TENATN_STATE = new HashMap<String, Object>();
29.
30.      private static final String TENANT_STATE_VALID = "启用" ;
31.      private static final String TENANT_STATE_INVALID = "禁用" ;
32.      private static final String TENANT_STATE_LOGIN = "已登录" ;
33.      private static final String TENANT_STATE_LOGOUT = "未登录" ;
34.
35.      static{
36.          TENATN_STATE.put("1",TENANT_STATE_VALID) ;
37.          TENATN_STATE.put("2",TENANT_STATE_INVALID) ;
38.          TENATN_STATE.put("3",TENANT_STATE_LOGIN) ;
39.          TENATN_STATE.put("4",TENANT_STATE_LOGOUT) ;
40.      }
     }
```

代码说明

- 第 1 行：类所在的包名。

- 第 15 ~ 23 行：定义和数据库表对应的属性字段。
- 第 30 ~ 40 行：定义租户的 4 个状态。

至此，商户管理员登录功能已经开发完成。商户管理员登录成功之后，就可以进行后续的管理功能了。

任务 6.2　实现租户管理

【任务描述】

微课 6-2
实现租户管理

商户管理员登录成功后通过租户管理功能查看所有注册的租户信息。商户管理员可以启用和禁用租户，如图 6-3 所示。

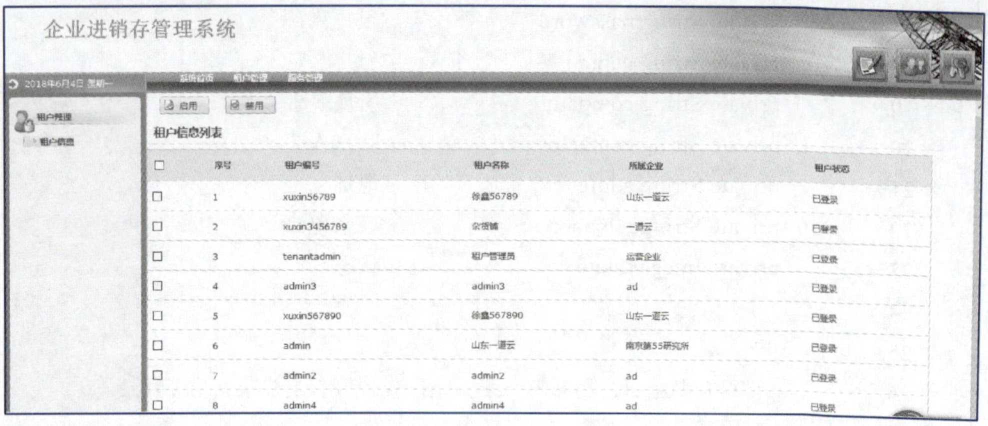

图 6-3
租户管理功能

【任务目标】

- 掌握租户列表展示功能的实现方法。
- 学习 SSM 框架开发流程。
- 理解 SSM 框架分层思想。
- 掌握 JSP 语法。
- 掌握 HTML 框架布局实现方式。

【知识学习】

商户管理员成功登录系统后，单击主菜单栏中的“租户管理”按钮，左侧菜单功能栏出现“租户信息”。在左侧菜单功能栏单击“租户信息”按钮，右侧展示所有注册租户的信息。单击“启用”和“禁用”按钮能改变租户的状态。

【任务实施】

① 首先创建视图层文件，在工程目录 main\webapp\WEB-INF\pages\multimm\

tenantadmin\tenant 下新建视图层 JSP 文件 jTenantList.jsp，关键代码如下。

```
…
    <li id="enable"><a href="#" onclick="formSubmit('start.action','_self'); this.blur();">启用</a></li>
    <li id="disable"><a href="#" onclick="formSubmit('cancel.action','_self'); this.blur();">禁用</a></li>
</ul>
</div>
</div>
</div>
</div>
<!-- 页面主体部分（列表等） -->
<div class="textbox" id="centerTextbox">
<div class="textbox-header">
<div class="textbox-inner-header">
<div class="textbox-title">租户信息列表</div>
</div>
</div>
<div>
<div class="eXtremeTable" >
<table id="ec_table" class="tableRegion" width="98%" >
    <thead>
    <tr>
        <td class="tableHeader"><input type="checkbox" name="selid" onclick="checkAll('id',this)"></td>
        <td class="tableHeader">序号</td>
        <td class="tableHeader">租户编号</td>
        <td class="tableHeader">租户名称</td>
        <td class="tableHeader">所属企业</td>
        <td class="tableHeader">租户状态</td>
    </tr>
    </thead>
    <tbody class="tableBody" >
        <c:forEach items="${dataList}" var="o" varStatus="status">
    <tr class="odd" onmouseover="this.className='highlight'" onmouseout="this.className='odd'" >
        <td><input type="checkbox" name="id" value="${o.id}"/></td>
        <td>${status.index+1}</td>
        <td>${o.tenantNo}</td>
        <td>${o.name}</td>
```

```
50.            <td>${o.company}</td>
51.            <td>
52.                <c:if test="${o.state == 1}"><a href="${ctx }
/multitenant/tenantadmin/tenant/start.action?id=${o.id}"><font
color="blue">${tenantState['1'] }</font></a></c:if>
53.                <c:if test="${o.state == 2}"><a href="${ctx }
/multitenant/tenantadmin/tenant/cancel.action?id=${o.id}"><font
color="blue">${tenantState['2'] }</font></a></c:if>
54.                <c:if test="${o.state == 3}"><a href="${ctx }
/multitenant/tenantadmin/tenant/start.action?id=${o.id}"><font color=
"blue">${tenantState['3'] }</font></a></c:if>
55.            </td>
56.        </tr>
57.        </c:forEach>
58.            </tbody>
59.    </table>
```

代码说明

- 第 16 ~ 17 行：定义“启用”“禁用”按钮，通过配置 onclick 方法提交请求到后台，启用对应 start.action，禁用对应 cancle.action。
- 第 43 ~ 54 行：循环展示查询出来的所有注册的租户信息。

② 编写控制层功能代码，在项目工程目录下 src\main\java\com\cetc55\pss\multiTenant\controller\新建业务控制层 TenantController 类，并定义 map 映射方法 list。

```
package com.cetc55.pss.multiTenant.controller;
@Controller
@RequestMapping("/multitenant/tenantadmin/tenant")
public class TenantController extends BaseController {

    @Resource
    TenantService tenantService ;
    //存放列表信息
    private List<Tenant> dataList ;

    /**
     * 跳转到租户管理列表页面
     */
    @RequestMapping("/list.action")
    public String list(Model model){

        //将租户状态信息放入到请求域中
```

```
38.             model.addAttribute("tenantState", Tenant.TENATN_STATE);
39.
40.             dataList = tenantService.find(null);
41.             model.addAttribute("dataList",dataList);
42.
43.             return "/multimm/tenantadmin/tenant/jTenantList.jsp" ;
44.     }}
```

代码说明

- 第 40 行：调用 tenantService 的 find 方法，查询注册的租户信息。

③ 业务处理层 Service 接口类 BaseService 在类中定义 find 方法；业务层 Service 实现类 BaseServiceImpl 在类中实现 find 方法；持久层 Dao 接口类 BaseDao 在类中定义 find 方法；数据持久层 Dao 实现类 BaseDaoImpl 定义并实现 find 方法；持久层 mapper 文件 TenantMapper.xml 定义 find 方法。

④ 实现租户启用/禁用功能，在 TenantController.java 中新增映射配置方法。

```
1.  /**
2.       * 启用租户
3.       */
4.      @RequestMapping("/start.action")
5.      public String start(@RequestParam("id")String[] ids){
6.          tenantService.updateState(ids, 2);        //2:启用
7.          return "redirect:/multitenant/tenantadmin/tenant/list.action";
8.      }
9.      /**
10.      * 禁用租户
11.      */
12.     @RequestMapping("/cancel.action")
13.     public String cancel(@RequestParam("id")String[] ids){
14.         tenantService.updateState(ids, 3);        //3:禁用
15.         return "redirect:/multitenant/tenantadmin/tenant/list.action";    }
```

代码说明

- 第 4～8 行：启用租户功能的处理方法，调用服务层的 updateState 方法，状态参数为 2。
- 第 12～16 行：禁用租户功能的处理方法，调用服务层的 updateState 方法，状态参数为 3。

⑤ 在业务接口类 tenantService 中新增 updateState 方法定义，关键代码如下。

```
/**
     * 修改状态
```

```
     * @param ids
     */
    public void updateState(String[] ids,Integer state);
```

⑥ 在业务实现类 TenantServiceImpl 中新增 updateState 方法实现，关键代码如下。

```
1. @Override
2.     public void updateState(String[] ids,Integer state) {
3.         Map<String,Object> paramMap = new HashMap<String , Object>();
4.         paramMap.put("state", state);
5.         paramMap.put("ids", ids);
6.         this.tenantDao.updateState(paramMap); }
```

代码说明

- 第 4~6 行：把参数放到 map 中，调用持久层 Dao 的 updateState 方法。

⑦ 在工程目录 src\main\java\com\cetc55\pss\multiTenant\dao\ 下新建持久层接口类 TenantDao，进行 updateState 方法定义，关键代码如下。

```
1.  package com.cetc55.pss.multiTenant.dao;
8.  public interface TenantDao extends BaseDao<Tenant> {
9.
10.     /**
11.      * 更新状态
12.      * @param paramMap
13.      */
14.     public void updateState(Map<String, Object>   paramMap);
15.     /**
16.      * 通过租户账号查询租户信息
17.      * @param tenantNo
18.      * @return
19.      */
20.     public Tenant findByTenantNo(String tenantNo);21.    22.   }
```

代码说明

- 第 8 行：此类是一个接口定义。
- 第 14 行：定义变更租户状态的方法 updateState。

⑧ 在工程目录 src\main\java\com\cetc55\pss\multiTenant\dao\impl\ 下新建持久层实现类 TenantDaoImpl，实现 updateState 方法。

```
package com.cetc55.pss.multiTenant.dao.impl;

@Repository("tenantDao")
```

```
12.  public class TenantDaoImpl extends BaseDaoImpl<Tenant> implements TenantDao {
13.
14.      //设置命名空间
15.      public TenantDaoImpl() {
16.          super.setNs("com.cetc55.pss.multiTenant.mapper.TenantMapper");
17.      }
18.
19.      @Override
20.      public void updateState(Map<String, Object>    paramMap) {
21.          super.getSqlSession().update(super.getNs()+".updateState", paramMap);
22.      }
23.
24.      @Override
25.      public Tenant findByTenantNo(String tenantNo) {
26.          return super.getSqlSession().selectOne(super.getNs()+".findByTenantNo",tenantNo);
27.      }}
```

代码说明

- 第 15 ~ 17 行：设置命名空间为 com.cetc55.pss.multiTenant.mapper.TenantMapper。
- 第 20 ~ 23 行：实现 updateState 方法，根据命名空间找到 updateState 的定义实现。

⑨ 在持久层映射文件 TenantMapper.xml 中新增 ID 为 updateState 的配置信息。

```
<!-- 批量更新 -->
    <update id="updateState" parameterType="map">
        update TENANT_C
        set STATE = ${state}
        where TENANT_ID in
        <foreach collection="ids" item="id" open="(" close=")" separator=",">
            #{id}
        </foreach>
</update>
```

代码说明

- updateState 的配置功能支持批量更新。

任务 6.3　实现服务管理

微课 6-3
实现服务管理

【任务描述】

服务管理包含两个功能：服务设置和价格策略。服务设置页面如图 6-4 所示，其功能包括服务添加、修改，如图 6-5 和图 6-6 所示。价格策略页面如图 6-7 所示，其功能包括添加、修改，如图 6-8 和图 6-9 所示。

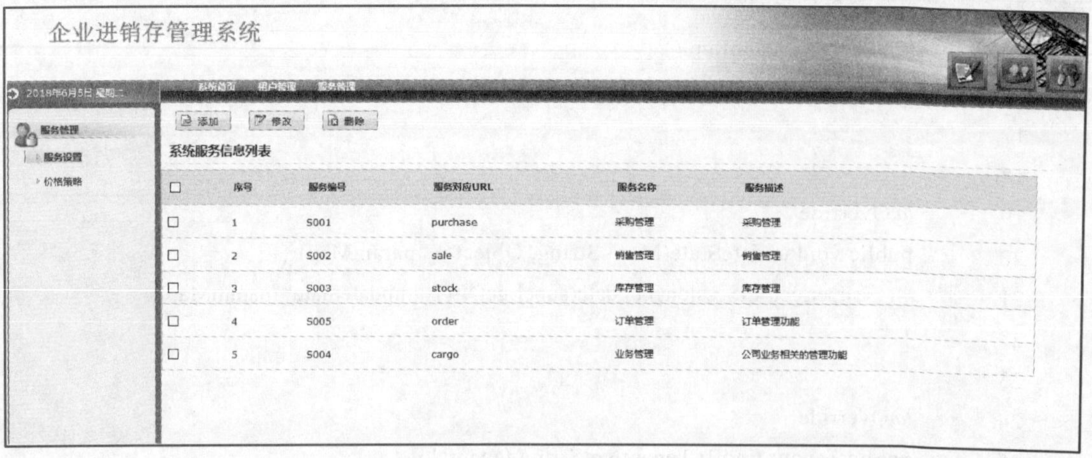

图 6-4
服务设置页面

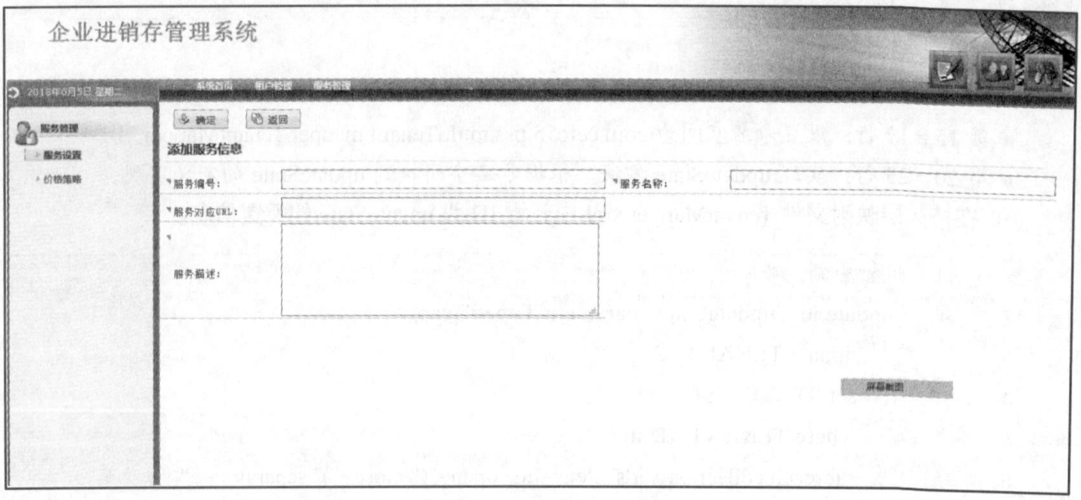

图 6-5
服务添加

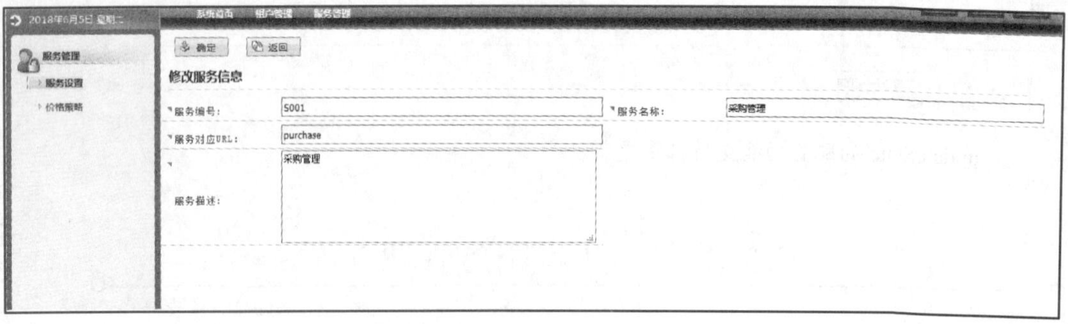

图 6-6
服务修改

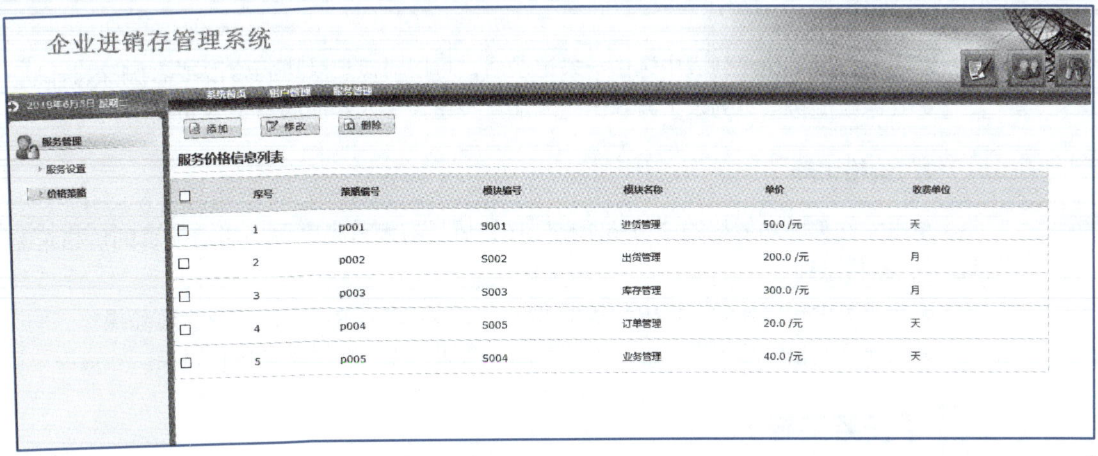

图 6-7
价格策略页面

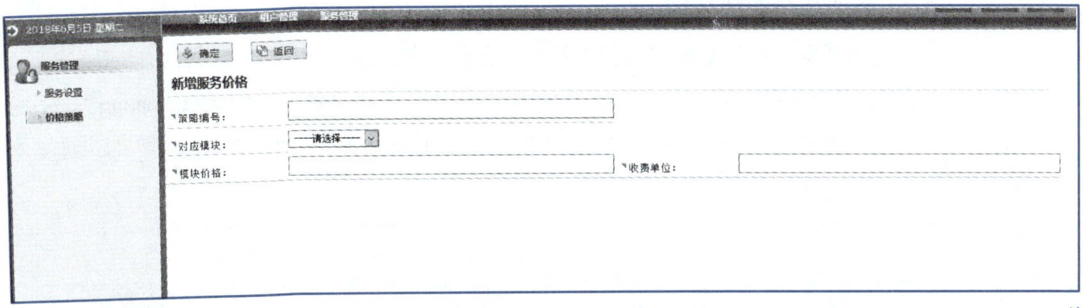

图 6-8
价格策略添加

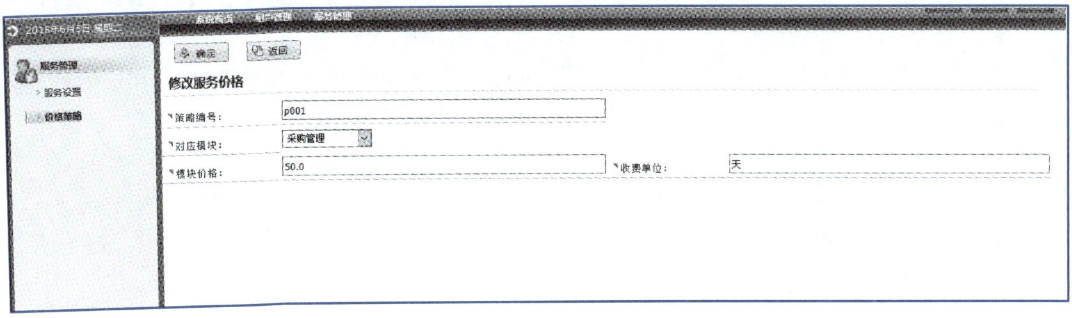

图 6-9
价格策略修改

【任务目标】

- 实现服务管理的功能。
- 实现价格策略的功能。
- 学习 SpringMVC 开发流程。

【知识学习】

1. 服务设置

单击左侧菜单功能栏的“服务设置”按钮后，右侧首先展示当前配置的服务功能的系统服务信息列表。

- 在系统服务信息列表中选中一条记录后，可以对该记录进行修改或者删除操作。
- 在系统服务信息列表上方单击“添加”按钮，进入添加服务信息页面。

2．价格策略

单击左侧菜单功能栏的“价格策略”按钮后，右侧首先展示出当前配置的价格策略的服务价格信息列表。

- 在服务价格信息列表选中一条记录后，可以对该记录进行修改或者删除操作。
- 在服务价格信息列表上方单击“添加”按钮，进入新增服务价格页面。

【任务实施】

1．实现服务设置功能

本功能开发逻辑为视图层→控制层→服务层→持久层。

① 在项目工程目录 src\main\webapp\WEB-INF\pages\multimm\servicemanage\service\ 下新建视图层 jFunctionList.jsp（服务列表页面）、jFunctionCreate.jsp（服务添加页面）和 jFunctionUpdate.jsp（服务修改页面），关键代码如下。

```
...
<li id="new"><a href="#" onclick="formSubmit('tocreate.action','_self'); this.blur();">添加</a></li>
<li id="update"><a href="#" onclick="formSubmit('toupdate.action','_self'); this.blur();">修改</a></li>
<li id="delete"><a href="#" onclick="formSubmit('delete.action','_self'); this.blur();">删除</a></li>
</ul>
</div>
</div>
</div>
</div>
<!-- 页面主体部分（列表等） -->
<div class="textbox" id="centerTextbox">
<div class="textbox-header">
<div class="textbox-inner-header">
<div class="textbox-title">
    系统服务信息列表
</div>
</div>
</div>
<div>
<div class="eXtremeTable" >
```

```
32. <table id="ec_table" class="tableRegion" width="98%" >
33.     <thead>
34.     <tr>
35.         <td class="tableHeader"><input type="checkbox" name="selid"
onclick="checkAll('id',this)"></td>
36.         <td class="tableHeader">序号</td>
37.         <td class="tableHeader">服务编号</td>
38.         <td class="tableHeader">服务对应 URL</td>
39.         <td class="tableHeader">服务名称</td>
40.         <td class="tableHeader">服务描述</td>
41.     </tr>
42.     </thead>
43.     <tbody class="tableBody" >
44.     <c:forEach items="${dataList}" var="o" varStatus="status">
45.     <tr class="odd" onmouseover="this.className='highlight'" onmouseout=
"this.className='odd'" >
46.         <td><input type="checkbox" name="id" value="${o.id}"/></td>
47.         <td>${status.index+1}</td>
48.         <td>${o.functionNo}</td>
49.         <td>${o.functionURL}</td>
50.         <td>${o.functionName}</td>
51.         <td>${o.description}</td>
52.     </tr>
53.     </c:forEach>
54.     </tbody>
55. </table>
```

代码说明

- 第 44～53 行：循环展示服务信息。

```
这里省略第 1～15 行代码
16. <li id="save"><a href="#" onclick="formSubmit('insert.action','_self');">确定
</a></li>
17. <li id="back"><a href="list.action">返回</a></li>
18. </ul>
19. </div>
20. </div>
21. </div>
22. </div>
23. <div class="textbox" id="centerTextbox">
24. <div class="textbox-header">
```

```
25.  <div class="textbox-inner-header">
26.  <div class="textbox-title">
27.          添加服务信息
28.  </div>
29.  </div>
30.  </div>
31.  </div>
32.  <div>
33.  <table class="commonTable" cellspacing="1">
34.      <tr>
35.      <td class="columnTitle_mustbe">服务编号：</td>
36.      <td class="tableContent"><input type="text" name="functionNo"/></td>
37.      <td class="columnTitle_mustbe">服务名称：</td>
38.      <td class="tableContent"><input type="text" name="functionName" /></td>
39.      </tr>
40.      <tr>
41.      <td class="columnTitle_mustbe">服务对应 URL：</td>
42.      <td class="tableContent"><input type="text" name="functionURL"/></td>
43.      </tr>
44.      <tr>
45.      <td class="columnTitle_mustbe">服务描述：</td>
46.      <td class="tableContent">
47.          <textarea name = "description" style="height:120px;"></textarea>
48.      </td>
49.      </tr>
50.          </table>
51.      </div>
52.  </div>
```

代码说明

- 此页面是为服务添加的 JSP 页面。
- 第 35～47 行为服务信息输入部分。

```
这里省略第 1～16 行代码。
17.  <li id="save"><a href="#" onclick="formSubmit('update.action','_self');">确定</a></li>
18.  <li id="back"><a href="list.action">返回</a></li>
19.  </ul>
20.  </div>
21.  </div>
22.  </div>
```

```
23. </div>
24. <div class="textbox" id="centerTextbox">
25. <div class="textbox-header">
26. <div class="textbox-inner-header">
27. <div class="textbox-title">
28.             修改服务信息
29. </div>
30. </div>
31. </div>
32. </div>
33. <div>
34.             <table class="commonTable" cellspacing="1">
35.         <tr>
36.         <td class="columnTitle_mustbe">服务编号：</td>
37.         <td class="tableContent"><input type="text" name="functionNo" value="${obj.functionNo }"/></td>
38.         <td class="columnTitle_mustbe">服务名称：</td>
39.         <td class="tableContent"><input type="text" name="functionName" value="${obj.functionName }"/></td>
40.         </tr>
41.         <tr>
42.         <td class="columnTitle_mustbe">服务对应 URL：</td>
43.         <td class="tableContent"><input type="text" name="functionURL" value="${obj.functionURL }"/></td>
44.         </tr>
45.         <tr>
46.         <td class="columnTitle_mustbe">服务描述：</td>
47.         <td class="tableContent">
48.             <textarea name = "description" style="height:120px;">${obj.description}</textarea>
49.         </td>
50.         </tr>
51.             </table>
```

代码说明

- 此页面是为服务修改的 JSP 页面。
- 第 36 ~ 46 行为服务信息部分。

② 在项目工程目录 src\main\java\com\cetc55\pss\sysadmin\controller\ 下新建控制类 FunctionController。

```
package com.cetc55.pss.sysadmin.controller;
```

```
@Controller
@RequestMapping("/multimm/servicemanage/service")
public class FunctionController extends BaseController {

    @Resource
    FunctionService functionService ;
    //存放列表信息
    private List<Function> dataList ;

    /**
     * 跳转到列表页面
     */
    @RequestMapping("/list.action")
    public String list(Model model){
        dataList = functionService.find(null);
        model.addAttribute("dataList",dataList);

        return "/multimm/servicemanage/service/jFunctionList.jsp" ;
    }
    /**
     * 跳到添加页面
     */
    @RequestMapping("/tocreate.action")
    public String tocreate(){
        return "/multimm/servicemanage/service/jFunctionCreate.jsp";
    }
    /**
     * 添加
     */
    @RequestMapping("/insert.action")
    public String create(Function Function){
        this.functionService.insert(Function);

        return "redirect:/multimm/servicemanage/service/list.action";
    }
    /**
     * 跳到更新页面
     */
    @RequestMapping("/toupdate.action")
    public String toupdate(String id,Model model){
        Function obj = this.functionService.get(id);
```

```
57.             model.addAttribute("obj",obj);
58.
59.             return "/multimm/servicemanage/service/jFunctionUpdate.jsp";
60.     }
61.     /**
62.      * 更新
63.      */
64.     @RequestMapping("/update.action")
65.     public String update(Function Function){
66.             this.functionService.update(Function);
67.             return "redirect:/multimm/servicemanage/service/list.action";
68.     }
69.     /**
70.      * 删除
71.      */
72.     @RequestMapping("/deleteById.action")
73.     public String deleteById(String id){
74.             this.functionService.deleteById(id);
75.             return "redirect:/multimm/servicemanage/service/list.action";
76.     }
77.     /**
78.      * 批量删除
79.      */
80.     @RequestMapping("/delete.action")
81.     public String delete(@RequestParam("id")String[] ids){
82.             this.functionService.delete(ids);
83.             return "redirect:/multimm/servicemanage/service/list.action";
84.     }}
```

代码说明

- 第 28 ~ 34 行：实现服务列表展示的功能，查询当前服务商的所有服务。
- 第 38 ~ 41 行：实现跳转到服务新增页面。
- 第 45 ~ 50 行：实现服务添加的功能，把数据添加到数据库。
- 第 54 ~ 60 行：实现跳转到服务更新的页面。
- 第 64 ~ 68 行：实现服务更新的功能，修改数据库中的服务信息。
- 第 72 ~ 76 行：实现单个服务信息的删除功能。
- 第 80 ~ 84 行：实现批量服务的删除功能。

③ 在项目工程目录 src\main\java\com\cetc55\pss\sysadmin\service\下新建服务接口类 FunctionService，继承 BaseService，关键代码如下。

```
package com.cetc55.pss.sysadmin.service;
```

```
public interface FunctionService extends BaseService<Function> {

        List<FunctionVO> findFunctionVO(Map<String,Object> paraMap);
    }
```

代码说明

此接口继承 BaseService 接口。

在 BaseService 中新增 get、insert、update、delete、deleteById 方法的定义，关键代码如下。

```
/**
         * 只查询一个，常用于修改
         * @param id
         * @return
         */
        public T get(Serializable id);
        /**
         * 插入，用实体作为参数
         * @param factory
         */
        public void insert(T entity);
        /**
         * 修改，用实体作为参数
         * @param factory
         */
        public void update(T entity);
        /**
         * 按 id 删除，只删除一条；支持整数型和字符串类型 ID
         * @param id
         */
        public void deleteById(Serializable id);
        /**
         * 批量删除；支持整数型和字符串类型 ID
         * @param ids
         */
public void delete(Serializable[] ids);
```

代码说明

该段代码分别是查增删改的方法定义。

④ 在项目工程目录 src\main\java\com\cetc55\pss\sysadmin\service\impl\下新增服

务实现类 FunctionServiceImpl，继承 BaseServiceImpl，实现 FunctionService 接口，关键代码如下。

```
1.	package com.cetc55.pss.sysadmin.service.impl;
17.	@Service("functionService")
18.	public class FunctionServiceImpl extends BaseServiceImpl<Function> implements
FunctionService{
19.	
20.		FunctionDao resourceDao ;
21.		@Resource
22.		public void setResourceDao(FunctionDao resourceDao) {
23.			super.setBaseDao(resourceDao);
24.			this.resourceDao = resourceDao;
25.		}
26.	
27.		@Override
28.		public void insert(Function entity) {
29.			entity.setId(UUID.randomUUID().toString());
30.			this.resourceDao.insert(entity);
31.		}
32.	
33.		@Override
34.		public List<FunctionVO> findFunctionVO(Map<String, Object> paraMap) {
35.			return this.resourceDao.findFunctionVo(paraMap);
36.		}}
```

代码说明

第 27～31 行实现 insert 方法，把服务新增到数据库中。

在 BaseServiceImpl 类中新增实现方法，代码如下。

```
@Override
	public T get(Serializable id) {
		return this.baseDao.get(id);
	}

	@Override
	public void insert(T entity) {
		this.baseDao.insert(entity);
	}

	@Override
```

```
    public void update(T entity) {
        this.baseDao.update(entity);
    }

    @Override
    public void deleteById(Serializable id) {
        this.baseDao.deleteById(id);
    }

    @Override
    public void delete(Serializable[] ids) {
        this.baseDao.delete(ids);}
```

代码说明

实现查增改删的功能，调用持久层 Dao 对应的方法。

⑤ 在项目工程目录 src\main\java\com\cetc55\pss\sysadmin\dao\下新增持久层接口类 FunctionDao，继承 BaseDao，关键代码如下。

```
package com.cetc55.pss.sysadmin.dao;
public interface FunctionDao extends BaseDao<Function> {

    List<FunctionVO> findFunctionVo(Map<String, Object> paraMap);
}
```

代码说明

此接口继承 BaseDao 接口。

在父类接口 BaseDao 中新增方法定义，代码如下。

```
/**
     * 只查询一个，常用于修改
     * @param id
     * @return
     */
    public T get(Serializable id);
    /**
     * 插入，用实体作为参数
     * @param entity
     */
    public void insert(T entity);
    /**
     * 修改，用实体作为参数
     * @param entity
```

```
         */
        public void update(T entity);
        /**
         * 按 id 删除，只删除一条；支持整数型和字符串类型 ID
         * @param id
         */
        public void deleteById(Serializable id);       //
        /**
         * 批量删除；支持整数型和字符串类型 ID
         * @param ids
         */
    public void delete(Serializable[] ids);
```

代码说明

实现查增改删的方法定义。

⑥ 在项目工程目录 src\main\java\com\cetc55\pss\sysadmin\dao\impl\ 下新增持久层实现类 FunctionDaoImpl，继承 BaseDaoImpl，关键代码如下。

```
1.  package com.cetc55.pss.sysadmin.dao.impl;
13. @Repository("resourceDao")
14. public class FunctionDaoImpl extends BaseDaoImpl<Function> implements
FunctionDao {
15.
16.     //设置命名空间
17.     public FunctionDaoImpl() {
18.         super.setNs("com.cetc55.pss.sysadmin.mapper.FunctionMapper");
19.     }
20.
21.     @Override
22.     public List<FunctionVO> findFunctionVo(Map<String, Object> paraMap) {
23.         return super.getSqlSession().selectList(super.getNs()+".findVO", paraMap);
24.     }}
```

代码说明

第 18 行的作用为设置命名空间值为 com.cetc55.pss.sysadmin.mapper.FunctionMapper。

在父类实现类 BaseDaoImpl 中新增方法实现，代码如下。

```
@Override
    public T get(Serializable id) {
        return this.getSqlSession().selectOne(ns+".get", id);
    }
```

```

    @Override
    public void insert(T entity) {
        this.getSqlSession().insert(ns + ".insert", entity);
    }

    @Override
    public void update(T entity) {
        this.getSqlSession().update(ns+".update", entity);
    }

    @Override
    public void deleteById(Serializable id) {
        this.getSqlSession().delete(ns + ".deleteById", id);
    }

    @Override
    public void delete(Serializable[] ids) {
        this.getSqlSession().delete(ns + ".delete", ids);       }
```

代码说明

持久层实现查增改删的方法。

⑦ 在项目工程目录 src\main\java\com\cetc55\pss\sysadmin\mapper\下新增持久层映射文件 FunctionMapper.xml，关键代码如下。

```
<?xml version="1.0" encoding="UTF-8" ?>
<!DOCTYPE mapper
PUBLIC "-//mybatis.org//DTD Mapper 3.0//EN"
"http://mybatis.org/dtd/mybatis-3-mapper.dtd">
<mapper namespace="com.cetc55.pss.sysadmin.mapper.FunctionMapper">
    <resultMap id="FunctionRM" type="Function">
        <id property="id" column="FUNCTION_ID"/>

        <result property="functionNo" column="Function_NO"/>
        <result property="functionURL" column="FUNCTION_URL"/>
        <result property="functionName" column="FUNCTION_NAME"/>
        <result property="description" column="DESCRIPTION"/>
    </resultMap>

    <!-- VO 类 ResultMap -->
```

```
    <resultMap id="FunctionVORM" type="FunctionVO" extends="FunctionRM">
        <association property="pricePolicy" javaType="PricePolicy">
            <id property="id" column="PRICEPOLICY_ID"/>
            <result property="pricepolicyNo" column="PRICEPOLICY_NO"/>

            <result property="functionNo" column="FUNCTION_NO"/>
            <result property="functionName" column="FUNCTION_NAME"/>

            <result property="unit" column="UNIT"/>
            <result property="price" column="PRICE"/>
        </association>
    </resultMap>

    <!-- 查询列表 -->
    <select id="find" parameterType="map" resultMap="FunctionRM">
        select * from FUNCTION_C
    </select>

    <!-- 查询 VO -->
    <select id="findVO" parameterType="map" resultMap="FunctionVORM">
        select *
        from function_c f
        left join
        (
            select * from pricepolicy_c
        ) p
        on f.function_no = p.function_no
    </select>

    <!-- 分页查询 -->
    <select id="findPage" parameterType="map" resultMap="FunctionRM">
        select * from FUNCTION_C
    </select>

    <!-- 获取单个信息 -->
    <select id="get" parameterType="string" resultMap="FunctionRM">
        select * from FUNCTION_C
        where FUNCTION_ID = #{pid}
    </select>
    <!-- 添加信息 -->
    <insert id="insert" parameterType="Function">
```

```
            inscrt into FUNCTION_C
            (FUNCTION_ID,FUNCTION_NO,FUNCTION_URL,FUNCTION_NAME,DESCRIPTION)
            values
            (
                #{id , jdbcType = VARCHAR},
                #{functionNo , jdbcType = VARCHAR},
                #{functionURL , jdbcType = VARCHAR},
                #{functionName , jdbcType = VARCHAR},
                #{description , jdbcType = VARCHAR}
            )
        </insert>
        <!-- 修改信息 -->
        <update id="update" parameterType="Function">
            update FUNCTION_C
            <set>
                <if test="functionNo != null"> Function_NO = #{functionNo},</if>
                <if test="functionURL != null"> Function_URL = #{functionURL}, </if>
                <if test="functionName!= null">Function_NAME= #{functionName},</if>
                <if test="description != null">DESCRIPTION = #{description},</if>
            </set>
            where FUNCTION_ID = #{id}
        </update>
        <!-- 删除单个-->
        <delete id="deleteById" parameterType="string">
            delete from FUNCTION_C
            where FUNCTION_ID = #{pid}
        </delete>
            <!-- 批量删除 -->
        <delete id="delete" parameterType="string">
            delete from FUNCTION_C
            where FUNCTION_ID in
            <foreach collection="array" item="id" open="(" close=")" separator=",">
                #{id}
            </foreach>
        </delete>
</mapper>
```

代码说明

通过 mapper 配置，实现查增改删的功能。

⑧ 在项目工程目录 src\main\java\com\cetc55\pss\sysadmin\po\下新建 PO 类 Function，关键代码如下。

```
package com.cetc55.pss.sysadmin.po;

import java.io.Serializable;
/**
 * @Description:资源  PO 类
 * @Author: cetc55
 * @CreateDate: 2018 年 5 月 1 日
 */
public class Function implements Serializable{

        private static final long serialVersionUID = -1249097035134197191L;

        private String id ;                              //资源 ID
        private String functionNo ;                      //资源编号
        private String functionURL ;                     //资源 URL
        private String functionName ;                    //资源名称
        private String description ;                     //资源描述

        public Function() {
                super();
        }

        public String getId() {
                return id;
        }
        public void setId(String id) {
                this.id = id;
        }
        public String getDescription() {
                return description;
        }
        public void setDescription(String description) {
                this.description = description;
        }

        public String getFunctionNo() {
                return functionNo;
        }
```

```

    public void setFunctionNo(String functionNo) {
        this.functionNo = functionNo;
    }

    public String getFunctionURL() {
        return functionURL;
    }

    public void setFunctionURL(String functionURL) {
        this.functionURL = functionURL;
    }

    public String getFunctionName() {
        return functionName;
    }

    public void setFunctionName(String functionName) {
        this.functionName = functionName;
    }

    @Override
    public int hashCode() {
        final int prime = 31;
        int result = 1;
        result = prime * result
                + ((description == null) ? 0 : description.hashCode());
        result = prime * result
                + ((functionName == null) ? 0 : functionName.hashCode());
        result = prime * result
                + ((functionNo == null) ? 0 : functionNo.hashCode());
        result = prime * result
                + ((functionURL == null) ? 0 : functionURL.hashCode());
        result = prime * result + ((id == null) ? 0 : id.hashCode());
        return result;
    }

    @Override
    public boolean equals(Object obj) {
        if (this == obj)
```

```
            return true;
        if (obj == null)
            return false;
        if (getClass() != obj.getClass())
            return false;
        Function other = (Function) obj;
        if (description == null) {
            if (other.description != null)
                return false;
        } else if (!description.equals(other.description))
            return false;
        if (functionName == null) {
            if (other.functionName != null)
                return false;
        } else if (!functionName.equals(other.functionName))
            return false;
        if (functionNo == null) {
            if (other.functionNo != null)
                return false;
        } else if (!functionNo.equals(other.functionNo))
            return false;
        if (functionURL == null) {
            if (other.functionURL != null)
                return false;
        } else if (!functionURL.equals(other.functionURL))
            return false;
        if (id == null) {
            if (other.id != null)
                return false;
        } else if (!id.equals(other.id))
            return false;
        return true;111.        }}
```

代码说明

此类为持久层 PO 类，重新实现 HashCode 方法和 equal 方法。

在 src\main\java\com\cetc55\pss\sysadmin\vo 目录下新建 VO 类 FunctionVO，代码如下。

```
package com.cetc55.pss.sysadmin.vo;
public class FunctionVO implements Serializable {

    private static final long serialVersionUID = -6071648755654112126L;
```

```

    private String id ;                          //资源 ID
    private String functionNo ;                  //资源编号
    private String functionURL ;                 //资源 URL
    private String functionName ;                //资源名称
    private String description ;                 //资源描述

    private PricePolicy pricePolicy ;            //价格策略

    public FunctionVO() {
        super();
    }

    public String getId() {
        return id;
    }

    public void setId(String id) {
        this.id = id;
    }

    public String getFunctionNo() {
        return functionNo;
    }

    public void setFunctionNo(String functionNo) {
        this.functionNo = functionNo;
    }

    public String getFunctionURL() {
        return functionURL;
    }

    public void setFunctionURL(String functionURL) {
        this.functionURL = functionURL;
    }

    public String getFunctionName() {
        return functionName;
    }

```

```
    public void setFunctionName(String functionName) {
        this.functionName = functionName;
    }

    public String getDescription() {
        return description;
    }

    public void setDescription(String description) {
        this.description = description;
    }

    public PricePolicy getPricePolicy() {
        return pricePolicy;
    }

    public void setPricePolicy(PricePolicy pricePolicy) {
        this.pricePolicy = pricePolicy;
    }}
```

到此，服务设置功能开发完成，实现了服务列表的展示、服务添加、服务修改、服务删除的功能。其中，服务删除可以实现两种类型的删除：单个删除和批量删除。

2. 实现价格策略的功能

价格策略的功能开发和服务设置的功能开发步骤是一致的，下面为详细过程。

① 在项目工程目录 src\main\webapp\WEB-INF\pages\multimm\servicemanage\pricepolicy 下新建视图层 jPricePolicyList.jsp（价格策略列表页面）、jPricePolicyCreate.jsp（价格策略添加页面）和 jPricePolicyUpdate.jsp（价格策略修改页面）。

② 在目录 src\main\java\com\cetc55\pss\multiTenant\controller\ 下新建控制类 PricePolicyController。

③ 在目录 src\main\java\com\cetc55\pss\multiTenant\service 下新建服务接口类 PricePolicyService，继承 BaseService。使用 BaseService 中 get、insert、update、delete、deleteById 的定义。

④ 在目录 src\main\java\com\cetc55\pss\multiTenant\service\impl 下新增服务实现类 PricePolicyServiceImpl，继承 BaseServiceImpl。使用 BaseServiceImpl 类中的实现方法。

⑤ 在目录 src\main\java\com\cetc55\pss\multiTenant\dao 下新增持久层接口类 PricePolicyDao，继承 BaseDao。使用父类接口 BaseDao 中的方法定义。

⑥ 在目录 src\main\java\com\cetc55\pss\multiTenant\dao\impl 下新增持久层实现类 PricePolicyDaoImpl，继承 BaseDaoImpl。使用父类实现类 BaseDaoImpl 中方法实现。

⑦ 在目录\src\main\java\com\cetc55\pss\multiTenant\mapper 下新增持久层映射文件 PricePolicyMapper.xml。

⑧ 在目录 src\main\java\com\cetc55\pss\multiTenant\po 下新增 PO 类 PricePolicy。

到此，价格策略的功能开发完成，整个商户管理员的功能也开发完成。

技能训练

根据课堂讲解，实现任务 6.3 的服务管理功能，包括前端页面 JSP 开发、后端服务功能开发。

项目总结

本项目实现了商户管理员的 3 个功能，这 3 个功能是 Cetc55 运营商实现系统运维的基础功能。商户管理员登录系统后，可以实时查看当前租户的注册情况，还可以对系统服务进行维护。

项目 7 租户管理员管理功能

项目描述

SaaS 使用方（租户）需要先注册账户，才能使用 SaaS 系统服务。注册成功后，需要添加系统用户、给用户分配角色、给角色分配权限，这样用户才能使用系统。本项目介绍的功能包括租户注册、租户个人信息管理、用户配置。

PPT7 租户管理员管理功能

PPT

【知识目标】

- 了解租户管理员的管理功能。
- 理解用户、权限、功能的系统实现模型。

【技能目标】

- 实现租户管理员的管理功能。

【任务列表】

任务编号	任务名称	建议课时
任务 7.1	实现租户注册	4
任务 7.2	管理租户个人信息	4
任务 7.3	实现用户配置	4
总计（课时）		12

任务 7.1　实现租户注册

微课 7-1
实现租户注册

【任务描述】

租户在进入注册流程时，需输入租户的相关信息及登录密码，然后才能进行服务订购，这一流程如图 7-1 ~ 图 7-4 所示。

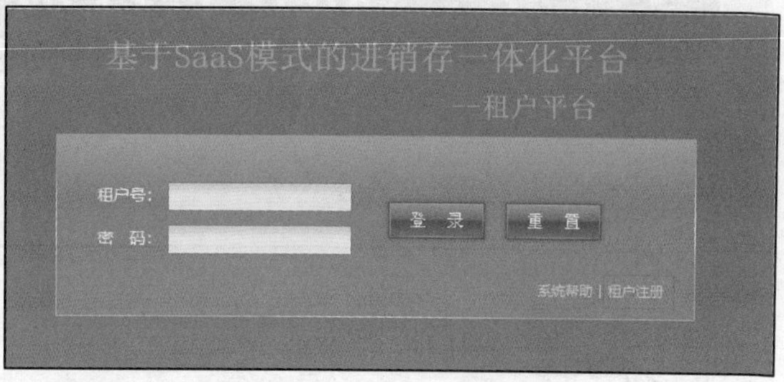

图 7-1
租户注册入口

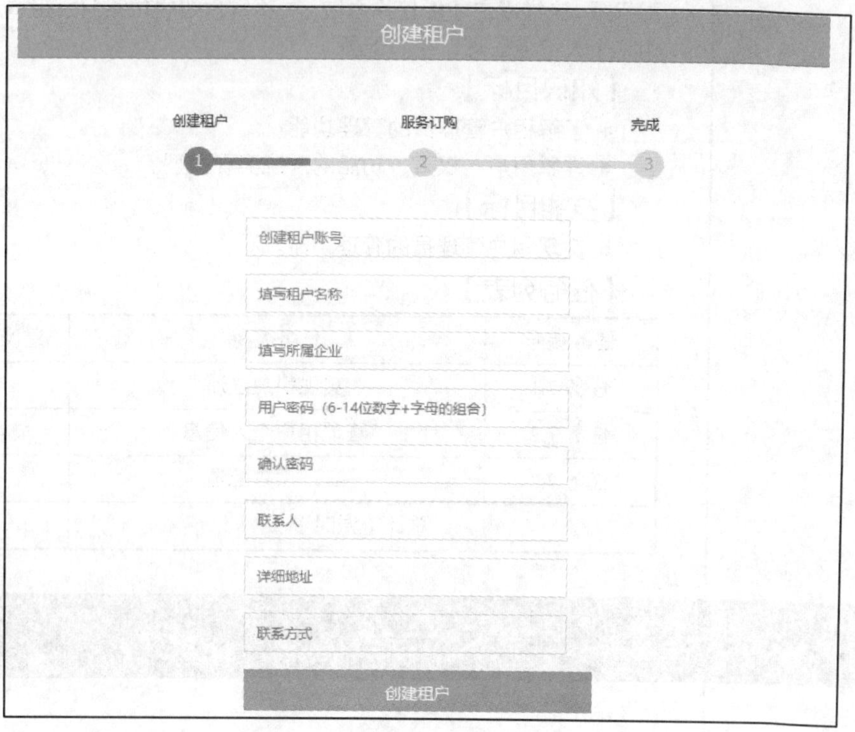

图 7-2
租户注册输入信息的界面

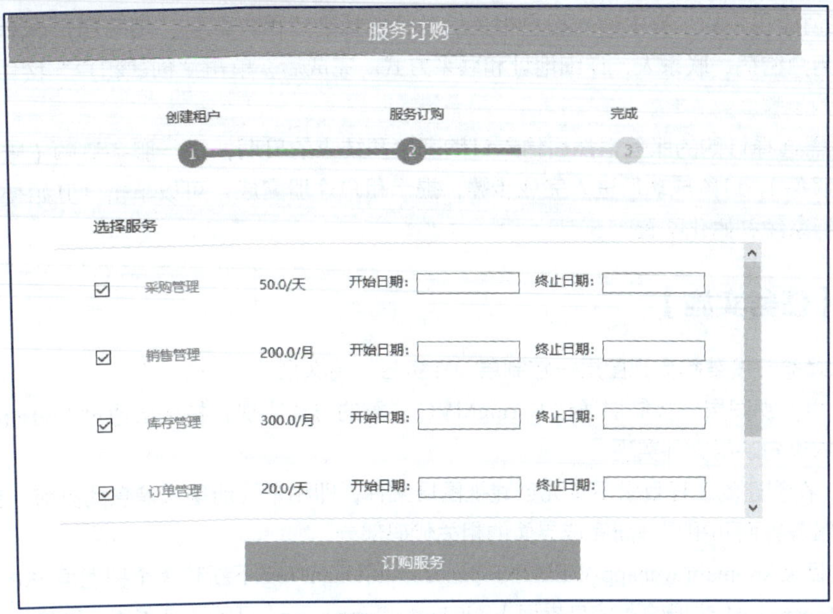

图 7-3
租户注册订购服务界面

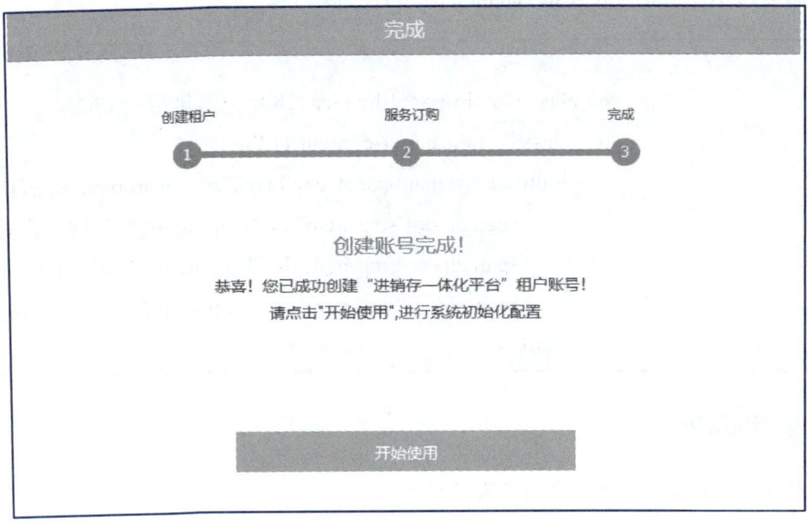

图 7-4
租户注册完成界面

【任务目标】

- 掌握实现租户注册功能的步骤。
- 掌握租户注册完成后自动登录的实现方式。

【知识学习】

租户注册分 3 个步骤，分别为租户信息输入、服务订购和注册完成。

在用户登录界面单击“租户注册”按钮，即进入租户注册的向导界面。

在创建租户的步骤中输入租户相关信息，包括创建租户账号，填写租户名称、所属企业、用户密码、联系人、详细地址和联系方式。完成后，单击“创建租户”按钮，进入服务订购步骤。

按需选择订购的服务，然后输入订购开始和结束的日期，进行服务订购（默认是订购全部服务）。订购成功后进入完成步骤，提示租户注册完成，可以单击“开始使用”按钮，进行系统初始化配置。

【任务实施】

本功能开发结构为视图层→控制层→业务层→持久层。

其中，视图层→控制层通过 SpringMVC 注解的方式实现，持久层通过 MyBatis 框架的数据库语句映射文件实现。

① 在创建的工程目录下首先创建视图层文件，即租户注册输入信息的界面、租户注册订购服务界面和租户注册完成界面的相关代码部分。

在目录 src\main\webapp\WEB-INF\pages\multitenant\reg 下新建 3 个视图层 JSP 文件：jCreateTenant.jsp（注册输入信息界面）、jChooseService.jsp（订购服务界面）和 jSuccess.jsp（注册成功界面）。

注册输入信息界面（jCreateTenant.jsp）的代码如下。

```
                ...
29.                 <h2 class="main-panel-header f18 tc">创建租户</h2>
30.                 <div class="main-panel-content f12">
31.                     <div class="main-panel-step black" id="main-panel-step-1">
32.                         <span class="step-item" id="step-item-1">创建租户</span>
33.                         <span class="step-item" id="step-item-2">服务订购</span>
34.                         <span class="step-item" id="step-item-3">完成</span>
35.                     </div>
```

代码说明

- 第 31 ~ 35 行：注册页面的本次流程导向。

```
36.                     <form novalidate="novalidate" class="panel-form bc" type="post" id="regForm-firstStep">
37.                         <p class="input-row clearfix">
38.                             <span class="input-item-wrap pos-r">
39.                                 <span class="error-label" data-errorfrom="emailOrMobile">${ error_tenantNo}</span>
40.                                 <label style="display: none;" class="placeholder- label" for="tenantNo">创建租户账号</label>
41.                                 <input data-first="true" class="input-text input-required hasPlaceholder imgVali"
```

```
42.                         name="tenantNo" value="${obj.tenantNo }" id="tenantNo" type="text">
43.                     </span>
44.                 </p>
```

代码说明

- 第 37 ~ 44 行：创建账号的样式及输入框。

```
45.                 <p class="input-row clearfix">
46.                     <span class="input-item-wrap pos-r">
47.                         <span class="error-label" data-errorfrom="name">${ error_name}</span>
48.                         <label style="display: none;"class="placeholder-label" for="name">填写租户名称</label>
49.                         <input class="input-text hasPlaceholder" name="name" value="${obj.name}" type="text">
50.                     </span>
51.                 </p>
```

代码说明

- 第 45 ~ 51 行：填写租户姓名的样式及输入框。

```
52.                 <p class="input-row clearfix">
53.                     <span class="input-item-wrap pos-r">
54.                         <span class="error-label" data-errorfrom="company">${ error_company}</span>
55.                         <label style="display: none;" class="placeholder-label" for="company">填写所属企业</label>
56.                         <input class="input-text hasPlaceholder" name="company" value="${obj.company}"   id="company" type="text">
57.                     </span>
58.                 </p>
59.                 <p class="input-row clearfix">
60.                     <span class="input-item-wrap pos-r">
61.                         <span class="error-label" data-errorfrom="pass">${ error_password}</span>
62.                         <label style="display: none;" class="placeholder-label" for="password">用户密码（6-14 位数字+字母的组合）</label>
```

```
63.                <input placeholder="用户密码（6～14 位数字+字母的组合）" class="input-text hasPlaceholder" name="password"
64.                id="password" type="password">
65.            </span>
66.        </p>
```

代码说明

- 第 59～66 行：填写用户密码的样式及输入框。

```
67.        <p class="input-row clearfix">
68.            <span class="input-item-wrap pos-r">
69.                <span class="error-label" data-errorfrom="confirmPass">${error_confirmPass }</span>
70.                <label style="display: none;" class="placeholder-label" for="confirm-password">确认密码</label>
71.                <input placeholder="确认密码" class="input-text hasPlaceholder" name="confirmPass"
72.                id="confirm-password" type="password">
73.            </span>
74.        </p>
75.        <p class="input-row clearfix">
76.            <span class="input-item-wrap pos-r">
77.                <span class="error-label" data-errorfrom="contractor">${ error_contactor}</span>
78.                <label style="display: none;" class="placeholder-label" for="contactor">联系人</label>
79.                <input class="input-text hasPlaceholder" name="contactor"   value="${obj.contactor}"   id="contractor" type="text">
80.            </span>
81.        </p>
82.        <p class="input-row clearfix">
83.            <span class="input-item-wrap pos-r">
84.                <span class="error-label" data-errorfrom="address">${ error_address}</span>
85.                <label style="display: none;" class="placeholder-label" for="address">详细地址</label>
86.                <input class="input-text hasPlaceholder"name="address" value="${obj.address}"   id="address" type="text">
87.            </span>
88.        </p>
89.        <p class="input-row clearfix">
```

```
90.                     <span class="input-item-wrap pos-r">
91.                         <span class="error-label" data-errorfrom=
"telphone">${error_telephone}</span>
92.                         <label style="display: none;" class="placeholder-
label" for="telphone">联系方式</label>
93.                         <input class="input-text hasPlaceholder"
name="telephone" value="${obj.telephone}"  id="telphone" type="text">
94.                     </span>
95.                 </p>
96.                 <p class="input-row">
97.                     <a href="#" class="btn-v2 reg-submit f14" id=
"reg-step1-submit" onclick="formSubmit('reg.action')">创建租户</a>
98.                 </p>
99.             </form>
```

代码说明

- 第 89～95 行：练习方式的样式及输入框。
- 第 96～98 行：使用超链接实现创建租户按钮效果，创建租户按钮按下时，页面提交到代码的 controller 层的 reg.action 下。

订购服务界面（jChooseService.jsp）的代码如下。

```
        …
34.     <h2 class="main-panel-header f18 tc">服务订购</h2>
35.
36.         <div class="main-panel-content f12" id="panel-content-step-2">
37.
38.         <form id = "chooseService" method="post">
39.
40.                 <div class="main-panel-step black" id="main-panel-
step-2" style="background: url(3part/reg-step-2.png) no-repeat;">
41.                 <span class="step-item" id="step-item-1">创建租户</span>
42.                 <span class="step-item" id="step-item-2">服务订购</span>
43.                 <span class="step-item" id="step-item-3">完成</span>
44.             </div>
```

代码说明

- 第 40～44 行：注册页面的本次流程导向。

```
45.             <div class="reg-selectApp">
46.                 <p class="reg-selectApp-h f14 black">选择服务</p>
```

```
                    <div class="reg-selectApp-list mCustomScrollbar _mCS_1">
                    <div tabindex="0" id="mCSB_1" class="mCustomScrollBox mCS-dark mCSB_vertical mCSB_inside">
                    <div id="mCSB_1_container" class="mCSB_container" style="po sition:relative; top:0; left:0;" dir="ltr">
                        <table class="selectApp-table black width-fit">
                            <tbody>

                                <c:forEach items="${functionList }" var="s">
                                    <tr>
                                        <td width="44px"> <input checked="checked" name="id" value="${s.id}" class="selectApp-checkbox"   type="checkbox"></td>
                                        <td width="100px"> <font color= "#ED5565">${s.functionName }</font></td>
                                        <td width="80px"> ${s.pricePolicy.price }/${s.pricePolicy.unit }</td>
                                        <td class="startTime">
                                        开始日期：<input type="text" name="startDate" readonly ="true"   style="width:90px;"
                                            onclick= "WdatePicker({'skin':'whyGreen','dateFmt':'yyyy-MM-dd'})" ></td>
                                        <td>
                                        <td class="endTime">
                                        终止日期：<input type= "text" name="endDate" readonly ="true"   style="width:90px;"
                                            onclick= "WdatePicker({'skin':'whyGreen','dateFmt':'yyyy-MM-dd'})" ></td>
                                        <td>
                                    </tr>
                                </c:forEach>

                            </tbody>
                        </table>

                    </div><div style="display: block;" id="mCSB_1_scrollbar_vertical" class="mCSB_scrollTools mCSB_1_scrollbar mCS-dark mCSB_scrollTools_vertical">
                    <div class="mCSB_draggerContainer">
```

```
74.                                    <div id="mCSB_1_dragger_vertical" class="mCSB_
dragger" style="position: absolute; min-height: 30px; display: block; height: 99px; max-height:
240px;" oncontextmenu="return false;">
75.                                    <div style="line-height: 30px;" class="mCSB_
dragger_bar"></div></div><div class="mCSB_draggerRail">
76.                                    </div>
77.                                    </div>
78.                                    </div></div></div>
79.                                </div>
```

代码说明

- 第 50～70 行：通过表格实现用户选择购买服务的页面效果。

```
80.                                    <p class="input-row handle-next tc">
81.                                <a href="#" onclick="submitForm('servicechoose.action')"
class="btn-v2 reg-submit f14">订购服务</a>
82.                            </p>
83.                        </form>
```

注册成功界面（jSuccess.jsp）的代码如下。

```
    ...
21.  <h2 class="main-panel-header f18 tc">完成</h2>
22.  <div class="main-panel-content f12" id="panel-content-step-3">
23.  <div class="main-panel-step black" id="main-panel-step-3" style="background:
url(3part/reg-step-3.png) no-repeat;">
24.       <span class="step-item" id="step-item-1">创建租户</span>
25.       <span class="step-item" id="step-item-2">服务订购</span>
26.       <span class="step-item" id="step-item-3">完成</span>
27.                  </div>
28.                  <div class="reg-end-content tc f14">
29.                      <p class="reg-complete-msg red f18">创建账号完成！</p>
30.                      <p>恭喜！您已成功创建“进销存一体化平台”租
户账号！</p>
31.                      <p>请单击“开始使用”，进行系统初始化配置</p>
32.                  </div>

33.                  <ul class="reg-two-code-list clearfix">
34.                      <li id="two-code-ios" class="no-margin-l">
35.                          <img src="${ctx }/3part/two-code-ios.png" alt="">
36.                      </li>
37.                      <li id="two-code-android">
```

```
                        <img src="${ctx }/3part/two-code-android.png" alt="">
                    </li>
                    <li id="two-code-wechat">
                        <img src="${ctx }/3part/two-code-wechat.png" alt="" height="98px" width="98px">
                    </li>
                </ul>
                <p class="input-row handle-next tc">
                    <a href="${ctx }/tenantframe2.action" class="btn-v2 reg-submit f14" id="reg-success-start">开始使用</a>
                </p>
```

② 通过注册输入信息界面（jCreateTenant.jsp）的“创建租户”按钮的 onclick 事件跳转到控制层 HomeController 类中新增映射处理方法 public String reg()，代码如下。

```
1.  //注册
2.      @RequestMapping(value="/reg.action")
```

代码说明

- 第 2 行：通过 spingMVC 注解的方式跳转到控制层，实现后台处理。

```
3.      public String reg(HttpSession session , Tenant tenant,String confirmPass,Model model){
4.          if(tenant.getTenantNo()==null || "".equals(tenant.getTenantNo())){
5.              model.addAttribute("error_tenantNo", "租户账号不能为空");
6.              model.addAttribute("obj", tenant);
7.              return "/multitenant/reg/jCreateTenant.jsp";
8.          }
9.          if(tenant.getName()==null || "".equals(tenant.getName())){
10.             model.addAttribute("error_name", "租户名不能为空");
11.             model.addAttribute("obj", tenant);
12.             return "/multitenant/reg/jCreateTenant.jsp";
13.         }
14.         if(tenant.getPassword()==null || "".equals(tenant.getPassword()) || !tenant.getPassword().matches("[0-9a-zA-Z]{6,14}")){
15.             model.addAttribute("error_password", "密码不能为空，并且为6～14 位数字或字母组成");
16.             model.addAttribute("obj", tenant);
17.             return "/multitenant/reg/jCreateTenant.jsp";
18.         }
19.         if(confirmPass==null || "".equals(confirmPass)){
20.             model.addAttribute("error_confirmPass", "两次输入的密码不一致");
```

```
21.             model.addAttribute("obj", tenant);
22.             return "/multitenant/reg/jCreateTenant.jsp";
23.         }
24.         //判断两次输入的密码是否相同
25.         if(!tenant.getPassword().equals(confirmPass)){
26.             model.addAttribute("error_confirmPass", "两次输入的密码不一致");
27.             model.addAttribute("obj", tenant);
28.             return "/multitenant/reg/jCreateTenant.jsp";
29.         }
30.         //判断租户账号是否存在
31.         Tenant find = tenantService.findByTenantNo(tenant.getTenantNo());
32.         if(find != null ){
33.             model.addAttribute("error_name", "租户已经存在");
34.             model.addAttribute("obj", tenant);
35.             return "/multitenant/reg/jCreateTenant.jsp";
36.         }
37. 
38.         //添加租户
39.         tenantService.insert(tenant);
40.         Tenant t = tenantService.findByTenantNo(tenant.getTenantNo());
41. 
42.         //将租户放入到 Session
43.         session.setAttribute("CUR_TENANT", t);
44. 
45.         return "redirect:/toservicechoose.action";
46.     }
```

代码说明

- 第 4 ~ 13 行：验证页面输入的租户账号和租户名不能为空。
- 第 14 ~ 29 行：验证页面输入密码。
- 第 31 ~ 36 行：验证用户是否存在。
- 第 39 ~ 40 行：调用业务层 TenantService 的登录方法将用户添加到数据库。
- 第 45 行：跳转到同一个类的 toservicechoose 方法中。

```
47. //跳转到服务选择页面
48.     @RequestMapping(value="/toservicechoose.action")
49.     public String toservicechoose(Model model){
50.         //获取服务列表
51.         List<FunctionVO> functionList = functionService.findFunctionVO(null);
52. 
53.         model.addAttribute("functionList", functionList);
```

```
54.
55.         return "/multitenant/reg/jChooseService.jsp";
56.     }
```

代码说明

- 第 51 行：调用业务层 functionService 的 findFunctionVO 方法来获取租户的服务列表信息。
- 第 55 行：取出服务列表后跳转到租户注册订购服务界面。

```
57.     /**
58.      * @param tenantId      通过租户基本信息注册界面传递而来
59.      * @param functionIds  租户选取服务的 ID
60.      * @param startDates    服务开始时间
61.      * @param endDates  服务结束时间
62.      * @return
63.      */
```

代码说明

单击“订购服务界面”的“订购服务”按钮时，跳转到下面方法中。

```
64.     @RequestMapping(value="/servicechoose.action")
65.     public String serviceChoose(HttpSession session ,  @RequestParam("id") String[] functionIds ,
66.             @RequestParam("startDate")String[] startDates ,@RequestParam ("endDate") String[] endDates){
67.         try {
68.             //获取租户信息
69.             Tenant tenant = (Tenant) session.getAttribute("CUR_TENANT");
70.             //构建服务订单
71.             if(functionIds != null){
72.                 Subsciber subsciber = null   ;
73.                 for(int i = 0 ; i< functionIds.length;i++){
74.                     //判断输入日期是否为空
75.                     if(UtilFuns.isNotEmpty(startDates[i])&&UtilFuns.isNotEmpty (endDates[i])){
76.                         subsciber   = new Subsciber() ;
77.                         subsciber.setFunctionId(functionIds[i]);
                                                    //设置订购记录 ID
78.                         subsciber.setBeginDate(new SimpleDateFormat ("yyyy-MM-dd").parse(startDates[i]));            //设置开始日期
```

```
79.                     subsciber.setEndDate(new SimpleDateFormat
("yyyy-MM-dd").parse(endDates[i]));                //设置终止日期
80.                     subsciber.setSupsciberDate(new Date());
                                                   //设置订购日期
81.                     subsciber.setTenantId(tenant.getId());
                                                   //设置租户 ID
82.
83.                     //添加服务订购记录
84.                     subsciberService.insert(subsciber);
85.                 }else{
86.                     return "redirect:/toservicechoose.action";
87.                 }
88.             }
89.         }
90.     } catch (ParseException e) {
91.         e.printStackTrace();
92.     }
93.
94.     return "redirect:/tosuccess.action";
95. }
96.
```

代码说明

- 第 64～95 行：将租户选择的服务列表登录到响应数据库中。

```
97.     //跳转到租户注册完成页面
98.     @RequestMapping(value="/tosuccess.action")
99.     public String success(){
100.        return "/multitenant/reg/jSuccess.jsp";   }
```

代码说明

- 第 98～100 行：跳转到注册成功界面。

③ 在目录 src\main\java\com\cetc55\pss\multiTenant\service 下新建服务层接口类 subsciberService，代码如下。

```
package com.cetc55.pss.multiTenant.service;
public interface SubsciberService extends BaseService<Subsciber> {

    /**
     * 查询订购详细信息
     */
```

```
    public List<SubsciberVo> findSubsciberVoList(Map<String,Object> paraMap);
}
```

④ 租户在选择服务后单击“订购服务”按钮，跳转到上面的相关控制层代码中，以控制层代码中跳转到下面的服务层代码中，在目录 src\main\java\com\cetc55\pss\multiTenant\service\impl 下新建服务层实现类 SubsciberServiceImpl，代码如下。

```
1.  package com.cetc55.pss.multiTenant.service.impl;
17. @Service("subsciberService")
18. public class SubsciberServiceImpl extends BaseServiceImpl<Subsciber>
implements SubsciberService{
19.
20.     SubsciberDao subsciberDao ;
21.     @Resource
22.     public void setSubsciberDao(SubsciberDao subsciberDao) {
23.         super.setBaseDao(subsciberDao);
24.         this.subsciberDao = subsciberDao;
25.     }
26.
27.     @Override
28.     public void insert(Subsciber entity) {
29.         entity.setId(UUID.randomUUID().toString());
30.         this.subsciberDao.insert(entity);
31.     }
```

代码说明

- 第 28 ~ 31 行：服务层通过调用 Dao 层实现租户选择的服务信息的数据库存储。

```
33.     @Override
34.     public List<SubsciberVo> findSubsciberVoList(Map<String, Object> paraMap) {
35.         return this.subsciberDao.findSubsciberVo(paraMap);
36.     }}
```

代码说明

- 第 34 ~ 36 行：服务层通过调用 Dao 层实现租户选择的服务信息列表。

⑤ 实现租户信息向数据库存储的具体代码实现，在目录 src\main\java\com\cetc55\pss\multiTenant\service\impl 下新建持久层接口类 SubsciberDao，代码如下。

```
package com.cetc55.pss.multiTenant.dao;

import java.util.List;
import java.util.Map;
```

```

import com.cetc55.pss.multiTenant.po.Subsciber;
import com.cetc55.pss.multiTenant.vo.SubsciberVo;
import com.cetc55.pss.core.dao.BaseDao;

public interface SubsciberDao extends BaseDao<Subsciber> {

    /**
     * 查询订购服务详细信息
     */
    public List<SubsciberVo> findSubsciberVo(Map<String,Object> paraMap);
}
```

⑥ 在 src\main\java\com\cetc55\pss\multiTenant\dao\impl 下新建持久层实现类 SubsciberDaoImpl，代码如下。

```
package com.cetc55.pss.multiTenant.dao.impl;

import java.util.List;
import java.util.Map;

import org.springframework.stereotype.Repository;

import com.cetc55.pss.multiTenant.dao.SubsciberDao;
import com.cetc55.pss.multiTenant.po.Subsciber;
import com.cetc55.pss.multiTenant.vo.SubsciberVo;
import com.cetc55.pss.core.dao.impl.BaseDaoImpl;

@Repository("subsciberDao")
public class SubsciberDaoImpl extends BaseDaoImpl<Subsciber> implements SubsciberDao {

    //设置命名空间
    public SubsciberDaoImpl() {
        super.setNs("com.cetc55.pss.multiTenant.mapper.SubsciberMapper");
    }

    @Override
    public List<SubsciberVo> findSubsciberVo(Map<String, Object> paraMap) {
        return super.getSqlSession().selectList(super.getNs()+".findVO",paraMap);
    }}
```

⑦ 使用 MyBatis 框架实现数据库数据处理操作。下面是实现具体数据库和 Dao 层的相关映射文件，在目录 src\main\java\com\cetc55\pss\multiTenant\mapper 下新建持久层映射文件 SubsciberMapper.xml，代码如下。

```
<?xml version="1.0" encoding="UTF-8" ?>
<!DOCTYPE mapper
PUBLIC "-//mybatis.org//DTD Mapper 3.0//EN"
"http://mybatis.org/dtd/mybatis-3-mapper.dtd">
<mapper namespace="com.cetc55.pss.multiTenant.mapper.SubsciberMapper">
    <resultMap id="SubsciberRM" type="Subsciber">
        <id property="id" column="SUBSCIBER_ID"/>

        <!-- 冗余字段 -->
        <result property="tenantId" column="TENANT_ID"/>
        <result property="functionId" column="FUNCTION_ID"/>

        <result property="beginDate" column="BEGIN_DATE"/>
        <result property="endDate" column="END_DATE"/>
        <result property="supsciberDate" column="SUBSCIBER_DATE"/>
        <result property="remainder" column="REMAINDER"/>
    </resultMap>

    <!-- 订购服务 VORM -->
    <resultMap id="SubsciberVORM" type="SubsciberVo" extends="SubsciberRM">
        <!-- 租户 -->
        <association property="tenant" javaType="Tenant">
            <id property="id" column="TENANT_ID"/>

            <result property="tenantNo" column="TENANT_NO"/>
            <result property="password" column="PASSWORD"/>
            <result property="name" column="NAME"/>
            <result property="company" column="COMPANY"/>
            <result property="contactor" column="CONTACTOR"/>
            <result property="address" column="ADDRESS"/>
            <result property="telephone" column="TELEPHONE"/>
            <result property="state" column="STATE"/>
        </association>
        <!-- 服务功能模块 -->
        <association property="function" javaType="FunctionVO">
            <id property="id" column="FUNCTION_ID"/>
```

```
                <result property="functionNo" column="Function_NO"/>
                <result property="functionURL" column="FUNCTION_URL"/>
                <result property="functionName" column="FUNCTION_NAME"/>
                <result property="description" column="DESCRIPTION"/>
                <!-- 价格策略 -->
                <association property="pricePolicy" javaType="PricePolicy">
                    <id property="id" column="PRICEPOLICY_ID"/>
                    <result property="pricepolicyNo" column="PRICEPOLICY_NO"/>
                    <result property="functionNo" column="FUNCTION_NO"/>
                    <result property="functionName" column="FUNCTION_NAME"/>
                    <result property="unit" column="UNIT"/>
                    <result property="price" column="PRICE"/>
                </association>
            </association>
        </resultMap>
        <!-- 查询列表 -->
        <select id="find" parameterType="map" resultMap="SubsciberRM">
            select * from SUBSCIBER_C
        </select>
        <select id="findVO" parameterType="map" resultMap="SubsciberVORM">
            select s.SUBSCIBER_ID,s.TENANT_ID,s.FUNCTION_ID,s.BEGIN_DATE,s.END_DATE,s.SUBSCIBER_DATE,t.*,f.*
            from subsciber_c s
            left join
            (
                select * from tenant_c
            ) t
            on s.tenant_id = t.tenant_id
            left join
            (
                select  FUNCTION_ID,f.function_no  function_no,f.function_name
```

```
function_name,FUNCTION_URL,DESCRIPTION,p.pricepolicy_id  pricepolicy_id,p.pricepolicy_no pricepolicy_no,
74.                     p.unit unit, p.price price
75.                     from function_c f
76.                     left join
77.                     (
78.                         select *
79.                         from pricepolicy_c
80.                     ) p
81.                     on f.function_no = p.function_no
82.                 ) f
83.             on s.function_id = f.function_id
84.         <where>
85.                 <if test="tenantId != null">s.TENANT_ID = #{tenantId}</if>
86.         </where>
87.     </select>
88.     订购服务 VORM
```

代码说明

● 第 63～87 行：实现获取订购服务 VORM 的具体数据库执行语句。

```
89.     <!-- 获取单个信息 -->
90.     <select id="get" parameterType="string" resultMap="SubsciberRM">
91.         select * from SUBSCIBER_C
92.         where SUBSCIBER_ID = #{pid}
93.     </select>
94.     <!-- 添加信息 -->
95.     <insert id="insert" parameterType="Subsciber">
96.         insert into SUBSCIBER_C
97.         (SUBSCIBER_ID,TENANT_ID,FUNCTION_ID,BEGIN_DATE,END_DATE,SUBSCIBER_DATE,REMAINDER)
98.         values
99.         (
100.            #{id, jdbcType = VARCHAR},
101.            #{tenantId, jdbcType = VARCHAR},
102.            #{functionId, jdbcType = VARCHAR},
103.            #{beginDate, jdbcType = TIMESTAMP},
104.            #{endDate, jdbcType = TIMESTAMP},
```

```
                #{supsciberDate, jdbcType = TIMESTAMP},
                #{remainder, jdbcType = INTEGER}
        )
    </insert>
    <!-- 修改信息 -->
    <update id="update" parameterType="Subsciber">
        update SUBSCIBER_C
        <set>
            <if test="tenantId != null"> TENANT_ID = #{tenantId},</if>
            <if test="functionId != null"> FUNCTION_ID = #{functionId},</if>
            <if test="beginDate != null"> BEGIN_DATE = #{beginDate},</if>
            <if test="endDate != null"> END_DATE = #{endDate},</if>
            <if test="supsciberDate != null"> SUBSCIBER_DATE = #{supsciberDate},</if>
            <if test="remainder != null"> REMAINDER = #{remainder},</if>
        </set>
        where SUBSCIBER_ID = #{id}
    </update>
    <!-- 删除单个信息 -->
    <delete id="deleteById" parameterType="string">
        delete from SUBSCIBER_C
        where SUBSCIBER_ID = #{pid}
    </delete>
        <!-- 批量删除信息 -->
    <delete id="delete" parameterType="string">
        delete from SUBSCIBER_C
        where SUBSCIBER_ID in
        <foreach collection="array" item="id" open="(" close=")" separator=",">
            #{id}
        </foreach>
    </delete>
</mapper>
```

任务 7.2 管理租户个人信息

微课 7-2
管理租户个人信息

【任务描述】

此任务包含两个功能：查看租户个人信息和修改租户个人信息。

【任务目标】

- 实现查看和修改租户个人信息的功能。

【知识学习】

① 单击租户个人信息时，查询租户个人详细信息，并在页面上展示。

② 修改租户个人信息，通过租户 ID 修改。

本功能开发结构为视图层→控制层→业务层→持久层。

其中，视图层→控制层通过 SpringMVC 注解的方式实现。持久层通过 MyBatis 框架的数据库语句映射文件实现。

【任务实施】

① 在创建的工程目录下首先要创建视图层文件，即查看租户个人信息的界面和修改租户个人信息的界面的相关代码部分。

在目录 src\main\webapp\WEB-INF\pages\multitenant\info\tenant 下新建视图层文件 jTenantView.jsp（查看租户个人信息界面）和 jTenantUpdate.jsp（修改租户个人信息界面）。

查看租户个人信息界面（jTenantView.jsp）代码如下。

```
<%@ page language="java" pageEncoding="UTF-8"%>
<%@ taglib prefix="fmt" uri="http://java.sun.com/jsp/jstl/fmt" %>

<%@ include file="../../../base.jsp"%>
<html xmlns="http://www.w3.org/1999/xhtml">
<head>
<title>查看租户信息</title>
<link rel="stylesheet" type="text/css" href="${ctx}/skin/default/css/table.css">
<script type="text/javascript" src="${ctx}/js/datepicker/WdatePicker.js"></script>
</head>
<body>
<form method="post">

<div id="menubar">
<div id="middleMenubar">
<div id="innerMenubar">
<div id="navMenubar">
<ul>

</ul>
</div>
</div>
</div>
```

```
24.  </div>
25.
26.  <div class="textbox" id="centerTextbox">
27.
28.  <div class="textbox-header">
29.  <div class="textbox-inner-header">
30.  <div class="textbox-title">
31.              查看租户信息
32.  </div>
33.  </div>
34.  </div>
35.  </div>
36.  <div>
37.              <table class="commonTable" cellspacing="1">
38.        <tr>
39.        <td class="columnTitle_mustbe">租户编号：</td>
40.        <td class="tableContent">${obj.tenantNo }</td>
41.        <td class="columnTitle_mustbe">租户名称：</td>
42.        <td class="tableContent">${obj.name }</td>
43.        </tr>
44.        <tr>
45.        <td class="columnTitle_mustbe">所属企业：</td>
46.        <td class="tableContent">${obj.company }</td>
47.        <td class="columnTitle_mustbe">联系人：</td>
48.        <td class="tableContent">${obj.contactor }</td>
49.        </tr>
50.        <tr>
51.        <td class="columnTitle_mustbe">地址：</td>
52.        <td class="tableContent">${obj.address }</td>
53.        <td class="columnTitle_mustbe">电话：</td>
54.        <td class="tableContent">${obj.telephone }</td>
55.        </tr>
56.            </table>
57.        </div>
58.  </div>
```

代码说明

- 第 37～56 行：通过表格形式显示个人信息。

```
59.
60.
```

```
61.  </form>
62.  </body>
</html>
```

修改租户个人信息界面（jTenantUpdate.jsp）代码如下。

```
1.   <%@ page language="java" pageEncoding="UTF-8"%>
2.   <%@ taglib prefix = "fmt" uri = "http://java.sun.com/jsp/jstl/fmt" %>
3.   <%@ include file="../../../base.jsp"%>
4.   <html xmlns="http://www.w3.org/1999/xhtml">
5.   <head>
6.   <title>修改租户信息</title>
7.   <link rel="stylesheet" type="text/css" href="${ctx}/skin/default/css/table.css">
8.   <script type="text/javascript" src="${ctx}/js/datepicker/WdatePicker.js"></script>
9.   </head>
10.  <body>
11.  <form method="post">
12.          <input type="hidden" name="id" value="${obj.id}"/>
13.  <div id="menubar">
14.  <div id="middleMenubar">
15.  <div id="innerMenubar">
16.  <div id="navMenubar">
17.  <ul>
18.  <li id="save"><a href="#" onclick="formSubmit('update.action','_self');">确定</a> </li>
19.  <li id="back"><a href="list.action">返回</a></li>
20.  </ul>
21.  </div>
22.  </div>
23.  </div>
24.  </div>
```

代码说明

- 第 17~20 行：单击“确定”按钮时跳转到控制层的 update 方法中，进行个人信息修改；单击“返回”按钮时返回到查看个人信息界面中。

```
25. <div class="textbox" id="centerTextbox">
26.
27. <div class="textbox-header">
28. <div class="textbox-inner-header">
29. <div class="textbox-title">
30.             修改租户信息
31. </div>
```

```
</div>
</div>
</div>
<div>
        <table class="commonTable" cellspacing="1">
    <tr>
    <td class="columnTitle_mustbe">租户编号：</td>
    <td class="tableContent"><input type="text" name="tenantNo" style="width:200px;" value = "${obj.tenantNo }" /></td>
    <td class="columnTitle_mustbe">租户密码：</td>
    <td class="tableContent"><input type="password" name="password" style="width:200px;" value = "${obj.password }" /></td>
    </tr>
    <tr>
    <td class="columnTitle_mustbe">租户名称：</td>
    <td class="tableContent"><input type="text" name="name" value = "${obj.name}"/></td>
    <td class="columnTitle_mustbe">所属企业：</td>
    <td class="tableContent"><input type="text" name="company" value = "${obj.company}"/></td>
    </tr>
    <tr>
    <td class="columnTitle_mustbe">联系人：</td>
    <td class="tableContent"><input type="text" name="contactor" value = "${obj.contactor}" style="width:400px;" /></td>
    <td class="columnTitle_mustbe">联系电话：</td>
    <td class="tableContent"><input type="text" name="telephone" value = "${obj.telephone}" style="width:400px;" /></td>
    </tr>
    <tr>
    <td class="columnTitle_mustbe">地址：</td>
    <td class="tableContent"><input type="text" name="address" value = "${obj.address}" style="width:400px;" /></td>
    </tr>
        </table>
    </div>
</div>
</form>
</body>
</html>
```

② 进入租户个人信息查看界面之前进入控制层中的 toview 方法中查询租户信息，在控制类 TenantController 中新增映射处理方法，代码如下。

```
1.  /**
2.      * 查看租户详细信息
3.      */
4.      @RequestMapping("/toview.action")
5.      public String toview(HttpSession session,  Model model){
6.          Tenant obj = (Tenant) session.getAttribute("CUR_TENANT");
7.          if(obj= =null){
8.              return "redirect:/tenant_index.jsp";
9.          }
10.         model.addAttribute("obj",obj);
11.
12.         return "/multitenant/info/tenant/jTenantView.jsp";
13.     }
```

代码说明

- 第 6～9 行：通过 session 获取租户个人信息，如果个人信息没有获取到，则会跳转到登录界面。
- 第 10～12 行：将租户个人信息传递到查看租户个人信息页面中来显示。

```
14. /**
15.     * 跳到更新页面
16.     */
17.     @RequestMapping("/toupdate.action")
18.     public String toupdate(Model model,HttpSession session ){
19.         Tenant obj = (Tenant) session.getAttribute("CUR_TENANT");
20.         if(obj= =null){
21.             return "redirect:/tenant_index.jsp";
22.         }
23.
24.         String password=obj.getPassword();
25.         String password2=MD5Util.convertMD5(MD5Util.convertMD5
(password));
26.         obj.setPassword(password2);
27.         model.addAttribute("obj",obj);
28.
29.         return "/multitenant/info/tenant/jTenantUpdate.jsp";
30.     }
31. /**
```

```
32.         * 更新
33.         */
34.        @RequestMapping("/update.action")
35.        public String update(Tenant Tenant){
36.                this.tenantService.update(Tenant);
37.                return "redirect:/multitenant/tenantadmin/tenant/toupdate.action";
38.        }
```

代码说明

- 第 34～38 行：单击修改租户个人信息的“确定”按钮时跳转到 update 方法中进行修改，修改完跳转到第 17～30 行代码中。

③ 服务层和持久层使用已开发功能即可。

任务 7.3　实现用户配置

【任务描述】

用户配置包含用户管理和角色管理两个功能。

微课 7-3
实现用户配置

【任务目标】

- 理解用户、角色、权限 3 者的关联模型。
- 实现用户配置功能的开发。

【知识学习】

① 用户管理实现用户的添加、修改、删除及角色分配。

② 角色管理实现角色的添加、修改、删除及权限分配。

【任务实施】

本功能开发结构为视图层→控制层→业务层→持久层。

其中，视图层→控制层通过 SpringMVC 注解的方式实现，持久层通过 MyBatis 框架的数据库语句映射文件实现。

① 在创建的工程目录下首先创建视图层文件，即查看用户信息的界面、添加用户信息的界面和修改用户信息界面的相关代码部分。

在目录 src\main\webapp\WEB-INF\pages\multitenant\userconf\user\下新建视图层 JSP 文件：jUserList.jsp（查看用户信息界面）、jUserCreate.jsp（添加用户信息界面）和 jUserUpdate.jsp（修改用户信息界面）。

查看用户信息界面（jUserList.jsp）的代码如下。

```
...
16. <li id="new"><a href="#" onclick="formSubmit('tocreate.action','_self');this.blur();">添加</a></li>
17. <li id="update"><a href="#" onclick="formSubmit('toupdate.action','_self');this.blur();">修改</a></li>
18. <li id="delete"><a href="#" onclick="formSubmit('delete.action','_self');this.blur();">删除</a></li>
19. </ul>
```

代码说明

- 第 16 行：单击“添加”按钮时，跳转到控制层的 tocreate 方法中。
- 第 17 行：单击“修改”按钮时，跳转到控制层的 toupdate 方法中。
- 第 18 行：单击“删除”按钮时，跳转到控制层的 delete 方法中。

```
20. </div>
21. </div>
22. </div>
23. </div>
24. <!-- 页面主体部分（列表等） -->
25. <div class="textbox" id="centerTextbox">
26. <div class="textbox-header">
27. <div class="textbox-inner-header">
28. <div class="textbox-title">
29.         用户信息列表
30. </div>
31. </div>
32. </div>
33. <div>
34. <div class="eXtremeTable" >
35. <table id="ec_table" class="tableRegion" width="98%" >
36.         <thead>
37.         <tr>
38.                 <td class="tableHeader"><input type="checkbox" name="selid" onclick="checkAll('id',this)"></td>
39.                 <td class="tableHeader">序号</td>
40.                 <td class="tableHeader">用户编号</td>
41.                 <td class="tableHeader">密码</td>
42.                 <td class="tableHeader">联系方式</td>
43.                 <td class="tableHeader">邮箱</td>
44.                 <td class="tableHeader">地址</td>
45.                 <td class="tableHeader">操作</td>
```

```
46.        </tr>
47.        </thead>
48.        <tbody class="tableBody" >
49.        <c:forEach items="${dataList}" var="o" varStatus="status">
50.        <tr class="odd" onmouseover="this.className='highlight'" onmouseout= "this.className='odd'" >
51.                <td><input type="checkbox" name="id" value="${o.id}"/></td>
52.                <td>${status.index+1}</td>
53.                <td>${o.userNo}</td>
54.                <td>${o.password}</td>
55.                <td>${o.telephone}</td>
56.                <td>${o.email}</td>
57.                <td>${o.address}</td>
58.                <td>
59.                        <!-- 角色分配 -->
60.                        <a href="${ctx }/sysadmin/user/${o.id}/touserroles.action"><font color="blue">角色分配</font></a>
61.                </td>
62.          </tr>
63.          </c:forEach>
64.          </tbody>
65.  </table>
```

代码说明

- 第 35～65 行：利用表格布局的方式显示用户信息列表，用户信息列表取出后存放在 list 中，循环显示在页面中。

添加用户信息界面（jUserCreate.jsp）的代码如下。

```
    …
    <li id="save"><a href="#" onclick="formSubmit('insert.action','_self');">确定</a></li>
    <li id="back"><a href="list.action">返回</a></li>
    </ul>
    </div>
    </div>
    </div>
    </div>
    <div class="textbox" id="centerTextbox">
    <div class="textbox-header">
    <div class="textbox-inner-header">
    <div class="textbox-title">
              添加用户信息
```

```
29. </div>
30. </div>
31. </div>
32. </div>
33. <div>
34. <table class="commonTable" cellspacing="1">
35.     <tr>
36.         <td class="columnTitle_mustbe">用户编号：</td>
37.         <td class="tableContent"><input type="text" name="userNo" style="width: 200px;" /></td>
38.         <td class="columnTitle_mustbe">用户密码：</td>
39.         <td class="tableContent"><input type="text" name="password" style="width: 200px;" /></td>
40.     </tr>
41.     <tr>
42.         <td class="columnTitle_mustbe">联系方式：</td>
43.         <td class="tableContent"><input type="text" name="telephone"  /></td>
44.         <td class="columnTitle_mustbe">邮箱：</td>
45.         <td class="tableContent"><input type="text" name="email"/></td>
46.     </tr>
47.     <tr>
48.         <td class="columnTitle_mustbe">地址：</td>
49.         <td class="tableContent"><input type="text" name="address" style="width: 400px;" /></td>
50.     </tr>
51.         </table>
52.     </div>
53. </div>
```

代码说明

- 第 17 行：单击“确定”按钮时，跳转到控制层的 insert 方法中执行相关代码。
- 第 18 行：单击“返回”按钮时，跳转到查看用户信息界面中。

修改用户信息界面（jUserUpdate.jsp）代码如下。

```
…
<li id="save"><a href="#" onclick="formSubmit('update.action','_self');">确定</a></li>
<li id="back"><a href="list.action">返回</a></li>
</ul>
</div>
</div>
</div>
```

```
</div>
<div class="textbox" id="centerTextbox">
<div class="textbox-header">
<div class="textbox-inner-header">
<div class="textbox-title">
        修改用户信息
</div>
</div>
</div>
</div>
<div>
        <table class="commonTable" cellspacing="1">
    <tr>
    <td class="columnTitle_mustbe">用户编号：</td>
    <td class="tableContent"><input type="text" name="userNo" style="width:200px;" value = "${obj.userNo }" /></td>
    <td class="columnTitle_mustbe">用户密码：</td>
    <td class="tableContent"><input type="text" name="password" style="width:200px;" value = "${obj.password }" /></td>
    </tr>
    <tr>
    <td class="columnTitle_mustbe">角色：</td>
    <td class="tableContent">
        <select>
        <option>----请选择----</option>
        </select>
    </td>
    </tr>
    <tr>
    <td class="columnTitle_mustbe">联系方式：</td>
    <td class="tableContent"><input type="text" name="telephone"    value = "${obj.telephone }"/></td>
    <td class="columnTitle_mustbe">邮箱：</td>
    <td class="tableContent"><input type="text" name="email"    value = "${obj.email }"/></td>
    </tr>
    <tr>
    <td class="columnTitle_mustbe">地址：</td>
    <td class="tableContent"><input type="text" name="address" value = "${obj.address}"   style="width:400px;" /></td>
    </tr>
```

```
60.         </table>
61.     </div>
62. </div>
```

代码说明

- 第 18 行：单击“确定”按钮时，跳转到控制层的 update 方法中执行相关代码。
- 第 19 行：单击“返回”按钮时，跳转到查看用户信息界面中。

② 在目录 src\main\java\com\cetc55\pss\sysadmin\controller 下新增控制类 UserController.java。UserController.java 代码如下。

```
package com.cetc55.pss.sysadmin.controller;
@Controller
@RequestMapping("/sysadmin/user")
public class UserController extends BaseController {

    @Resource
    UserService userService ;
    @Resource
    RoleService roleService ;
    //存放列表信息
    private List<User> dataList ;

    /**
     * 跳转到列表页面
     */
    @RequestMapping("/list.action")
    public String list(Model model,HttpSession session ){
        //获取当前租户
        Tenant tenant = (Tenant) session.getAttribute("CUR_TENANT");

        Map<String,Object> paraMap = new HashMap<String,Object>();
        paraMap.put("tenantId", tenant.getId());

        dataList = userService.find(paraMap);

        model.addAttribute("dataList",dataList);

        return "/sysadmin/user/jUserList.jsp" ;
    }

```

代码说明

- 第 41～55 行：单击添加用户信息界面的“返回”按钮或者单击修改用户信息界面的“返回”按钮时，将跳转到控制层的该方法，通过业务层的 find 方法查询列表信息后将信息返回到用户信息界面。

```
56.     @RequestMapping("/toview.action")
57.     public String toview(String id, Model model){
58.         User obj = this.userService.get(id);
59.         model.addAttribute("obj",obj);
60.
61.         return "/sysadmin/user/jUserView.jsp";
62.     }
63.     /**
64.      * 跳到添加页面
65.      */
66.     @RequestMapping("/tocreate.action")
67.     public String tocreate(){
68.         return "/sysadmin/user/jUserCreate.jsp";
69.     }
```

代码说明

- 第 66～69 行：单击查看用户信息界面的“添加”按钮时，跳转到控制层的该方法中。

```
70.     /**
71.      * 添加
72.      */
73.     @RequestMapping("/insert.action")
74.     public String create(User User,HttpSession session){
75.         //获取当前租户
76.         Tenant tenant = (Tenant) session.getAttribute("CUR_TENANT");
77.         User.setTenantId(tenant.getId());
78.         this.userService.insert(User);
79.
80.         return "redirect:/sysadmin/user/list.action";
81.     }
```

代码说明

- 第 73～81 行：单击添加用户信息界面的“确定”按钮时，跳转到控制层的该方法中，并调用业务层的 insert 方法进行数据插入并显示列表信息界面

```
82.     /**
83.      * 跳到更新页面
84.      */
85.     @RequestMapping("/toupdate.action")
86.     public String toupdate(String id,Model model){
87.
88.         User obj = this.userService.get(id);
89.         model.addAttribute("obj",obj);
90.
91.         return "/sysadmin/user/jUserUpdate.jsp";
92.     }
```

代码说明

- 第 85～92 行：单击查看用户信息界面的“修改”按钮时，跳转到控制层的该方法中。

```
93.     /**
94.      * 更新
95.      */
96.     @RequestMapping("/update.action")
97.     public String update(User User){
98.         this.userService.update(User);
99.         return "redirect:/sysadmin/user/list.action";
100.    }
```

代码说明

- 第 96～100 行：单击修改用户信息界面的“确定”按钮时，跳转到控制层的该方法中，并调用业务层的 update 方法进行数据更新并显示列表信息界面。

```
101.    /**
102.     * 删除
103.     */
104.    @RequestMapping("/deleteById.action")
105.    public String deleteById(String id){
106.        this.userService.deleteById(id);
107.        return "redirect:/sysadmin/user/list.action";
108.    }
```

代码说明

- 第 104～108 行：单击查看用户信息界面的“删除”按钮删除一条数据时，跳转到控制层的该方法中，并调用业务层的 delete 方法进行数据删除并显示列表信息界面。

```
109.        /**
110.         * 批量删除
111.         */
112.        @RequestMapping("/delete.action")
113.        public String delete(@RequestParam("id")String[] ids){
114.              this.userService.delete(ids);
115.              return "redirect:/sysadmin/user/list.action";
116.        }
```

代码说明

- 第 114～116 行：单击查看用户信息界面的“删除”按钮删除多条数据时，跳转到控制层的该方法中，并调用业务层的 delete 方法进行数据删除并显示列表信息界面。

③ 在目录 src\main\java\com\cetc55\pss\sysadmin\service\ 下新建服务层接口类 UserService.java。UserService.java 代码如下。

```
package com.cetc55.pss.sysadmin.service;
public interface UserService extends BaseService<User> {

      /**
       * 获取用户角色 VO
       * @param paraMap
       * @return
       */
      public List<UserRolesVo> findRoles(Map<String, Object> paraMap);

      /**
       * 通过用户名和密码查询用户 VO 对象
       * @param userName
       * @param password
       * @param tenantNo
       * @return
       */
      public UserVo findByUserNameAndPass(String tenantId,String userName, String password);
}
```

④ 在目录 src\main\java\com\cetc55\pss\sysadmin\service\impl 下实现业务层接口的实现类。UserServiceImpl.java 代码如下。

```
package com.cetc55.pss.sysadmin.service.impl;
```

```
21. @Service("userService")
22. public class UserServiceImpl extends BaseServiceImpl<User> implements UserService{
23.
24.         UserDao userDao ;
25.         @Resource
26.         public void setUserDao(UserDao userDao) {
27.                 super.setBaseDao(userDao);
28.                 this.userDao = userDao;
29.         }
30.         @Rcsource
31.         UserRolesService    userRolesService ;
32.         @Override
33.         public void insert(User entity) {
34.                 entity.setId(UUID.randomUUID().toString());
35.                 this.userDao.insert(entity);
36.         }
37.
```

代码说明

- 第 33～36 行：单击添加用户信息界面的“确定”按钮时，跳转到控制层。控制层调用业务层该方法，该方法中再调用 Dao 层的 insert 方法实现用户信息添加。

```
38.         @Override
39.         public List<UserRolesVo> findRoles(Map<String, Object> paraMap) {
40.                 return this.userDao.findRoles(paraMap);
41.         }
42.
43.         @Override
44.         public void delete(Serializable[] ids) {
45.
46.                 //删除角色前先删除用户与角色之间的关系
47.                 for(int i = 0 ; i< ids.length;i++){
48.                         this.userRolesService.deleteUserRoleRelation(ids[i]);
49.                 }
50.                 this.userDao.delete(ids);
51.         }
```

代码说明

- 第 44～51 行：单击查看用户信息界面的“删除”按钮时，跳转到控制层。控制层的调用业务层的该方法，该方法中再调用 Dao 层的 delete 方法实现用户信息删除。

```
    @Override
    public UserVo findByUserNameAndPass(String tenantId,String userName, String password) {
        Map<String,Object> paraMap = new HashMap<String,Object>();
        paraMap.put("tenantId", tenantId);
        paraMap.put("userName", userName);
        paraMap.put("password", password);

        return this.userDao.findByUserNameAndPass(paraMap);
    }
}
```

⑤ 在目录 src\main\java\com\cetc55\pss\sysadmin\dao 下新建持久层接口类 UserDao 和 UserRolesDao。UserDao.java 的代码如下。

```
package com.cetc55.pss.sysadmin.dao;
public interface UserDao extends BaseDao<User> {

    /**
     * 获取用户角色 VO
     * @param paraMap
     * @return
     */
    public List<UserRolesVo> findRoles(Map<String, Object> paraMap);

    /**
     * 通过 userName 和 password 查询用户 VO 对象
     * @param userName
     * @param password
     * @return
     */
    public UserVo findByUserNameAndPass(Map<String,Object> paraMap);
}
```

⑥ 在目录 src\main\java\com\cetc55\pss\sysadmin\dao\impl 下新建持久层服务实现类 UserDaoImpl.java。UserDaoImpl.java 的代码如下。

```
…
package com.cetc55.pss.sysadmin.dao.impl;
@Repository("userDao")
public class UserDaoImpl extends BaseDaoImpl<User> implements UserDao {
```

```
16.
17.     //设置命名空间
18.     public UserDaoImpl() {
19.         super.setNs("com.cetc55.pss.sysadmin.mapper.UserMapper");
20.     }
21.
22.     @Override
23.     public List<UserRolesVo> findRoles(Map<String, Object> paraMap) {
24.         return super.getSqlSession().selectList(super.getNs()+".findRoles", paraMap);
25.     }
26.
27.     @Override
28.     public UserVo findByUserNameAndPass(Map<String,Object> paraMap) {
29.         return super.getSqlSession().selectOne(super.getNs()+".findByUserNameAndPass",paraMap);
30.     }
31. }
```

代码说明

- 第 13～31 行：业务层调用 Dao 层的相关方法，Dao 层调用 MyBatis 框架的映射文件实现数据库数据操作。

⑦ 在目录 src\main\java\com\cetc55\pss\sysadmin\mapper 下新建持久层映射文件。UserMapper.xml 的代码如下。

```
<?xml version="1.0" encoding="UTF-8" ?>
<!DOCTYPE mapper
PUBLIC "-//mybatis.org//DTD Mapper 3.0//EN"
"http://mybatis.org/dtd/mybatis-3-mapper.dtd">
<mapper namespace="com.cetc55.pss.sysadmin.mapper.UserMapper">
    <resultMap id="UserRM" type="User">
        <id property="id" column="USER_ID"/>

        <result property="userNo" column="USER_NO"/>
        <result property="password" column="PASSWORD"/>
        <result property="telephone" column="TELEPHONE"/>
        <result property="email" column="EMAIL"/>
        <result property="address" column="ADDRESS"/>
        <result property="status" column="STATUS"/>
        <result property="tenantId" column="TENANT_ID"/>
    </resultMap>
```

```

    <!-- 用户角色 VO 类 -->
    <resultMap id="UserRolesVoRM" type="UserRolesVo">
        <result property="userId" column="USER_ID"/>
        <result property="userNo" column="USER_NO"/>
        <result property="userRoleId" column="USER_ROLE_ID"/>
        <result property="roleId" column="ROLE_ID"/>
        <result property="roleName" column="NAME"/>
    </resultMap>

    <!-- 用户 VO 类 -->
    <resultMap id="UserVoRM" type="UserVo" extends="UserRM">

        <!-- 用户角色 List -->
        <collection property="userRoles" javaType="list" ofType="RoleVo">
            <id property="id" column="ROLE_ID"/>

            <result property="roleNo" column="ROLE_NO"/>
            <result property="name" column="NAME"/>
            <result property="description" column="DESCRIPTION"/>

            <!-- 角色权限 List -->
            <collection property="roleFuncs" javaType="list" ofType="Function">
                <id property="id" column="FUNCTION_ID"/>

                <result property="functionNo" column="Function_NO"/>
                <result property="functionURL" column="FUNCTION_URL"/>
                <result property="functionName" column="FUNCTION_NAME"/>
            </collection>

        </collection>
    </resultMap>

    <!-- 查询列表 -->
    <select id="find" parameterType="map" resultMap="UserRM">
        select * from USER_C
        <where>
            <if test="tenantId != null">TENANT_ID = #{tenantId}</if>
```

```
55.         </where>
56.     </select>
```

代码说明

- 第 51～56 行：通过数据库查询语句查询用户信息列表。

```
57.
58.     <!-- 获取单个信息 -->
59.     <select id="get" parameterType="string" resultMap="UserRM">
60.         select * from USER_C
61.         where USER_ID = #{pid}
62.     </select>
```

代码说明

- 第 59～62 行：通过数据库查询语句查询用户具体信息。

```
63.
64.     <!-- 查询用户 VO 类 -->
65.     <select id="findByUserNameAndPass" parameterType="map" resultMap=
"UserVoRM">
66.         select u.*, b.role_id role_id, b.role_no role_no, b.name name, b.description
description,b.function_id, b.function_no,
67.          b.function_url,b.function_name
68.       from user_c u
69.       left join
70.       (
71.          select a.user_id user_id, r.role_id role_id, r.role_no role_no, r.name name,
r.description description,r.function_id function_id,
72.          r.function_no function_no, r.function_url function_url, r.function_name
function_name
73.          from user_role_c a
74.          left join
75.          (
76.             select r.*, f.function_id function_id,f.function_no function_no,
f.function_url function_url, f.function_name function_name
77.             from role_c r
78.             left join
79.             (
80.                select *
81.                from role_function_c
82.             )rf
```

```
                    on r.role_id = rf.role_id
                    left join
                    (
                        select *
                        from function_c
                    )f
                    on rf.function_id = f.function_id
                )r
                on a.role_id = r.role_id
            )b
            on u.user_id = b.user_id
            where u.TENANT_ID = #{tenantId} AND u.USER_NO = #{userName} and u.PASSWORD = #{password}
    </select>

    <!-- 查询用户角色 -->
    <select id="findRoles" parameterType="map" resultMap="UserRolesVoRM">
        select u.user_id user_id, u.user_no user_no,x.user_role_id user_role_id, x.role_id role_id, x.name name
        from user_c u
        left join
        (
            select ur.user_id user_id,ur.user_role_id user_role_id, r.role_id role_id, r.name name
            from user_role_c ur
            left join
            (
                select *
                from role_c
            ) r
            on ur.role_id =r.role_id
        ) x
        on x.user_id = u.user_id
        where u.user_id = #{userId}
    </select>

    <!-- 添加信息 -->
    <insert id="insert" parameterType="User">
        insert into USER_C
        (USER_ID, USER_NO, PASSWORD, TELEPHONE, EMAIL, ADDRESS, STATUS, TENANT_ID)
```

```
120.            values
121.            (
122.                #{id, jdbcType = VARCHAR},
123.                #{userNo, jdbcType = VARCHAR},
124.                #{password, jdbcType = VARCHAR},
125.                #{telephone, jdbcType = VARCHAR},
126.                #{email, jdbcType = VARCHAR},
127.                #{address, jdbcType = VARCHAR},
128.                #{status, jdbcType = INTEGER},
129.                #{tenantId, jdbcType = VARCHAR}
130.            )
131.    </insert>
```

代码说明

- 第 117～131 行：通过数据库插入语句实现添加用户信息。

```
132.    <!-- 修改信息 -->
133.    <update id="update" parameterType="User">
134.        update USER_C
135.        <set>
136.            <if test="userNo != null"> USER_NO = #{userNo},</if>
137.            <if test="password != null"> PASSWORD = #{password},</if>
138.            <if test="telephone != null">TELEPHONE = #{telephone},</if>
139.            <if test="email != null">EMAIL = #{email},</if>
140.            <if test="address != null">ADDRESS = #{address},</if>
141.            <if test="status != null">STATUS = #{status},</if>
142.            <if test="tenantId != null">TENANT_ID = #{tenantId},</if>
143.        </set>
144.        where USER_ID = #{id}
145.    </update>
```

代码说明

- 第 133～145 行：通过数据库更新语句实现修改用户信息。

```
146.    <!-- 删除单个-->
147.    <delete id="deleteById" parameterType="string">
148.        delete from USER_C
149.        where USER_ID = #{pid}
150.    </delete>
151.        <!-- 批量删除 -->
152.    <delete id="delete" parameterType="string">
```

```
153.                    delete from USER_C
154.                    where USER_ID in
155.                    <foreach collection="array" item="id" open="(" close=")" separator=",">
156.                            #{id}
157.                    </foreach>
158.            </delete>
```

代码说明

- 第 146～158 行：通过数据库删除语句实现用户单条信息删除和多条信息删除。

```
159. </mapper>
```

技能训练

实现角色管理的功能，包括角色的添加、修改和删除。实现效果如图 7-5～图 7-7 所示。

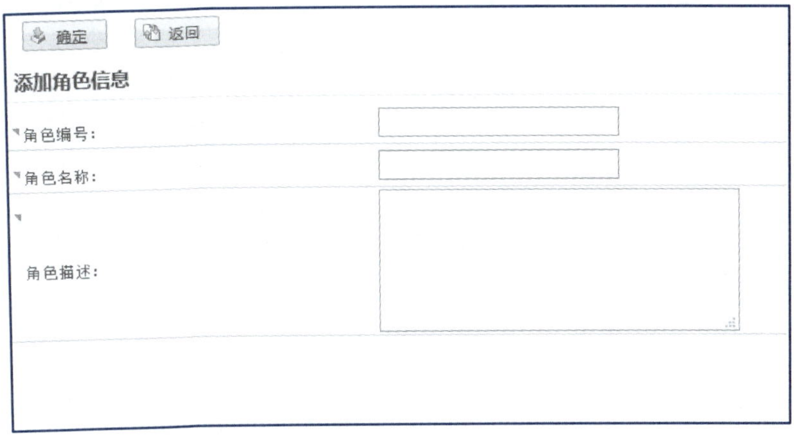

图 7-5
角色添加

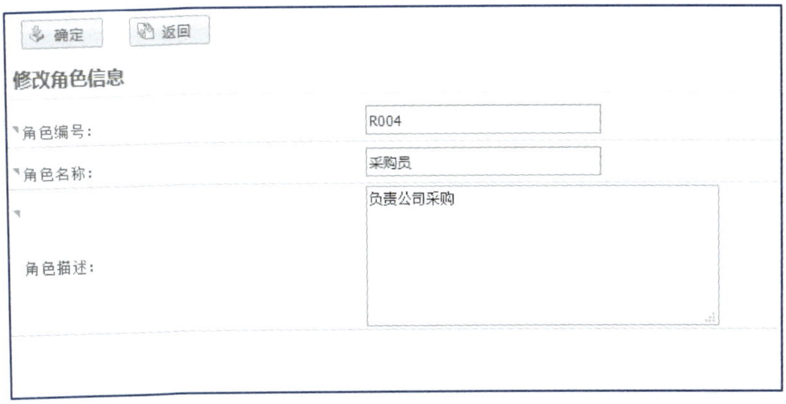

图 7-6
角色修改

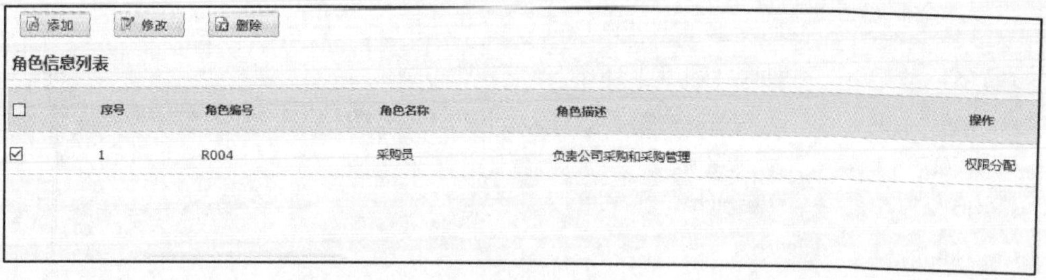

图 7-7
角色删除

项目总结

本项目实现了租户管理员的注册、租户个人信息管理、用户配置的功能，读者进一步学习了 SSM 框架的技术。

项目 8 租户用户之采购管理

项目描述

对于 SaaS 租户的普通用户来说，可以通过本系统进行采购过程的信息管理，包括管理原材料信息、供应商信息、原材料采购信息。

PPT8 租户用户之采购管理

PPT

【知识目标】

- 了解进销存系统中的采购管理业务知识。

【技能目标】

- 进一步加深 SSM 框架的开发流程。

【任务列表】

任务编号	任务名称	建议课时
任务 8.1	管理原材料信息	6
任务 8.2	管理供应商信息	6
总计（课时）		12

任务 8.1　管理原材料信息

【任务描述】

微课 8-1
管理原材料信息

本任务实现租户对原材料信息的查看、添加、修改和删除功能，原材料信息列表如图 8-1 所示，查看、添加、修改分别如图 8-2～图 8-4 所示。

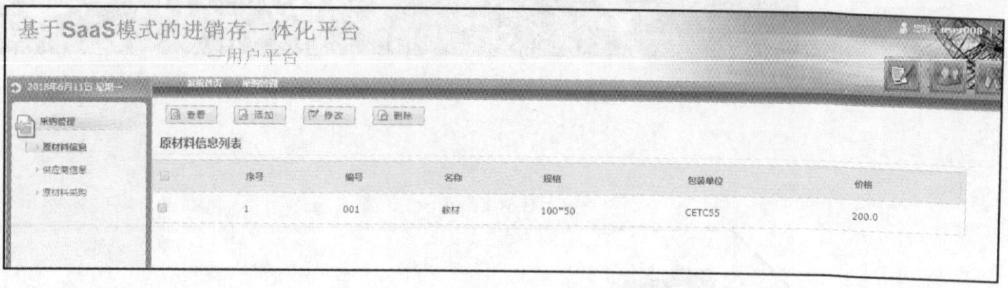

图 8-1
原材料信息列表

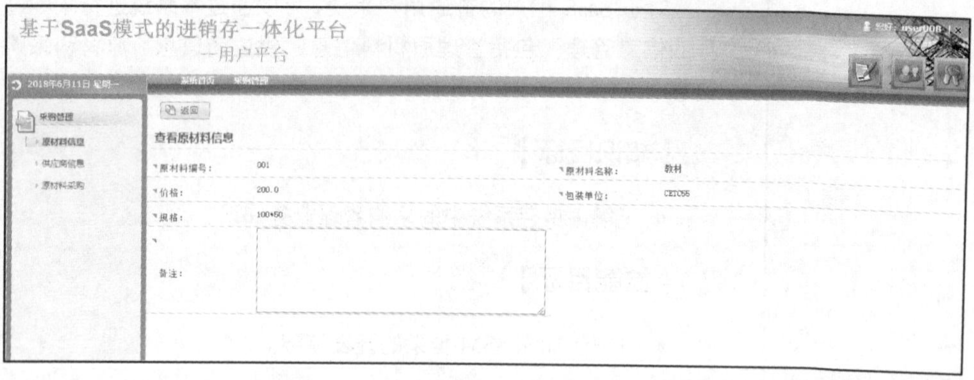

图 8-2
查看原材料信息界面

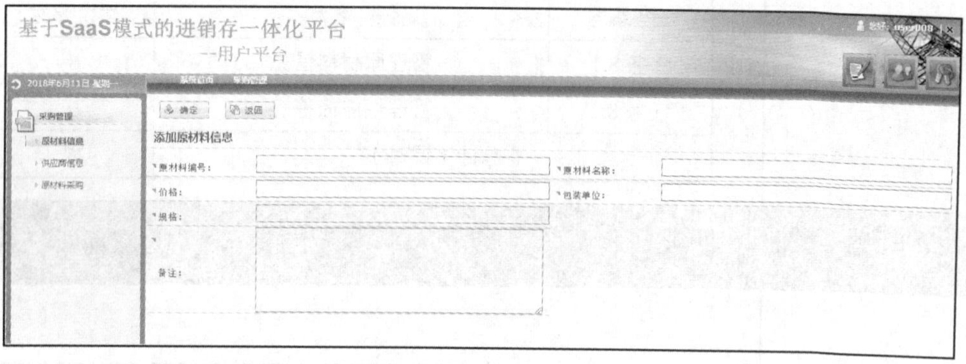

图 8-3
添加原材料信息界面

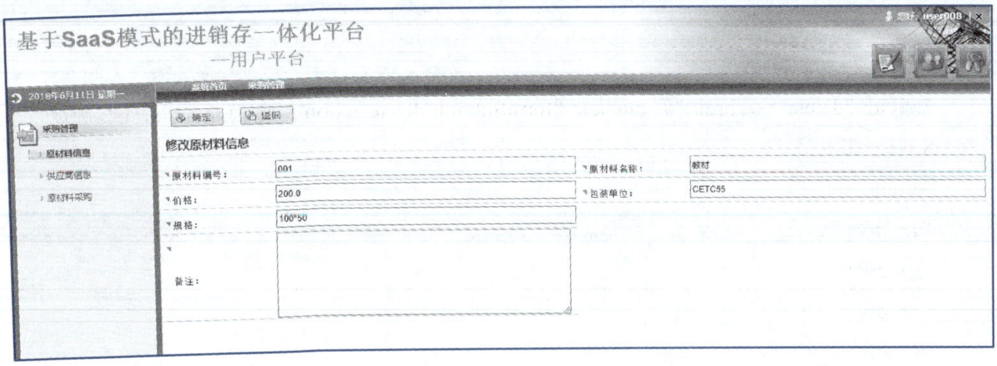

图 8-4
修改原材料信息界面

【任务目标】

- 实现原材料信息展示的功能。
- 实现页面跳转功能。
- 实现页面刷新功能。
- 掌握 MyBatis，实现数据表增删改查。
- 掌握后台重定向（Redirect）到另一个项目的方法。

【知识学习】

租户采购人员成功登录系统后，单击主菜单栏中的“采购管理”按钮，左侧菜单功能栏中会展示“原材料信息”按钮。

单击“原材料信息”按钮，右侧会展示所有原材料信息的列表。

单击原材料信息列表上方的“查看”“添加”和“修改”按钮，会分别跳转到对应页面，对原材料信息进行查看、添加、修改。在原材料信息列表中选择单个或多个信息，然后单击“删除”按钮，会删除选中的原材料信息。

【任务实施】

本功能开发结构为视图层→控制层→业务层→持久层。

其中，视图层→控制层通过 SpringMVC 注解的方式实现，持久层通过 MyBatis 框架的数据库语句映射文件实现。

① 在创建的工程目录下首先创建视图层文件，即添加原材料信息列表界面的相关代码部分。

在 src\main\webapp\WEB-INF\pages\baseinfo\material 中添加原材料信息列表页面 jMaterialList.jsp，关键代码如下。

```
<li id="view"><a href="#" onclick="formSubmit('toview.action','_self');this.blur();">查看
</a></li>
<li id="new"><a href="#" onclick="formSubmit('tocreate.action','_self');this.blur();">添加
</a></li>
<li id="update"><a href="#" onclick="formSubmit('toupdate.action','_self');this.blur();">
```

```
修改
6.</a></li>
7.<li id="delete"><a href="#" onclick="formSubmit('delete.action','_self');this.blur();">删除
8.</a></li>
9.</ul>
10.</div>
11.</div>
12.</div>
13.</div>
```

代码说明

- 第 1 行：查看原材料信息按钮，单击“查看”按钮时，跳转到控制层的 toview 方法中。
- 第 3 行：添加原材料信息按钮，单击“添加”按钮时，跳转到控制层的 tocreate 方法中。
- 第 5 行：修改原材料信息按钮，单击“修改”按钮时，跳转到控制层的 toupdate 方法中。
- 第 7 行：删除原材料信息按钮，单击“删除”按钮时，跳转到控制层的 delete 方法中。

```
<!-- 页面主体部分（列表等） -->
14.<div class="textbox" id="centerTextbox">
15.<div class="textbox-header">
16.<div class="textbox-inner-header">
17.<div class="textbox-title">
18.    原材料信息列表
19.</div>
20.</div>
21.</div>
22.<div>
23.<div class="eXtremeTable" >
24.<table id="ec_table" class="tableRegion" width="98%" >
25.    <thead>
26.    <tr>
27.            <td class="tableHeader"><input type="checkbox" name="selid"
28.onclick="checkAll('id',this)"></td>
29.            <td class="tableHeader">序号</td>
30.            <td class="tableHeader">编号</td>
31.            <td class="tableHeader">名称</td>
32.            <td class="tableHeader">规格</td>
33.            <td class="tableHeader">包装单位</td>
```

```
34.          <td class="tableHeader">价格</td>
35.   </tr>
36.   </thead>
37.   <tbody class="tableBody" >
38.   <c:forEach items="${dataList}" var="o" varStatus="status">
39.   <tr class="odd" onmouseover="this.className='highlight'"
40.onmouseout="this.className='odd'" >
41.          <td><input type="checkbox" name="id" value="${o.id}"/></td>
42.          <td>${status.index+1}</td>
43.          <td><a href="toview.action?id=${o.id}">${o.materialNo}</a></td>
44.          <td>${o.name}</td>
45.          <td>${o.specification}</td>
46.          <td>${o.packingUnit}</td>
47.          <td>${o.price}</td>
48.   </tr>
49.   </c:forEach>
50.   </tbody>
```

代码说明

- 第 24～50 行：通过表格实现列表信息布局，循环显示原材料列表信息。

② 在 src\main\webapp\WEB-INF\pages\baseinfo\material 中添加查看原材料信息页面 jMaterialView.jsp，关键代码如下。

```
<li id="back"><a href="list.action">返回</a></li>
</ul>
</div>
</div>
</div>
</div>
<div class="textbox" id="centerTextbox">
<div class="textbox-header">
<div class="textbox-inner-header">
<div class="textbox-title">
         查看原材料信息
</div>
</div>
</div>
</div>
<div>
         <table class="commonTable" cellspacing="1">
   <tr>
```

```
19. <td class="columnTitle_mustbe">原材料编号：</td>
20. <td class="tableContent">${obj.materialNo}</td>
21. <td class="columnTitle_mustbe">原材料名称：</td>
22. <td class="tableContent">${obj.name }</td>
23. </tr>
24. <tr>
25. <td class="columnTitle_mustbe">价格：</td>
26. <td class="tableContent">${obj.price }</td>
27. <td class="columnTitle_mustbe">包装单位：</td>
28. <td class="tableContent">${obj.packingUnit }</td>
29. </tr>
30. <tr>
31. <td class="columnTitle_mustbe">规格：</td>
32. <td class="tableContent">${obj.specification }</td>
33. </tr>
34. <tr>
35. <td class="columnTitle_mustbe">备注：</td>
36. <td class="tableContent">
37.         <textarea name = "memo" 38.style="height:120px;">${obj.memo }</textarea>
39. </td>
40. </tr>
41.         </table>
42. </div>
43.</div>
```

代码说明

- 第 1～43 行：通过单击原材料列表界面中的“查看”按钮跳转到该页面，页面通过表格布局显示原材料详细信息。

③ 在 src\main\webapp\WEB-INF\pages\baseinfo\material 中添加原材料信息页面 jMaterialCreate.jsp，关键代码如下。

```
<li id="save"><a href="#" onclick="formSubmit('insert.action','_self');">确定</a></li>
<li id="back"><a href="list.action">返回</a></li>
</ul>
</div>
</div>
</div>
</div>
<div class="textbox" id="centerTextbox">
<div class="textbox-header">
<div class="textbox-inner-header">
```

```
11.<div class="textbox-title">
12.        添加原材料信息
13.</div>
14.</div>
15.</div>
16.</div>
17.<div>
18.<table class="commonTable" cellspacing="1">
19.        <table class="commonTable" cellspacing="1">
20.    <tr>
21.    <td class="columnTitle_mustbe">原材料编号：</td>
22.    <td class="tableContent"><input type="text" name="materialNo" /></td>
23.    <td class="columnTitle_mustbe">原材料名称：</td>
24.    <td class="tableContent"><input type="text" name="name" /></td>
25.    </tr>
26.    <tr>
27.    <td class="columnTitle_mustbe">价格：</td>
28.    <td class="tableContent"><input type="text" name="price" /></td>
29.    <td class="columnTitle_mustbe">包装单位：</td>
30.    <td class="tableContent"><input type="text" name="packingUnit" /></td>
31.    </tr>
32.    <tr>
33.    <td class="columnTitle_mustbe">规格：</td>
34.    <td class="tableContent"><input type="text" name="specification" /></td>
35.    </tr>
36.    <tr>
37.    <td class="columnTitle_mustbe">备注：</td>
38.    <td class="tableContent">
39.            <textarea name = "memo" style="height:120px;">
40.            </textarea>
41.    </td>
42.    </tr>
43.            </table>
44.    </div>
45.</div>
```

代码说明

- 第 1 行：单击“确定”按钮时，跳转到控制层的 insert 方法中来实现原材料添加。
- 第 2 行：单击“返回”按钮时，跳转到控制层的 list 方法中获取列表信息以显示原材料列表界面。

● 第 8～45 行：输入添加的原材料信息。

④ 在 src\main\webapp\WEB-INF\pages\baseinfo\material 中添加修改原材料信息页面 jMaterialUpdate.jsp，关键代码如下。

```
<li id="save"><a href="#" onclick="formSubmit('update.action','_self');">确定</a></li>
<li id="back"><a href="list.action">返回</a></li>
</ul>
</div>
</div>
</div>
</div>

<div class="textbox" id="centerTextbox">

<div class="textbox-header">
<div class="textbox-inner-header">
<div class="textbox-title">
        修改原材料信息
</div>
</div>
</div>
</div>

<div>
        <table class="commonTable" cellspacing="1">
  <tr>
  <td class="columnTitle_mustbe">原材料编号：</td>
  <td class="tableContent"><input type="text" name="materialNo" value="${obj.materialNo }"/></td>
  <td class="columnTitle_mustbe">原材料名称：</td>
  <td class="tableContent"><input type="text" name="name"  value= "${obj.name }"/></td>
  </tr>
  <tr>
  <td class="columnTitle_mustbe">价格：</td>
  <td class="tableContent"><input type="text" name="price" value="${obj.price}" /></td>
  <td class="columnTitle_mustbe">包装单位：</td>
  <td class="tableContent"><input type="text" name="packingUnit"  value="${obj.packingUnit}"/></td>
  </tr>
```

```
34. <tr>
35. <td class="columnTitle_mustbe">规格：</td>
36. <td class="tableContent"><input type="text" name="specification" value="${obj.specification }" /></td>
37. </tr>
38. <tr>
39. <td class="columnTitle_mustbe">备注：</td>
40. <td class="tableContent">
41.         <textarea name = "memo" style="height:120px;">${obj.memo }</textarea>
42. </td>
43. </tr>
44.         </table>
45. </div>
46.</div>
```

代码说明

- 第 1 行：单击“确定”按钮时，跳转到控制层的 update 方法中实现原材料修改。
- 第 2 行：单击“返回”按钮时，跳转到控制层的 list 方法中获取列表信息以显示原材料列表界面。
- 第 21～46 行：输入修改的原材料信息。

⑤ 在项目包 com.cetc55.pss.baseinfo.po 下添加类 Material.java 作为存储原材料信息的实体类，关键代码如下。

```
package com.cetc55.pss.baseinfo.po;
public class Material implements Serializable {

    private static final long serialVersionUID = 6832938658611969150L;

    private String id ;                    //ID
    private String materialNo ;            //原材料编号
    private String name ;                  //名称
    private String specification ;         //规格
    private String packingUnit ;           //包装单位
    private Double price ;                 //价格
    private String memo ;                  //备注

    private String tenantId ;              //所属租户 ID

    public Material() {
        super();
    }
```

```
19.}
```

⑥ 在项目包 com.cetc55.pss.baseinfo.controller 下添加类 MaterialController 实现控制层的查增改删来调用业务层，关键代码如下。

```
1.package com.cetc55.pss.baseinfo.controller;
2.@Controller
3.@RequestMapping("/baseinfo/material")
4.public class MaterialController extends BaseController {
5.
6.    @Resource
7.    MaterialService materialService ;
8.    //存放列表信息
9.    private List<Material> dataList ;
10.
11.   /**
12.    * 跳转到列表页面
13.    */
14.   @RequestMapping("/list.action")
15.   public String list(Model model,HttpSession session ){
16.       //获取租户信息
17.       UserVo curuser = (UserVo) session.getAttribute("CURUSER");
18.       if(curuser==null){
19.           return "/user_index.jsp";
20.       }
21.       Map<String,Object> paraMap = new HashMap<String,Object>();
22.       paraMap.put("tenantId", curuser.getTenantId());
23.
24.       dataList = materialService.find(paraMap);
25.       model.addAttribute("dataList",dataList);
26.
27.       return "/baseinfo/material/jMaterialList.jsp" ;
28.   }
```

代码说明

- 第 14～28 行：调用业务层的 find 方法获取原材料信息列表以显示原材料信息列表界面。

```
29.   @RequestMapping("/toview.action")
30.   public String toview(String id, Model model){
31.       Material obj = this.materialService.get(id);
32.       model.addAttribute("obj",obj);
```

```
33.
34.         return "/baseinfo/material/jMaterialView.jsp";
35.     }
36.     /**
37.      * 跳转到添加页面
38.      */
39.     @RequestMapping("/tocreate.action")
40.     public String tocreate(){
41.         return "/baseinfo/material/jMaterialCreate.jsp";
42.     }
```

代码说明

- 第 39～42 行：单击原材料列表界面的“添加”按钮时，执行该方法后跳转到添加原材料界面。

```
43.     /**
44.      * 添加
45.      */
46.     @RequestMapping("/insert.action")
47.     public String create(Material material,HttpSession session){
48.         //获取租户信息
49.         UserVo curuser = (UserVo) session.getAttribute("CURUSER");
50.         if(curuser==null){
51.             return "/user_index.jsp";
52.         }
53.         String tenantId = curuser.getTenantId() ;
54.
55.         material.setTenantId(tenantId);
56.
57.         this.materialService.insert(material);
58.
59.         return "redirect:/baseinfo/material/list.action";
60.     }
```

代码说明

- 第 46～60 行：单击添加原材料信息界面的“确定”按钮时，执行该方法调用业务层 insert 方法后跳转到原材料列表界面。

```
61.     /**
62.      * 跳到更新页面
63.      */
```

```
64.  @RequestMapping("/toupdate.action")
65.  public String toupdate(String id,Model model){
66.          Material obj = this.materialService.get(id);
67.          model.addAttribute("obj",obj);
68.
69.          return "/baseinfo/material/jMaterialUpdate.jsp";
70.  }
```

代码说明

- 第 64～70 行：单击原材料列表界面的“修改”按钮时，执行该方法后跳转到修改原材料界面。

```
71.  /**
72.   * 更新
73.   */
74.  @RequestMapping("/update.action")
75.  public String update(Material material){
76.          this.materialService.update(material);
77.          return "redirect:/baseinfo/material/list.action";
78.  }
```

代码说明

- 第 74～78 行：单击修改原材料信息界面的“确定”按钮时，执行该方法调用业务 update 方法后跳转到原材料列表界面。

```
79.  /**
80.   * 删除
81.   */
82.  @RequestMapping("/deleteById.action")
83.  public String deleteById(String id){
84.          this.materialService.deleteById(id);
85.          return "redirect:/baseinfo/material/list.action";
86.  }
87.  /**
88.   * 批量删除
89.   */
90.  @RequestMapping("/delete.action")
91.  public String delete(@RequestParam("id")String[] ids){
92.          this.materialService.delete(ids);
93.          return "redirect:/baseinfo/material/list.action";
94.  }
95.}
```

代码说明

- 第 82～95 行：单击原材料列表信息界面的“删除”按钮时，执行该方法调用业务 delete 方法后跳转到原材料列表界面。

⑦ 在项目包 com.cetc55.pss.baseinfo.service 中添加业务层的接口类 MaterialService.java，关键代码如下。

```
package com.cetc55.pss.baseinfo.service;
public interface MaterialService extends BaseService<Material> {

    /**
     * 通过原材料编号查询原材料信息
     * @param materialNo
     * @return
     */
    public Material findByMaterialNo(String materialNo);

}
```

⑧ 在项目包 com.cetc55.pss.baseinfo.service.impl 下添加业务层类 MaterialServiceImpl.java，实现业务层的查增改删，业务层调用数据层，关键代码如下。

```
package com.cetc55.pss.baseinfo.service.impl;
@Service("materialService")
public class MaterialServiceImpl extends BaseServiceImpl<Material> implements
MaterialService{

    MaterialDao materialDao ;
    @Resource
    public void setMaterialDao(MaterialDao materialDao) {
        super.setBaseDao(materialDao);
        this.materialDao = materialDao;
    }

    @Override
    public void insert(Material entity) {
        entity.setId(UUID.randomUUID().toString());
        this.materialDao.insert(entity);
    }

    @Override
    public Material findByMaterialNo(String materialNo) {
```

```
21.         Map<String,Object> paraMap = new HashMap<String,Object>();
22.         paraMap.put("materialNo", materialNo);
23.         List<Material> materialList = this.materialDao.find(paraMap);
24.         //返回原材料
25.         if(UtilFuns.isNotEmpty(materialList)){
26.             return materialList.get(0);
27.         }
28.         return null;
29.     }
30.}
```

代码说明

- 第 14～17 行：单击添加原材料信息界面的“确定”按钮时，控制层 insert 方法中调用该方法，在该方法中调用 Dao 层的 insert 实现原材料信息的添加。

⑨ 在项目包 com.cetc55.pss.baseinfo.dao 下添加接口类 MaterialDao.java，关键代码如下。

```
package com.cetc55.pss.baseinfo.dao;
public interface MaterialDao extends BaseDao<Material> {

}
```

⑩ 在项目包 com.cetc55.pss.baseinfo.dao.impl 下添加类 MaterialDaoImpl.java，调用数据库映射文件，关键代码如下。

```
package com.cetc55.pss.baseinfo.dao.impl;
@Repository("materialDao")
public class MaterialDaoImpl extends BaseDaoImpl<Material> implements MaterialDao {

    //设置命名空间
    public MaterialDaoImpl() {
        super.setNs("com.cetc55.pss.baseinfo.mapper.MaterialMapper");
    }
}
```

⑪ 在包 com.cetc55.pss.baseinfo.mapper 下添加 MyBatis 框架映射文件 MaterialMapper.xml，访问数据库实现原材料的查增改删，关键代码如下。

```
<?xml version="1.0" encoding="UTF-8" ?>
<!DOCTYPE mapper
PUBLIC "-//mybatis.org//DTD Mapper 3.0//EN"
"http://mybatis.org/dtd/mybatis-3-mapper.dtd">
<mapper namespace="com.cetc55.pss.baseinfo.mapper.MaterialMapper">
```

```
6.  <resultMap id="MaterialRM" type="Material">
7.          <id property="id" column="MATERIAL_ID"/>
8.
9.          <result property="materialNo" column="MATERIAL_NO"/>
10.         <result property="name" column="MATERIAL_NAME"/>
11.         <result property="specification" column="SPECIFICATION"/>
12.         <result property="packingUnit" column="PACKING_UNIT"/>
13.         <result property="price" column="PRICE"/>
14.         <result property="memo" column="MEMO"/>
15.         <result property="tenantId" column="TENANT_ID"/>
16. </resultMap>
17.
18. <!-- 查询列表 -->
19. <select id="find" parameterType="map" resultMap="MaterialRM">
20.         select * from MATERIAL_C
21.         <where>
22.                 TENANT_ID = #{tenantId}
23.                 <if test="materialNo != null"> AND MATERIAL_NO = #{materialNo} </if>
24.         </where>
25. </select>
```

代码说明

- 第 19～25 行：查询信息列表的数据库语句。

```
26.
27. <!-- 获取单个信息 -->
28. <select id="get" parameterType="string" resultMap="MaterialRM">
29.         select * from MATERIAL_C
30.         where MATERIAL_ID = #{pid}
31. </select>
32. <!-- 添加仓库信息 -->
33. <insert id="insert" parameterType="Material">
34.         insert into MATERIAL_C
35.
36.( MATERIAL_ID,MATERIAL_NO,MATERIAL_NAME,SPECIFICATION,PACKING_
UNI
37.T,PRICE,MEMO,TENANT_ID)
38.         values
39.         (
40.                 #{id, jdbcType = VARCHAR},
41.                 #{materialNo, jdbcType = VARCHAR},
```

```
42.             #{name, jdbcType = VARCHAR},
43.             #{specification, jdbcType = VARCHAR},
44.             #{packingUnit, jdbcType = VARCHAR},
45.             #{price, jdbcType = DOUBLE},
46.             #{memo, jdbcType = VARCHAR},
47.             #{tenantId, jdbcType = VARCHAR}
48.     )
49. </insert>
```

代码说明

- 第 33～49 行：添加原材料信息的数据库插入语句。

```
50. <!-- 修改仓库信息 -->
51. <update id="update" parameterType="Material">
52.         update MATERIAL_C
53.         <set>
54.             <if test="materialNo != null"> MATERIAL_NO = #{materialNo},</if>
55.             <if test="name != null"> MATERIAL_NAME = #{name},</if>
56.             <if test="specification != null">SPECIFICATION = #{specification},</if>
57.             <if test="packingUnit != null">PACKING_UNIT = #{packingUnit},</if>
58.             <if test="price != null">PRICE = #{price},</if>
59.             <if test="memo != null">MEMO = #{memo},</if>
60.         </set>
61.         where MATERIAL_ID = #{id}
62. </update>
```

代码说明

- 第 51～62 行：修改原材料信息的数据库更新语句。

```
63. <!-- 删除单个仓库信息 -->
64. <delete id="deleteById" parameterType="string">
65.         delete from MATERIAL_C
66.         where MATERIAL_ID = #{pid}
67. </delete>
68.         <!-- 批量删除仓库信息 -->
69. <delete id="delete" parameterType="string">
70.         delete from MATERIAL_C
71.         where MATERIAL_ID in
72.         <foreach collection="array" item="id" open="(" close=")" separator=",">
```

```
73.                #{id}
74.          </foreach>
75.     </delete>
```

代码说明

- 第 64～75 行：删除原材料信息的数据库删除语句。

```
76.</mapper>
```

任务 8.2　管理供应商信息

【任务描述】

本任务实现租户对供应商信息的查看、添加、修改和删除功能，供应商信息列表界面如图 8-5 所示，查看、添加、修改供应商信息界面如图 8-6～图 8-8 所示。

微课 8-2
管理供应商信息

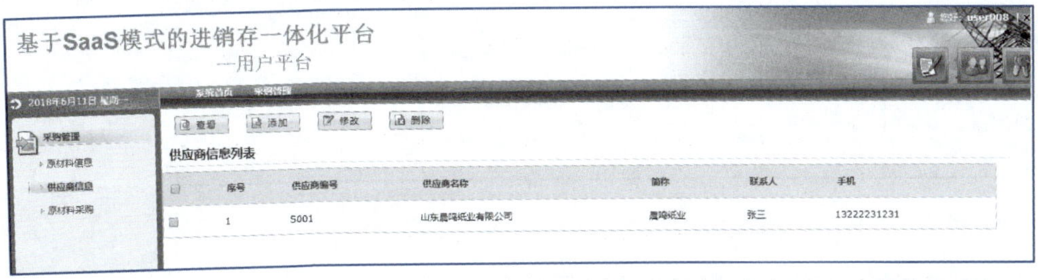

图 8-5
供应商信息列表界面

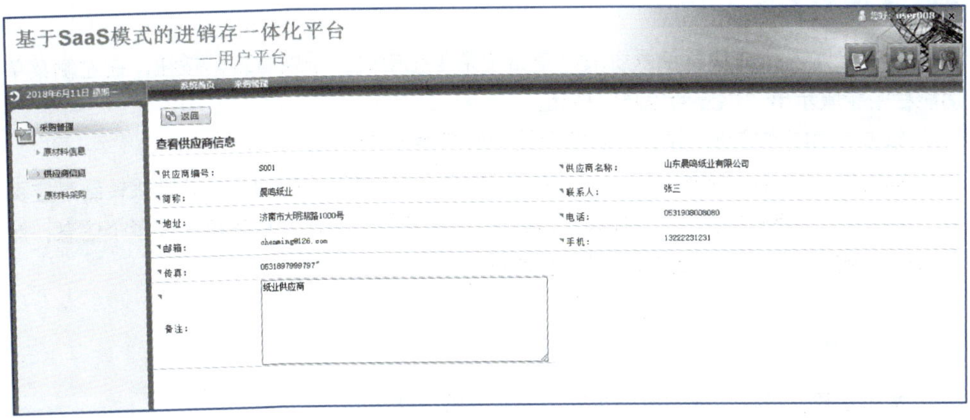

图 8-6
查看供应商信息界面

【任务目标】

- 实现供应商信息展示的功能。

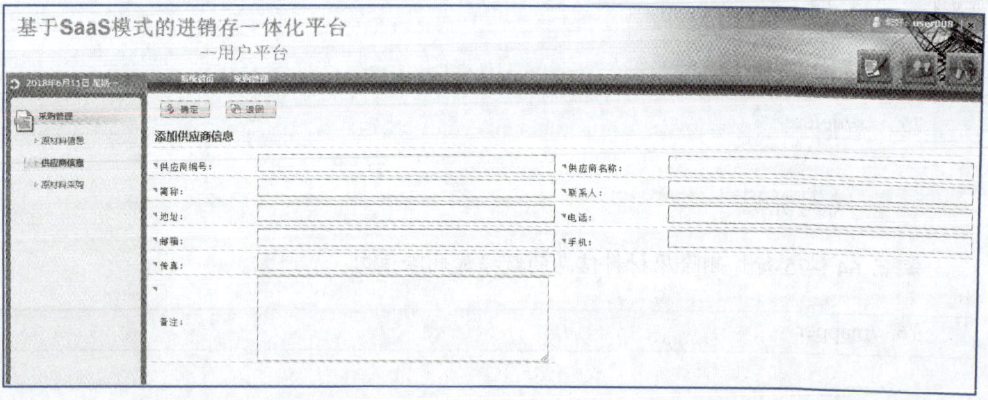

图 8-7
添加供应商信息界面

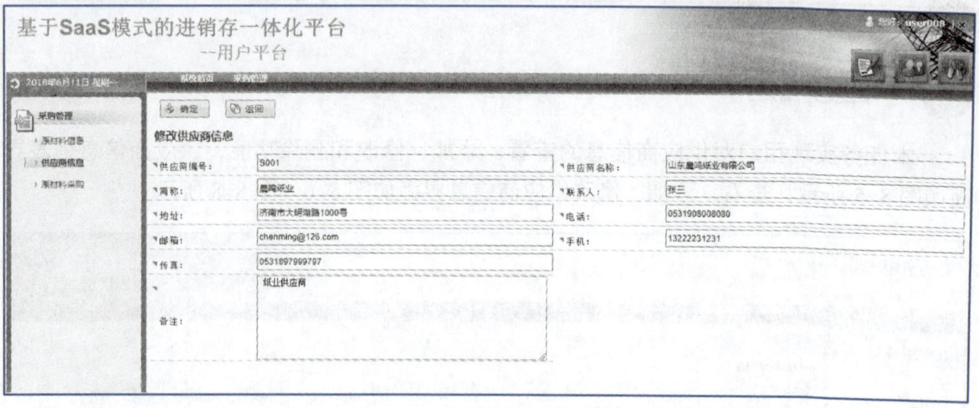

图 8-8
修改供应商信息界面

- 掌握供应商信息的逻辑内容和实现方法。

【知识学习】

租户采购人员成功登录系统后，单击主菜单栏中的“采购管理”按钮，在左侧菜单功能栏中会展示出“供应商信息”按钮。

单击“供应商信息”按钮，右侧会展示所有供应商信息的列表。

单击供应商信息列表上方的“查看”“添加”和“修改”按钮，会分别跳转到对应页面，对供应商信息进行查看、添加、修改。在供应商信息列表中选择单个或多个信息，然后单击“删除”按钮，会删除选中的供应商信息。

【任务实施】

本功能开发结构为视图层→控制层→业务层→持久层。

其中，视图层→控制层通过 SpringMVC 注解的方式实现。持久层通过 MyBatis 框架的数据库语句映射文件实现。

① 在创建的工程目录下首先创建视图层文件，即添加供应商信息列表界面的相关代码部分。

在 src\main\webapp\WEB-INF\pages\baseinfo\supplier 中添加“供应商信息列表页面”

jSupplierList.jsp，关键代码如下。

```
1.<li id="view"><a href="#" onclick="formSubmit('toview.action','_self');this.blur();">查看
2.</a></li>
3.<li id="new"><a href="#" onclick="formSubmit('tocreate.action','_self');this.blur();">添加
4.</a></li>
5.<li id="update"><a href="#" onclick="formSubmit('toupdate.action','_self');this.blur();">
修改
6.</a></li>
7.<li id="delete"><a href="#" onclick="formSubmit('delete.action','_self');this.blur();">删除
8.</a></li>
9.
10.</ul>
11.</div>
12.</div>
13.</div>
14</div>
```

代码说明

- 第 1 行：查看供应商信息，单击“查看”按钮时，跳转到控制层的 toview 方法中。
- 第 3 行：添加供应商信息，单击“添加”按钮时，跳转到控制层的 tocreate 方法中。
- 第 5 行：修改供应商信息，单击“修改”按钮时，跳转到控制层的 toupdate 方法中。
- 第 7 行：删除供应商信息，单击“删除”按钮时，跳转到控制层的 delete 方法中。

```
15.<!-- 页面主体部分（列表等） -->
16.<div class="textbox" id="centerTextbox">
17.<div class="textbox-header">
18.<div class="textbox-inner-header">
19.<div class="textbox-title">
20. 供应商信息列表
21.</div>
22.</div>
23.</div>
24.
25.<div>
26.
27.<div class="eXtremeTable" >
28.<table id="ec_table" class="tableRegion" width="98%" >
29. <thead>
30. <tr>
```

```
31.        <td class="tableHeader"><input type="checkbox" name="selid"
32.onclick= "checkAll('id',this)"></td>
33.        <td class="tableHeader">序号</td>
34.        <td class="tableHeader">供应商编号</td>
35.        <td class="tableHeader">供应商名称</td>
36.        <td class="tableHeader">简称</td>
37.        <td class="tableHeader">联系人</td>
38.        <td class="tableHeader">手机</td>
39.    </tr>
40.    </thead>
41.    <tbody class="tableBody" >
42.
43.    <c:forEach items="${dataList}" var="o" varStatus="status">
44.    <tr class="odd" onmouseover="this.className='highlight'"
45. onmouseout="this.className='odd'" >
46.        <td><input type="checkbox" name="id" value="${o.id}"/></td>
47.        <td>${status.index+1}</td>
48.        <td><a href="toview.action?id=${o.id}">${o.supplierNo}</a></td>
49.        <td>${o.supplierName}</td>
50.        <td>${o.shortName}</td>
51.        <td>${o.contarcts}</td>
52.        <td>${o.phone}</td>
53.    </tr>
54.    </c:forEach>
```

代码说明

- 第 28～54 行：通过表格实现列表信息布局，循环显示供应商列表信息。

② 在 src\main\webapp\WEB-INF\pages\baseinfo\supplier 中添加“查看供应商信息页面”jSupplierView.jsp，关键代码如下。

```
<li id="back"><a href="list.action">返回</a></li>
</ul>
</div>
</div>
</div>
</div>

<div class="textbox" id="centerTextbox">

<div class="textbox-header">
<div class="textbox-inner-header">
```

```
<div class="textbox-title">
        查看供应商信息
</div>
</div>
</div>
</div>

<div>
        <table class="commonTable" cellspacing="1">
    <tr>
    <td class="columnTitle_mustbe">供应商编号：</td>
    <td class="tableContent">${obj.supplierNo }</td>
    <td class="columnTitle_mustbe">供应商名称：</td>
    <td class="tableContent">${obj.supplierName }</td>
    </tr>
    <tr>
    <td class="columnTitle_mustbe">简称：</td>
    <td class="tableContent">${obj.shortName }</td>
    <td class="columnTitle_mustbe">联系人：</td>
    <td class="tableContent">${obj.contarcts }</td>
    </tr>
    <tr>
    <td class="columnTitle_mustbe">地址：</td>
    <td class="tableContent">${obj.address}</td>
    <td class="columnTitle_mustbe">电话：</td>
    <td class="tableContent">${obj.mobile }</td>
    </tr>
    <tr>
    <td class="columnTitle_mustbe">邮箱：</td>
    <td class="tableContent">${obj.email }</td>
    <td class="columnTitle_mustbe">手机：</td>
    <td class="tableContent">${obj.phone }</td>
    </tr>
    <tr>
        <td class="columnTitle_mustbe">传真：</td>
    <td class="tableContent">${obj.fax }"</td>
    </tr>
    <tr>
    <td class="columnTitle_mustbe">备注：</td>
    <td class="tableContent">
        <textarea name = "memo" readonly="true"
```

```
53.style="height:120px;">${obj.memo}</textarea>
54.    </td>
55.    </tr>
56.            </table>
57.    </div>
58.</div>
```

代码说明

- 第 1～58 行：通过单击供应商列表界面中的“查看”按钮跳转到该页面，页面通过表格布局显示供应商详细信息。

③ 在 src\main\webapp\WEB-INF\pages\baseinfo\supplier 中添加“添加供应商信息页面”jSupplierCreate.jsp，关键代码如下。

```
<li id="save"><a href="#" onclick="formSubmit('insert.action','_self');">确定</a></li>
<li id="back"><a href="list.action">返回</a></li>
</ul>
</div>
</div>
</div>
</div>
<div class="textbox" id="centerTextbox">
<div class="textbox-header">
<div class="textbox-inner-header">
<div class="textbox-title">
        添加供应商信息
</div>
</div>
</div>
</div>
<div>
        <table class="commonTable" cellspacing="1">
    <tr>
    <td class="columnTitle_mustbe">供应商编号：</td>
    <td class="tableContent"><input type="text" name="supplierNo" /></td>
    <td class="columnTitle_mustbe">供应商名称：</td>
    <td class="tableContent"><input type="text" name="supplierName" /></td>
    </tr>
    <tr>
```

```
29. <td class="columnTitle_mustbe">简称：</td>
30. <td class="tableContent"><input type="text" name="shortName" /></td>
31. <td class="columnTitle_mustbe">联系人：</td>
32. <td class="tableContent"><input type="text" name="contarcts" /></td>
33. </tr>
34. <tr>
35. <td class="columnTitle_mustbe">地址：</td>
36. <td class="tableContent"><input type="text" name="address" /></td>
37. <td class="columnTitle_mustbe">电话：</td>
38. <td class="tableContent"><input type="text" name="mobile" /></td>
39. </tr>
40. <tr>
41. <td class="columnTitle_mustbe">邮箱：</td>
42. <td class="tableContent"><input type="text" name="email" /></td>
43. <td class="columnTitle_mustbe">手机：</td>
44. <td class="tableContent"><input type="text" name="phone" /></td>
45. </tr>
46. <tr>
47.         <td class="columnTitle_mustbe">传真：</td>
48. <td class="tableContent"><input type="text" name="fax" /></td>
49. </tr>
50. <tr>
51. <td class="columnTitle_mustbe">备注：</td>
52. <td class="tableContent">
53.         <textarea name = "memo" style="height:120px;">
54.         </textarea>
55. </td>
56. </tr>
57.         </table>
58. </div>
59.</div>
```

代码说明

- 第 1 行：单击“确定”按钮时，跳转到控制层的 insert 方法中实现供应商信息添加。
- 第 2 行：单击“返回”按钮时，跳转到控制层的 list 方法中获取列表信息以显示供应商列表界面。
- 第 21～57 行：输入添加的供应商信息。

④ 在 src\main\webapp\WEB-INF\pages\baseinfo\supplier 中添加“修改供应商信息页面”jSupplierUpdate.jsp，关键代码如下。

```
1.<li id="save"><a href="#" onclick="formSubmit('update.action','_self');">确定</a></li>
```

```
<li id="back"><a href="list.action">返回</a></li>
</ul>
</div>
</div>
</div>
</div>

<div class="textbox" id="centerTextbox">

<div class="textbox-header">
<div class="textbox-inner-header">
<div class="textbox-title">
        修改供应商信息
</div>
</div>
</div>
</div>
<div>
        <table class="commonTable" cellspacing="1">
    <tr>
    <td class="columnTitle_mustbe">供应商编号：</td>
    <td class="tableContent"><input type="text" name="supplierNo"
value="${obj.supplierNo }"/></td>
    <td class="columnTitle_mustbe">供应商名称：</td>
    <td class="tableContent"><input type="text" name="supplierName"
value="${obj.supplierName }"/></td>
    </tr>
    <tr>
    <td class="columnTitle_mustbe">简称：</td>
    <td class="tableContent"><input type="text" name="shortName"
value="${obj.shortName }" /></td>
    <td class="columnTitle_mustbe">联系人：</td>
    <td class="tableContent"><input type="text" name="contarcts"
value="${obj.contarcts }"/></td>
    </tr>
    <tr>
    <td class="columnTitle_mustbe">地址：</td>
    <td class="tableContent"><input type="text" name="address"
value="${obj.address }" /></td>
    <td class="columnTitle_mustbe">电话：</td>
    <td class="tableContent"><input type="text" name="mobile"
```

```
43.value="${obj.mobile }" /></td>
44.    </tr>
45.    <tr>
46.    <td class="columnTitle_mustbe">邮箱：</td>
47.    <td class="tableContent"><input type="text" name="email"
48.value="${obj.email }"/></td>
49.    <td class="columnTitle_mustbe">手机：</td>
50.    <td class="tableContent"><input type="text" name="phone"
51.value="${obj.phone }"/></td>
52.    </tr>
53.    <tr>
54.    <td class="columnTitle_mustbe">传真：</td>
55.    <td class="tableContent"><input type="text" name="fax" value="${obj.fax }"
56./></td>
57.    </tr>
58.    <tr>
59.    <td class="columnTitle_mustbe">备注：</td>
60.    <td class="tableContent">
61.            <textarea name = "memo" style="height:120px;"> ${obj.memo}
62.            </textarea>
63.    </td>
64.    </tr>
65.            </table>
66.    </div>
67.</div>
```

代码说明

- 第 1 行：单击“确定”按钮时，跳转到控制层的 update 方法中实现供应商修改。
- 第 2 行：单击“返回”按钮时，跳转到控制层的 list 方法中获取列表信息以显示供应商列表界面。
- 第 20～65 行：输入修改的供应商信息。

⑤ 在包 com.cetc55.pss.baseinfo.po 下添加类 Supplier.java 作为存储供应商信息的实体类，关键代码如下。

```
package com.cetc55.pss.baseinfo.po;
public class Supplier implements Serializable{

    private static final long serialVersionUID = -4460022774866690178L;

    private String id ;                    //ID
    private String supplierName ;          //供应商名称
```

```
    private String supplierNo ;             //供应商编号
    private String shortName ;              //简称
    private String contarcts ;              //联系人
    private String address ;                //地址
    private String email ;                  //邮箱
    private String mobile ;                 //电话
    private String phone ;                  //手机
    private String fax ;                    //传真
    private String memo ;                   //备注
    private String tenantId ;               //所属租户 ID
    public Supplier() {
        super();
    }
}
```

⑥ 在项目包 com.cetc55.pss.baseinfo.controller 下添加类 SupplierController. java，实现控制层的查增改删代码以调用业务层，关键代码如下。

```
package com.cetc55.pss.baseinfo.controller;
@Controller
@RequestMapping("/baseinfo/supplier")
public class SupplierController extends BaseController {

    @Resource
    SupplierService SupplierService ;
    //存放列表信息
    private List<Supplier> dataList ;

    /**
     * 跳转到列表页面
     */
    @RequestMapping("/list.action")
    public String list(Model model,HttpSession session ){
        //获取租户信息
        UserVo curuser = (UserVo) session.getAttribute("CURUSER");
        if(curuser==null){
            return "/user_index.jsp";
        }
        Map<String,Object> paraMap = new HashMap<String,Object>();
        paraMap.put("tenantId", curuser.getTenantId());

        dataList = SupplierService.find(paraMap);
```

```
25.         model.addAttribute("dataList",dataList);
26.
27.         return "/baseinfo/supplier/jSupplierList.jsp" ;
28.     }
```

代码说明

- 第 14～28 行：调用业务层的 find 方法获取供应商信息列表以显示供应商信息列表界面。

```
29.     @RequestMapping("/toview.action")
30.     public String toview(String id, Model model){
31.         Supplier obj = this.SupplierService.get(id);
32.         model.addAttribute("obj",obj);
33.
34.         return "/baseinfo/supplier/jSupplierView.jsp";
35.     }
36.     /**
37.      * 跳到添加页面
38.      */
39.     @RequestMapping("/tocreate.action")
40.     public String tocreate(){
41.         return "/baseinfo/supplier/jSupplierCreate.jsp";
42.     }
```

代码说明

- 第 39～42 行：单击供应商列表界面的“添加”按钮时，执行该方法后跳转到添加供应商信息界面。

```
43.     /**
44.      * 添加
45.      */
46.     @RequestMapping("/insert.action")
47.     public String create(Supplier supplier,HttpSession session ){
48.         //获取租户信息
49.         UserVo curuser = (UserVo) session.getAttribute("CURUSER");
50.         if(curuser==null){
51.             return "/user_index.jsp";
52.         }
53.         String tenantId = curuser.getTenantId() ;
54.
55.         supplier.setTenantId(tenantId);
```

```
56.
57.         this.SupplierService.insert(supplier);
58.
59.         return "redirect:/baseinfo/supplier/list.action";
60.  }
```

代码说明

- 第 46～60 行：单击添加供应商信息界面的“确定”按钮时，执行调用业务层 insert 方法后跳转到供应商列表界面。

```
61.  /**
62.   * 跳到更新页面
63.   */
64.  @RequestMapping("/toupdate.action")
65.  public String toupdate(String id,Model model){
66.         Supplier obj = this.SupplierService.get(id);
67.         model.addAttribute("obj",obj);
68.
69.         return "/baseinfo/supplier/jSupplierUpdate.jsp";
70.  }
```

代码说明

- 第 64～70 行：单击管理供应商列表界面的“修改”按钮时，执行该方法后跳转到修改供应商界面。

```
71.  /**
72.   * 更新
73.   */
74.  @RequestMapping("/update.action")
75.  public String update(Supplier supplier){
76.         this.SupplierService.update(supplier);
77.         return "redirect:/baseinfo/supplier/list.action";
78.  }
```

代码说明

- 第 74～78 行：单击修改供应商信息界面的“确定”按钮时，执行调用业务 update 方法后跳转到供应商列表界面。

```
79.  /**
80.   * 删除
81.   */
```

```
82.    @RequestMapping("/deleteById.action")
83.    public String deleteById(String id){
84.            this.SupplierService.deleteById(id);
85.            return "redirect:/baseinfo/supplier/list.action";
86.    }
87.    /**
88.     * 批量删除
89.     */
90.    @RequestMapping("/delete.action")
91.    public String delete(@RequestParam("id")String[] ids){
92.            this.SupplierService.delete(ids);
93.            return "redirect:/baseinfo/supplier/list.action";
94.    }
95.}
```

代码说明

- 第 82～95 行：单击供应商列表信息界面的“删除”按钮时，执行调用业务 delete 方法后跳转到供应商列表界面。

⑦ 在项目包 com.cetc55.pss.baseinfo.service 中添加业务层的接口类 SupplierService.java，关键代码如下。

```
package com.cetc55.pss.baseinfo.service;
public interface SupplierService extends BaseService<Supplier> {

}
```

⑧ 在项目包 com.cetc55.pss.baseinfo.service.impl 下添加业务层类 SupplierServiceImpl.java，实现业务层的查增改删，业务层调用数据层，关键代码如下。

```
package com.cetc55.pss.baseinfo.service.impl;
@Service("supplierService")
public class SupplierServiceImpl extends BaseServiceImpl<Supplier> implements
SupplierService{

    SupplierDao supplierDao ;
    @Resource
    public void setSupplierDao(SupplierDao supplierDao) {
            super.setBaseDao(supplierDao);
            this.supplierDao = supplierDao;
    }

    @Override
```

```
14.  public void insert(Supplier entity) {
15.          entity.setId(UUID.randomUUID().toString());
16.          this.supplierDao.insert(entity);
17.  }
18.}
```

代码说明

- 第 14～17 行：单击添加供应商信息界面的“确定”按钮时，在控制层的 insert 方法中调用该方法，在该方法中调用 Dao 层的 insert 实现供应商信息的添加。

⑨ 在项目包 com.cetc55.pss.baseinfo.dao 下添加接口类 SupplierDao.java，关键代码如下。

```
package com.cetc55.pss.baseinfo.dao;
public interface SupplierDao extends BaseDao<Supplier> {

}
```

⑩ 在项目包 com.cetc55.pss.baseinfo.dao.impl 下添加类 SupplierDaoImpl.java，调用数据库映射文件，关键代码如下。

```
package com.cetc55.pss.baseinfo.dao.impl;
@Repository("supplierDao")
public class SupplierDaoImpl extends BaseDaoImpl<Supplier> implements SupplierDao {

    //设置命名空间
    public SupplierDaoImpl() {
            super.setNs("com.cetc55.pss.baseinfo.mapper.SupplierMapper");
    }
}
```

⑪ 在项目包 com.cetc55.pss.baseinfo.mapper 下添加 MyBatis 框架映射文件 SupplierMapper.xml，访问数据库，实现供应商的查增改删，关键代码如下。

```
<?xml version="1.0" encoding="UTF-8" ?>
<!DOCTYPE mapper
PUBLIC "-//mybatis.org//DTD Mapper 3.0//EN"
"http://mybatis.org/dtd/mybatis-3-mapper.dtd">
<mapper namespace="com.cetc55.pss.baseinfo.mapper.SupplierMapper">
    <resultMap id="SupplierRM" type="Supplier">
            <id property="id" column="SUPPLIER_ID"/>

            <result property="supplierName" column="SUPPLIER_NAME"/>
            <result property="supplierNo" column="SUPPLIER_NO"/>
```

```
11.         <result property="shortName" column="SHORT_NAME"/>
12.         <result property="contarcts" column="CONTACTS"/>
13.         <result property="address" column="ADDRESS"/>
14.         <result property="email" column="EMAIL"/>
15.         <result property="mobile" column="MOBIL"/>
16.         <result property="phone" column="PHONE"/>
17.         <result property="fax" column="FAX"/>
18.         <result property="memo" column="MEMO"/>
19.
20.         <result property="tenantId" column="TENANT_ID"/>
21.    </resultMap>
22.    <!-- 查询列表 -->
23.    <select id="find" parameterType="map" resultMap="SupplierRM">
24.         select * from SUPPLIER_C
25.         <where>
26.              TENANT_ID = #{tenantId}
27.         </where>
28.    </select>
```

代码说明

- 第 22～28 行：查询信息列表的数据库语句。

```
29. <!-- 获取单个信息 -->
30. <select id="get" parameterType="string" resultMap="SupplierRM">
31.         select * from SUPPLIER_C
32.         where SUPPLIER_ID = #{pid}
33. </select>
34. <!-- 添加仓库信息 -->
35. <insert id="insert" parameterType="Supplier">
36.         insert into SUPPLIER_C
37.( SUPPLIER_ID,SUPPLIER_NAME,SUPPLIER_NO,SHORT_NAME,CONTACTS,
ADDRESS,EMAIL,MOBIL,PHONE,FAX,MEMO,TENANT_ID)
38.         values
39.         (
40.              #{id, jdbcType = VARCHAR},
41.              #{supplierName, jdbcType = VARCHAR},
42.              #{supplierNo, jdbcType = VARCHAR},
43.              #{shortName, jdbcType = VARCHAR},
44.              #{contarcts, jdbcType = VARCHAR},
45.              #{address, jdbcType = VARCHAR},
46.              #{email, jdbcType = VARCHAR},
```

```
47.                  #{mobile, jdbcType = VARCHAR},
48.                  #{phone, jdbcType = VARCHAR},
49.                  #{fax, jdbcType = VARCHAR},
50.                  #{memo, jdbcType = VARCHAR},
51.                  #{tenantId, jdbcType = VARCHAR}
52.         )
53.     </insert>
```

代码说明

- 第 35～53 行：添加供应商信息的数据库插入语句。

```
54.     <!-- 修改仓库信息 -->
55.     <update id="update" parameterType="Supplier">
56.           update SUPPLIER_C
57.           <set>
58.                 <if test="supplierName != null"> SUPPLIER_NAME = #{supplierName},
</if>
59.                 <if test="supplierNo != null"> SUPPLIER_NO = #{supplierNo},</if>
60.                 <if test="shortName != null">SHORT_NAME = #{shortName},</if>
61.                 <if test="contarcts != null">CONTACTS = #{contarcts},</if>
62.                 <if test="address != null">ADDRESS = #{address},</if>
63.                 <if test="email != null">EMAIL = #{email},</if>
64.                 <if test="mobile != null">MOBIL = #{mobile},</if>
65.                 <if test="phone != null">PHONE = #{phone},</if>
66.                 <if test="fax != null">FAX = #{fax},</if>
67.                 <if test="memo != null">MEMO = #{memo},</if>
68.           </set>
69.           where SUPPLIER_ID = #{id}
70.     </update>
```

代码说明

- 第 55～70 行：修改供应商信息的数据库更新语句。

```
71.     <!-- 删除单个仓库信息 -->
72.     <delete id="deleteById" parameterType="string">
73.           delete from SUPPLIER_C
74.           where SUPPLIER_ID = #{pid}
75.     </delete>
76.           <!-- 批量删除仓库信息 -->
77.     <delete id="delete" parameterType="string">
78.           delete from SUPPLIER_C
```

```
79.        where SUPPLIER_ID in
80.        <foreach collection="array" item="id" open="(" close=")" separator=",">
81.            #{id}
82.        </foreach>
83.    </delete>
84.</mapper>
```

代码说明

- 第 75～83 行：删除供应商信息的数据库删除语句。

技能训练

实现租户采购员对原材料采购订单信息的查看、添加、修改、删除功能，采购订单信息列表如图 8-9 所示，查看、添加、修改采购订单信息界面如图 8-10～图 8-12 所示，添加采购原材料信息界面如图 8-13 所示。

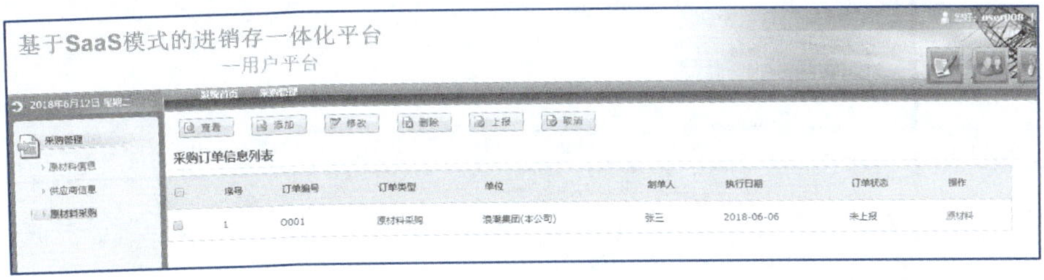

图 8-9
采购订单信息列表

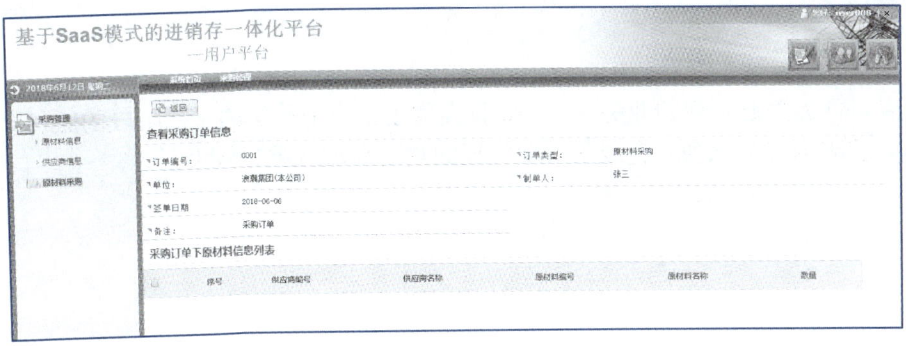

图 8-10
查看采购订单信息界面

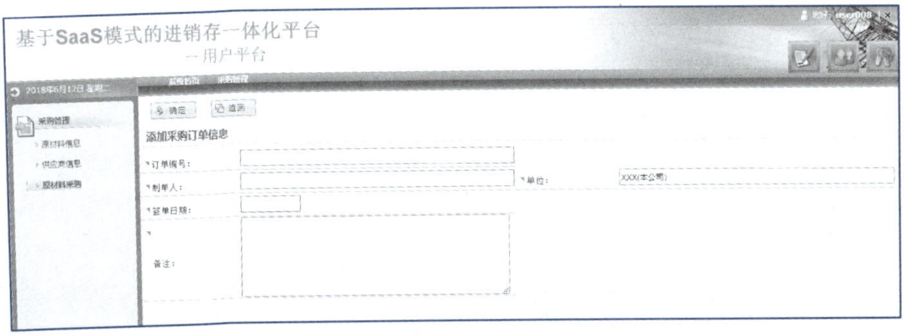

图 8-11
添加采购订单信息界面

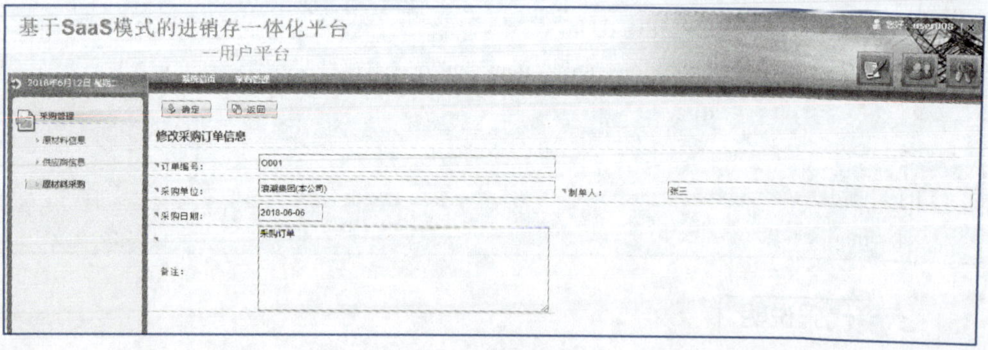

图 8-12
修改采购订单信息界面

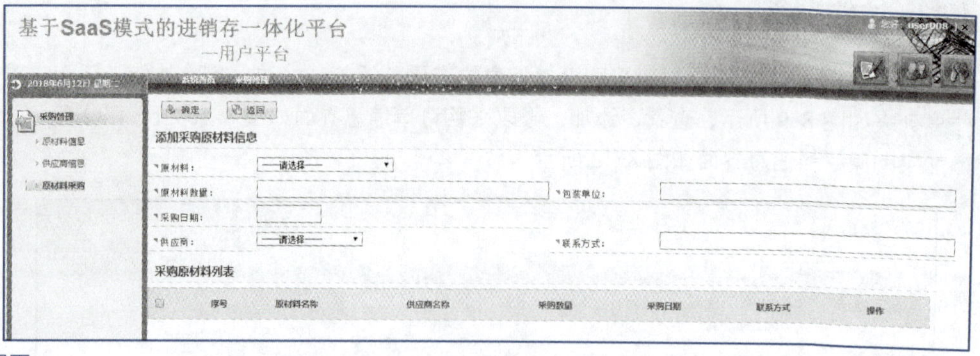

图 8-13
添加采购原材料信息界面

项目总结

通过本项目，读者可掌握采购管理的业务知识，并且实现了租户采购员的采购阶段的原材料管理、供应商管理功能。读者通过自己独立完成采购单管理的功能来加深学习效果。

项目 9 租户用户之销售管理

项目描述

对于 SaaS 租户的销售员来说，可以通过本系统进行销售过程的信息管理，包括管理货物信息、客户信息、商品销售信息。

PPT9
租户用户之销售管理
PPT

【知识目标】

- 了解企业销售管理的业务知识。
- 加深功能开发的流程。

【技能目标】

- 开发实现管理货物信息功能。
- 开发实现管理客户信息功能。

【任务列表】

任务编号	任务名称	建议课时
任务 9.1	管理货物信息	6
任务 9.2	管理客户信息	6
总计（课时）		12

任务 9.1　管理货物信息

微课 9-1
管理货物信息

【任务描述】

本任务实现租户对货物信息的查看、添加、修改和删除功能，货物信息列表界面如图 9-1 所示，查看、添加、修改货物信息界面如图 9-2～图 9-4 所示。

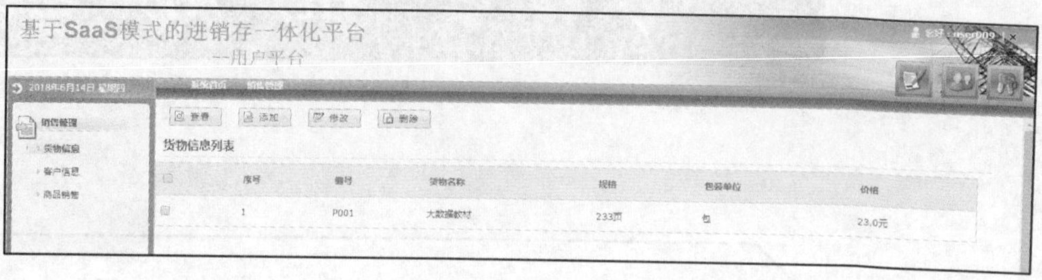

图 9-1
货物信息列表界面

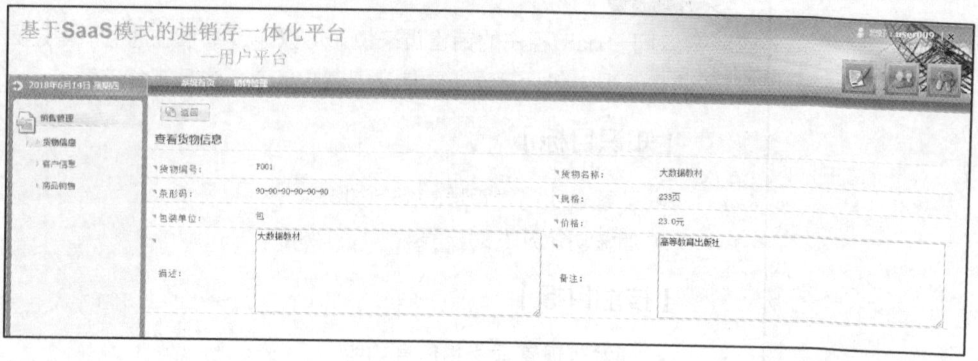

图 9-2
查看货物信息界面

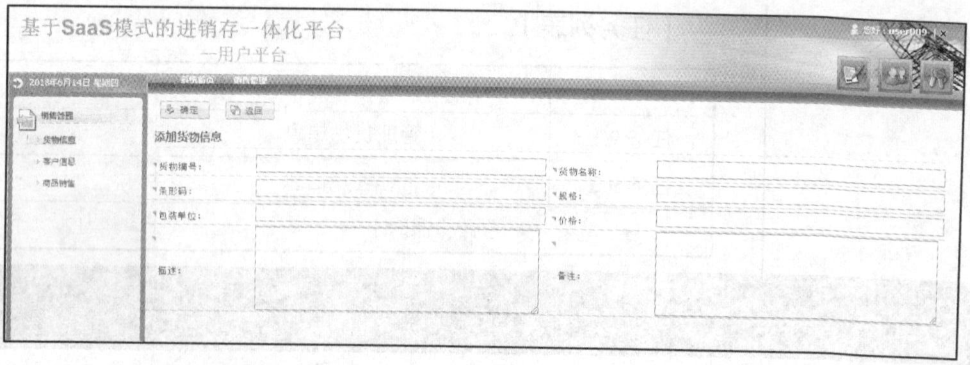

图 9-3
添加货物信息界面

【任务目标】

- 实现货物信息展示的功能。

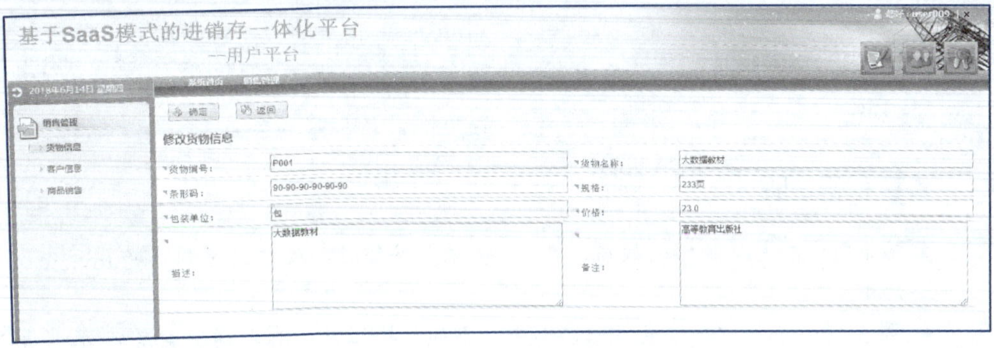

图 9-4
修改货物信息界面

- 掌握货物信息的逻辑内容和实现方法。

【知识学习】

租户销售人员成功登录系统后，单击主菜单栏中的“销售管理”按钮，左侧菜单功能栏会展示出“货物信息”按钮。

单击“货物信息”按钮，右侧会展示所有货物信息的列表。

单击货物信息列表上方的“查看”“添加”和“修改”按钮，会分别跳转到对应页面，对货物信息进行查看、添加、修改。在货物信息列表中选择单个或多个信息，然后单击“删除”按钮，会删除选中的货物信息。

【任务实施】

本功能开发结构为视图层→控制层→业务层→持久层。

其中，视图层→控制层通过 SpringMVC 注解的方式实现，持久层通过 MyBatis 框架的数据库语句映射文件实现。

① 在创建的工程目录下首先创建视图层文件，即货物信息列表界面的相关代码部分。

在 src\main\webapp\WEB-INF\pages\baseinfo\product 中添加“货物信息列表页面” jProductList.jsp，关键代码如下。

```
<li id="view"><a href="#" onclick="formSubmit('toview.action','_self');this.blur();">查看
</a></li>
<li id="new"><a href="#" onclick="formSubmit('tocreate.action','_self');this.blur();">添加
</a></li>
<li id="update"><a href="#" onclick="formSubmit('toupdate.action','_self');this.blur();">
修改
</a></li>
<li id="delete"><a href="#" onclick="formSubmit('delete.action','_self');this.blur();">删除
</a></li>
</ul>
</div>
```

```
11.</div>
12.</div>
13.</div>
```

代码说明

- 第 1 行：查看货物信息按钮，单击“查看”按钮时，跳转到控制层的 toview 方法中。
- 第 3 行：添加货物信息按钮，单击“添加”按钮时，跳转到控制层的 tocreate 方法中。
- 第 5 行：修改货物信息按钮，单击“修改”按钮时，跳转到控制层的 toupdate 方法中。
- 第 7 行：删除货物信息按钮，单击“删除”按钮时，跳转到控制层的 delete 方法中。

```
14.<!-- 页面主体部分（列表等） -->
15.<div class="textbox" id="centerTextbox">
16.<div class="textbox-header">
17.<div class="textbox-inner-header">
18.<div class="textbox-title">
19.    货物信息列表
20.</div>
21.</div>
22.</div>
23.<div>
24.<div class="eXtremeTable" >
25.<table id="ec_table" class="tableRegion" width="98%" >
26.    <thead>
27.    <tr>
28.            <td class="tableHeader"><input type="checkbox" name="selid"
29.onclick="checkAll('id',this)"></td>
30.            <td class="tableHeader">序号</td>
31.            <td class="tableHeader">编号</td>
32.            <td class="tableHeader">货物名称</td>
33.            <td class="tableHeader">规格</td>
34.            <td class="tableHeader">包装单位</td>
35.            <td class="tableHeader">价格</td>
36.    </tr>
37.    </thead>
38.    <tbody class="tableBody" >
39.    <c:forEach items="${dataList}" var="o" varStatus="status">
40.    <tr class="odd" onmouseover="this.className='highlight'"
```

```
41.onmouseout="this.className='odd'" >
42.         <td><input type="checkbox" name="id" value="${o.id}"/></td>
43.         <td>${status.index+1}</td>
44.         <td><a href="toview.action?id=${o.id}">${o.productNo}</a></td>
45.         <td>${o.name}</td>
46.         <td>${o.specification}</td>
47.         <td>${o.packingUnit}</td>
48.         <td>${o.price}元</td>
49.     </tr>
50.     </c:forEach>
51.     </tbody>
52.</table>
```

代码说明

- 第 25～52 行：通过表格实现列表信息布局，循环显示货物列表信息。

② 在 src\main\webapp\WEB-INF\pages\baseinfo\product 中添加“查看货物信息页面”jProductView.jsp，关键代码如下。

```
<li id="back"><a href="list.action">返回</a></li>
</ul>
</div>
</div>
</div>
</div>
<div class="textbox" id="centerTextbox">
<div class="textbox-header">
<div class="textbox-inner-header">
<div class="textbox-title">
        查看货物信息
</div>
</div>
</div>
</div>
<div>
            <table class="commonTable" cellspacing="1">
    <tr>
    <td class="columnTitle_mustbe">货物编号：</td>
    <td class="tableContent">${obj.productNo }</td>
    <td class="columnTitle_mustbe">货物名称：</td>
    <td class="tableContent">${obj.name }</td>
    </tr>
```

```
24. <tr>
25. <td class="columnTitle_mustbe">条形码：</td>
26. <td class="tableContent">${obj.barCode }</td>
27. <td class="columnTitle_mustbe">规格：</td>
28. <td class="tableContent">${obj.specification }</td>
29. </tr>
30. <tr>
31. <td class="columnTitle_mustbe">包装单位：</td>
32. <td class="tableContent">${obj.packingUnit }</td>
33. <td class="columnTitle_mustbe">价格：</td>
34. <td class="tableContent">${obj.price }元</td>
35. </tr>
36. <tr>
37. <td class="columnTitle_mustbe">描述：</td>
38. <td class="tableContent">
39.         <textarea name = "description"
40. style="height:120px;">${obj.description }</textarea>
41. </td>
42. <td class="columnTitle_mustbe">备注：</td>
43. <td class="tableContent">
44.         <textarea name = "memo" 45.style="height:120px;">${obj.memo }</textarea>
45. </td>
46. </tr>
47.         </table>
48. </div>
```

代码说明

- 第 1～48 行：通过单击货物列表界面中的“查看”按钮跳转到该页面，页面通过表格布局显示货物详细信息。

③ 在 src\main\webapp\WEB-INF\pages\baseinfo\product 中添加“添加货物信息页面” jProductCreate.jsp，关键代码如下。

```
<li id="save"><a href="#" onclick="formSubmit('insert.action','_self');">确定</a></li>
<li id="back"><a href="list.action">返回</a></li>
</ul>
</div>
</div>
</div>
</div>
<div class="textbox" id="centerTextbox">
<div class="textbox-header">
```

```
<div class="textbox-inner-header">
<div class="textbox-title">
        添加货物信息
</div>
</div>
</div>
</div>
<div>
        <table class="commonTable" cellspacing="1">
    <tr>
    <td class="columnTitle_mustbe">货物编号：</td>
    <td class="tableContent"><input type="text" name="productNo" /></td>
    <td class="columnTitle_mustbe">货物名称：</td>
    <td class="tableContent"><input type="text" name="name" /></td>
    </tr>
    <tr>
    <td class="columnTitle_mustbe">条形码：</td>
    <td class="tableContent"><input type="text" name="barCode" /></td>
    <td class="columnTitle_mustbe">规格：</td>
    <td class="tableContent"><input type="text" name="specification" /></td>
    </tr>
    <tr>
    <td class="columnTitle_mustbe">包装单位：</td>
    <td class="tableContent"><input type="text" name="packingUnit" /></td>
    <td class="columnTitle_mustbe">价格：</td>
    <td class="tableContent"><input type="text" name="price" /></td>
    </tr>
    <tr>
    <td class="columnTitle_mustbe">描述：</td>
    <td class="tableContent">
        <textarea name = "description" style="height:120px;">
        </textarea>
    </td>
    <td class="columnTitle_mustbe">备注：</td>
    <td class="tableContent">
        <textarea name = "memo" style="height:120px;">
        </textarea>
    </td>
    </tr>
        </table>
    </div>
</div>
```

代码说明

- 第 1 行：单击“确定”按钮时，跳转到控制层的 insert 方法中实现货物信息添加。
- 第 2 行：单击“返回”按钮时，跳转到控制层的 list 方法中获取列表信息以显示供应商列表界面。
- 第 18～49 行：输入添加的货物信息。

④ 在 src\main\webapp\WEB-INF\pages\baseinfo\material 中添加“修改货物信息页面”jProductUpdate.jsp，关键代码如下。

```
1.<li id="save"><a href="#" onclick="formSubmit('update.action','_self');">确定</a></li>
2.<li id="back"><a href="list.action">返回</a></li>
3.</ul>
4.</div>
5.</div>
6.</div>
7.</div>
8.<div class="textbox" id="centerTextbox">
9.<div class="textbox-header">
10.<div class="textbox-inner-header">
11.<div class="textbox-title">
12.          修改货物信息
13.</div>
14.</div>
15.</div>
16.</div>
17.<div>
18.          <table class="commonTable" cellspacing="1">
19.     <tr>
20     <td class="columnTitle_mustbe">货物编号：</td>
21.     <td class="tableContent"><input type="text" name="productNo"
22.value="${obj.productNo }" /></td>
23.     <td class="columnTitle_mustbe">货物名称：</td>
24.     <td class="tableContent"><input type="text" name="name"
25.value="${obj.name }" /></td>
26.     </tr>
27.     <tr>
28.     <td class="columnTitle_mustbe">条形码：</td>
29.     <td class="tableContent"><input type="text" name="barCode"
30.value="${obj.barCode }" /></td>
31.     <td class="columnTitle_mustbe">规格：</td>
32.     <td class="tableContent"><input type="text" name="specification"
```

```
33.value="${obj.specification }" /></td>
34.    </tr>
35.    <tr>
36.    <td class="columnTitle_mustbe">包装单位：</td>
37.    <td class="tableContent"><input type="text" name="packingUnit"
38.value="${obj.packingUnit }" /></td>
39.    <td class="columnTitle_mustbe">价格：</td>
40.    <td class="tableContent"><input type="text" name="price"
41.value="${obj.price }" /></td>
42.    </tr>
43.    <tr>
44.    <td class="columnTitle_mustbe">描述：</td>
45.    <td class="tableContent">
46.            <textarea name = "description"
47.style="height:120px;">${obj.description }</textarea>
48.    </td>
49.    <td class="columnTitle_mustbe">备注：</td>
50.    <td class="tableContent">
51.            <textarea name = "memo"
52.style="height:120px;">${obj.memo }</textarea>
53.    </td>
54.    </tr>
55.            </table>
56.    </div>
57.</div>
```

代码说明

- 第 1 行：单击“确定”按钮时，跳转到控制层的 update 方法中实现货物信息修改。
- 第 2 行：单击“返回”按钮时，跳转到控制层的 list 方法中获取列表信息以显示货物列表界面。
- 第 18～55 行：输入修改的货物信息。

⑤ 在项目包 com.cetc55.pss.baseinfo.po 下添加类 Product.java，作为存储货物信息的实体类，关键代码如下。

```
package com.cetc55.pss.baseinfo.po;
public class Product implements Serializable {
    private static final long serialVersionUID = 4248963416816605713L;
    private String id ;                    //ID
    private String name ;                  //货物名称
    private String productNo ;             //货物编号
    private String barCode ;               //条形码
```

```
    private String specification ;          //规格
    private String packingUnit ;            //包装单位
    private Double price ;                  //价格
    private String description ;            //描述
    private String memo ;                   //备注
    private String tenantId ;               //所属租户 ID

    public Product() {
        super();
    }
}
```

⑥ 在项目包 com.cetc55.pss.baseinfo.controller 下添加类 ProductController，实现控制层的查增改删，调用业务层，关键代码如下。

```
package com.cetc55.pss.baseinfo.controller;
@Controller
@RequestMapping("/baseinfo/product")
public class ProductController extends BaseController {

    @Resource
    ProductService productService ;
    //存放列表信息
    private List<Product> dataList ;

    /**
     * 跳转到列表页面
     */
    @RequestMapping("/list.action")
    public String list(Model model,HttpSession session ){

        //获取租户信息
        UserVo curuser = (UserVo) session.getAttribute("CURUSER");
        if(curuser==null){
            return "/user_index.jsp";
        }
        Map<String,Object> paraMap = new HashMap<String,Object>();
        paraMap.put("tenantId", curuser.getTenantId());

        dataList = productService.find(paraMap);
        model.addAttribute("dataList",dataList);

```

```
28.         return "/baseinfo/product/jProductList.jsp" ;
29   }
```

代码说明

- 第 14～28 行: 调用业务层的 find 方法获取货物信息列表以显示货物信息列表界面。

```
30.  @RequestMapping("/toview.action")
31.  public String toview(String id, Model model){
32.       Product obj = this.productService.get(id);
33.       model.addAttribute("obj",obj);
34.
35.       return "/baseinfo/product/jProductView.jsp";
36.  }
37.  /**
38.   * 跳到添加页面
39.   */
40.  @RequestMapping("/tocreate.action")
41.  public String tocreate(){
42.       return "/baseinfo/product/jProductCreate.jsp";
43.  }
```

代码说明

- 第 40～43 行: 单击货物列表界面的“添加”按钮时，执行该方法后跳转到添加货物信息界面。

```
44.  /**
45.   * 添加
46.   */
47.  @RequestMapping("/insert.action")
48.  public String create(Product product,HttpSession session){
49.
50.       //获取租户信息
51.       UserVo curuser = (UserVo) session.getAttribute("CURUSER");
52.       if(curuser==null){
53.            return "/user_index.jsp";
54.       }
55.       String tenantId = curuser.getTenantId() ;
56.
57.       product.setTenantId(tenantId);
58.
59.       this.productService.insert(product);
```

```
60.            return "redirect:/baseinfo/product/list.action";
61.    }
```

代码说明

- 第 47～61 行：单击添加货物信息界面的“确定”按钮时，执行该方法，调用业务层的 insert 方法后跳转到货物列表界面。

```
62.    /**
63.     * 跳到更新页面
64.     */
65.    @RequestMapping("/toupdate.action")
66.    public String toupdate(String id,Model model){
67.            Product obj = this.productService.get(id);
68.            model.addAttribute("obj",obj);
69.
70.            return "/baseinfo/product/jProductUpdate.jsp";
71.    }
```

代码说明

- 第 65～71 行：单击管理货物列表界面的“修改”按钮时，执行该方法后跳转到修改货物界面。

```
72.    /**
73.     * 更新
74.     */
75.    @RequestMapping("/update.action")
76.    public String update(Product product){
77.            this.productService.update(product);
78.            return "redirect:/baseinfo/product/list.action";
79.    }
```

代码说明

- 第 75～79 行：单击修改货物信息界面的“确定”按钮时，执行该方法，调用业务层的 update 方法后跳转到货物列表界面。

```
80.    /**
81.     * 删除
82.     */
83.    @RequestMapping("/deleteById.action")
84.    public String deleteById(String id){
```

```
85.         this.productService.deleteById(id);
86.         return "redirect:/baseinfo/product/list.action";
87.   }
88.   /**
89.    * 批量删除
90.    */
91.   @RequestMapping("/delete.action")
92.   public String delete(@RequestParam("id")String[] ids){
93.         this.productService.delete(ids);
94.         return "redirect:/baseinfo/product/list.action";
95.   }
96.}
```

代码说明

- 第 83～95 行：单击货物列表信息界面的“删除”按钮时，执行该方法，调用业务层的 delete 方法后跳转到货物列表界面。

⑦ 在项目包 com.cetc55.pss.baseinfo.service 中添加业务层的接口类 ProductService.java，关键代码如下。

```
package com.cetc55.pss.baseinfo.service;
public interface ProductService extends BaseService<Product> {


	/**
	 * 通过货物编号获取货物信息
	 * @param productNo
	 * @return
	 */
	public Product findByProductNo(String productNo);

}
```

⑧ 在项目包 com.cetc55.pss.baseinfo.service.impl 下添加业务层类 ProductServiceImpl.java，实现业务层的查增改删，业务层调用数据层，关键代码如下。

```
package com.cetc55.pss.baseinfo.service.impl;
@Service("productService")
public class ProductServiceImpl extends BaseServiceImpl<Product> implements
ProductService{

	ProductDao productDao ;
	@Resource
	public void setproductDao(ProductDao productDao) {
```

```
9.          super.setBaseDao(productDao);
10.         this.productDao = productDao;
11.     }
12.     @Override
13.     public void insert(Product entity) {
14.         entity.setId(UUID.randomUUID().toString());
15.         this.productDao.insert(entity);
16.     }
17.     @Override
18.     public Product findByProductNo(String productNo) {
19.         Map<String,Object> paramMap = new HashMap<String, Object>();
20.         paramMap.put("productNo", productNo);
21.         List<Product> productList = this.productDao.find(paramMap);
22.
23.         if(UtilFuns.isNotEmpty(productList)){
24.             return productList.get(0);
25.         }
26.         return null;
27.     }
28.}
```

代码说明

- 第 13～16 行：单击添加货物信息界面的“确定”按钮时，在控制层的 insert 方法中调用该方法，该方法中调用 Dao 层的 insert 实现货物信息的添加。

⑨ 在项目包 com.cetc55.pss.baseinfo.dao 下添加数据层接口类 ProductDao.java，关键代码如下。

```
package com.cetc55.pss.baseinfo.dao;
public interface ProductDao extends BaseDao<Product> {


}
```

⑩ 在项目包 com.cetc55.pss.baseinfo.dao.impl 下添加数据层类 ProductDaoImpl.java，调用数据库映射文件，关键代码如下。

```
package com.cetc55.pss.baseinfo.dao.impl;
@Repository("productDao")
public class ProductDaoImpl extends BaseDaoImpl<Product> implements ProductDao {

    //设置命名空间
    public ProductDaoImpl() {
        super.setNs("com.cetc55.pss.baseinfo.mapper.ProductMapper");
```

```
        }
}
```

⑪ 在项目包 com.cetc55.pss.baseinfo.mapper 下添加 MyBatis 框架映射文件 ProductMapper.xml，访问数据库以实现货物的查增改删，关键代码如下。

```
1.<?xml version="1.0" encoding="UTF-8" ?>
2.<!DOCTYPE mapper
3.PUBLIC "-//mybatis.org//DTD Mapper 3.0//EN"
4."http://mybatis.org/dtd/mybatis-3-mapper.dtd">
5.<mapper namespace="com.cetc55.pss.baseinfo.mapper.ProductMapper">
6.    <resultMap id="ProductRM" type="Product">
7.        <id property="id" column="PRODUCT_ID"/>
8.
9.        <result property="name" column="PRODUCT_NAME"/>
10.       <result property="productNo" column="PRODUCT_NO"/>
11.       <result property="barCode" column="BAR_CODE"/>
12.       <result property="specification" column="SPECIFICATION"/>
13.       <result property="packingUnit" column="PACKING_UNIT"/>
14.       <result property="price" column="PRICE"/>
15.       <result property="description" column="DESCRIPTION"/>
16.       <result property="memo" column="MEMO"/>
17.       <result property="tenantId" column="TENANT_ID"/>
18.   </resultMap>
19.   <!-- 查询列表 -->
20.   <select id="find" parameterType="map" resultMap="ProductRM">
21.       select * from PRODUCT_C
22.       <where>
23.           TENANT_ID = #{tenantId}
24.           <if test="productNo != null"> AND PRODUCT_NO = #{productNo}</if>
25.       </where>
26.   </select>
```

代码说明

● 第 20～26 行：查询信息列表的数据库语句。

```
27.   <!-- 获取单个信息 -->
28.   <select id="get" parameterType="string" resultMap="ProductRM">
29.       select * from PRODUCT_C
30.       where PRODUCT_ID = #{pid}
31.   </select>
32.   <!-- 添加仓库信息 -->
```

```
33. <insert id="insert" parameterType="Product">
34.     insert into PRODUCT_C
35.(PRODUCT_ID,PRODUCT_NAME,PRODUCT_NO,BAR_CODE,SPECIFICATION,
PACKING_UNIT,PRICE,DESCRIPTION,MEMO,TENANT_ID)
36.     values
37.     (
38.         #{id, jdbcType = VARCHAR},
39.         #{name, jdbcType = VARCHAR},
40.         #{productNo, jdbcType = VARCHAR},
41.         #{barCode, jdbcType = VARCHAR},
42.         #{specification, jdbcType = VARCHAR},
43.         #{packingUnit, jdbcType = VARCHAR},
44.         #{price, jdbcType = DOUBLE},
45.         #{description, jdbcType = VARCHAR},
46.         #{memo, jdbcType = VARCHAR},
47.         #{tenantId, jdbcType = VARCHAR}
48.     )
49. </insert>
```

代码说明

- 第 33～49 行：添加货物信息的数据库插入语句。

```
50. <!-- 修改仓库信息 -->
51. <update id="update" parameterType="Product">
52.     update PRODUCT_C
53.     <set>
54.         <if test="name != null"> PRODUCT_NAME = #{name},</if>
55.         <if test="productNo != null"> PRODUCT_NO = #{productNo},</if>
56.         <if test="barCode != null">BAR_CODE = #{barCode},</if>
57.         <if test="specification != null">SPECIFICATION = #{specification},</if>
58.         <if test="packingUnit != null">PACKING_UNIT = #{packingUnit},</if>
59.         <if test="price != null">PRICE = #{price},</if>
60.         <if test="description != null">DESCRIPTION = #{description},</if>
61.         <if test="memo != null">MEMO = #{memo},</if>
62.     </set>
63.     where PRODUCT_ID = #{id}
64. </update>
```

代码说明

- 第 50～64 行：修改货物信息的数据库更新语句。

```
65.  <!-- 删除单个仓库信息 -->
66.  <delete id="deleteById" parameterType="string">
67.          delete from PRODUCT_C
68.          where PRODUCT_ID = #{pid}
69.  </delete>
70.          <!-- 批量删除仓库信息 -->
71.  <delete id="delete" parameterType="string">
72.          delete from PRODUCT_C
73.          where PRODUCT_ID in
74.          <foreach collection="array" item="id" open="(" close=")" separator=",">
75.                  #{id}
76.          </foreach>
77.   </delete>
78.</mapper>
```

代码说明

- 第 65～77 行：删除货物信息的数据库删除语句。

任务 9.2　管理客户信息

微课 9-2
管理客户信息

【任务描述】

本任务实现租户对客户信息的查看、添加、修改和删除功能，客户信息列表界面如图 9-5 所示，查看、添加、修改客户信息界面如图 9-6～图 9-8 所示。

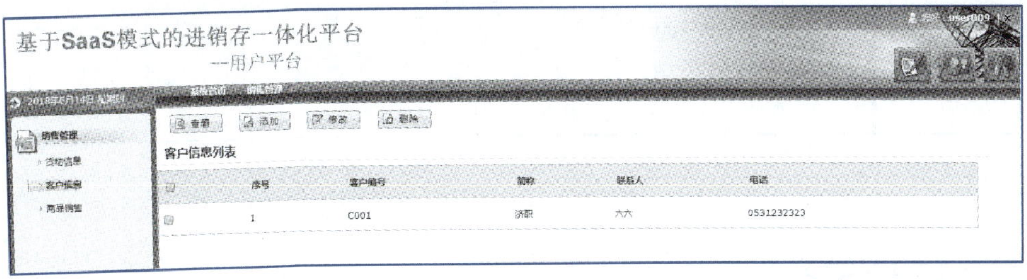

图 9-5
客户信息列表界面

【任务目标】

- 实现客户信息展示的功能。
- 掌握客户信息的逻辑内容及实现方式。

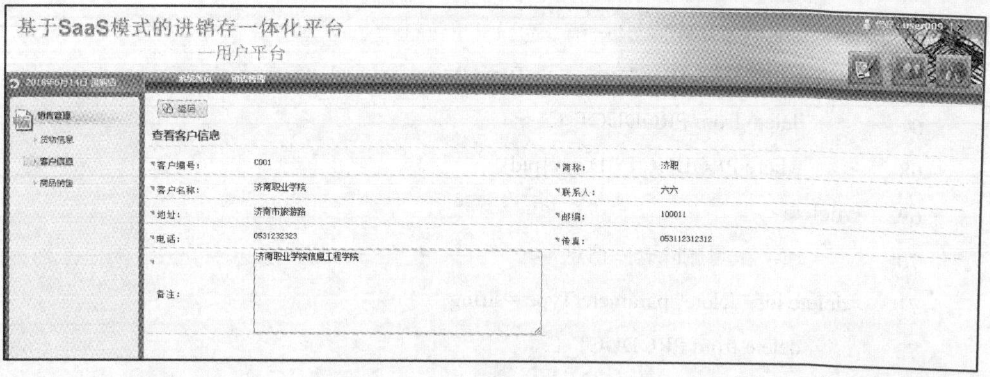

图 9-6
查看客户信息界面

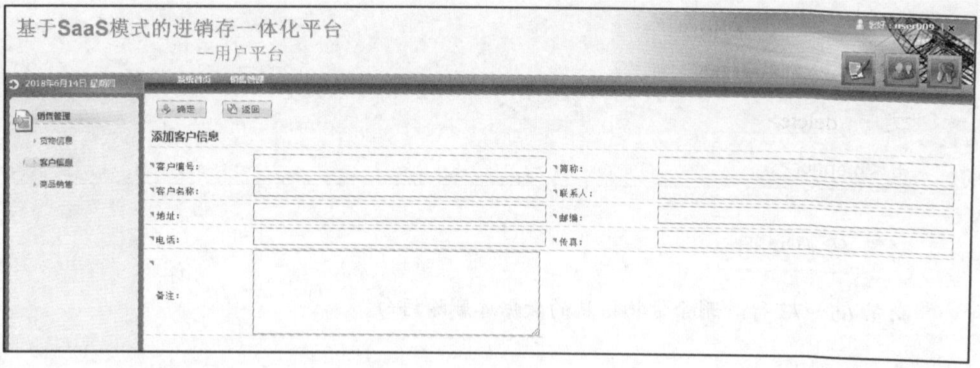

图 9-7
添加客户信息界面

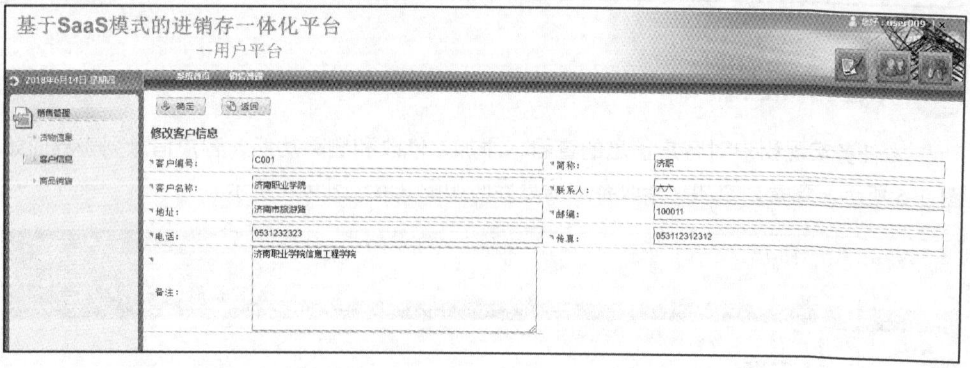

图 9-8
修改客户信息界面

【知识学习】

租户销售人员成功登录系统后，单击主菜单栏中的“销售管理”按钮，左侧菜单功能栏会展示出“客户信息”按钮。

单击“客户信息”按钮，右侧会展示所有客户信息的列表。

单击客户信息列表上方的“查看”“添加”和“修改”按钮，会分别跳转到对应页面，对客户信息进行查看、添加、修改。在客户信息列表中选择单个或多个信息，然后单击“删除”按钮，会删除选中的客户信息。

【任务实施】

本功能开发结构为视图层→控制层→业务层→持久层。

其中，视图层→控制层通过 SpringMVC 注解的方式实现。持久层通过 MyBatis 框架的数据库语句映射文件实现。

① 在创建的工程目录下首先创建视图层文件，即客户信息列表界面的相关代码部分。

在 src\main\webapp\WEB-INF\pages\baseinfo\custom 中添加客户信息列表页面 jCustomList.jsp，关键代码如下。

```
1.<li id="view"><a href="#" onclick="formSubmit('toview.action','_self');this.blur();">查看
2.</a></li>
3.<li id="new"><a href="#" onclick="formSubmit('tocreate.action','_self');this.blur();">添加
4.</a></li>
5.<li id="update"><a href="#" onclick="formSubmit('toupdate.action','_self');this.blur();">
修改
6.</a></li>
7.<li id="delete"><a href="#" onclick="formSubmit('delete.action','_self');this.blur();">删除
8.</a></li>
9.</ul>
10.</div>
11.</div>
12.</div>
13.</div>
```

代码说明

- 第 1 行：查看客户信息按钮，单击“查看”按钮时，跳转到控制层的 toview 方法中。
- 第 3 行：添加客户信息按钮，单击“添加”按钮时，跳转到控制层的 tocreate 方法中。
- 第 5 行：修改客户信息按钮，单击“修改”按钮时，跳转到控制层的 toupdate 方法中。
- 第 7 行：删除客户信息按钮，单击“删除”按钮时，跳转到控制层的 delete 方法中。

```
14.<!-- 页面主体部分（列表等） -->
15.<div class="textbox" id="centerTextbox">
16.<div class="textbox-header">
17.<div class="textbox-inner-header">
18.<div class="textbox-title">
19. 客户信息列表
```

```
20.</div>
21.</div>
22.</div>
23.<div>
24.<div class="eXtremeTable" >
25.<table id="ec_table" class="tableRegion" width="98%" >
26.    <thead>
27.    <tr>
28.            <td class="tableHeader"><input type="checkbox" name="selid"
29.onclick="checkAll('id',this)"></td>
30.            <td class="tableHeader">序号</td>
31.            <td class="tableHeader">客户编号</td>
32.            <td class="tableHeader">简称</td>
33.            <td class="tableHeader">联系人</td>
34.            <td class="tableHeader">电话</td>
35.    </tr>
36.    </thead>
37.    <tbody class="tableBody" >
38.
39.    <c:forEach items="${dataList}" var="o" varStatus="status">
40.    <tr class="odd" onmouseover="this.className='highlight'"
41.onmouseout="this.className='odd'" >
42.            <td><input type="checkbox" name="id" value="${o.id}"/></td>
43.            <td>${status.index+1}</td>
44.            <td><a href="toview.action?id=${o.id}">${o.customNo}</a></td>
45.            <td>${o.shortName}</td>
46.            <td>${o.contacts}</td>
47.            <td>${o.mobile}</td>
48.    </tr>
49.    </c:forEach>
50.    </tbody>
51.</table>
52.</div>
```

代码说明

- 第 25～52 行：通过表格实现列表信息布局，循环显示客户列表信息。

② 在 src\main\webapp\WEB-INF\pages\baseinfo\custom 中添加“查看客户信息页面”jCustomView.jsp，关键代码如下。

```
1.<li id="back"><a href="list.action">返回</a></li>
2.</ul>
```

```
</div>
</div>
</div>
</div>

<div class="textbox" id="centerTextbox">

    <div class="textbox-header">
<div class="textbox-inner-header">
<div class="textbox-title">
        查看客户信息
</div>
</div>
</div>
</div>

<div>
            <table class="commonTable" cellspacing="1">
    <tr>
    <td class="columnTitle_mustbe">客户编号：</td>
    <td class="tableContent">${obj.customNo }</td>
    <td class="columnTitle_mustbe">简称：</td>
    <td class="tableContent">${obj.shortName }</td>
    </tr>
    <tr>
    <td class="columnTitle_mustbe">客户名称：</td>
    <td class="tableContent">${obj.name }</td>
    <td class="columnTitle_mustbe">联系人：</td>
    <td class="tableContent">${obj.contacts }</td>
    </tr>
    <tr>
    <td class="columnTitle_mustbe">地址：</td>
    <td class="tableContent">${obj.address }</td>
    <td class="columnTitle_mustbe">邮编：</td>
    <td class="tableContent">${obj.email }</td>
    </tr>
    <tr>
    <td class="columnTitle_mustbe">电话：</td>
    <td class="tableContent">${obj.mobile }</td>
    <td class="columnTitle_mustbe">传真：</td>
    <td class="tableContent">${obj.fax }</td>
```

```
44.    </tr>
45.    <tr>
46.    <td class="columnTitle_mustbe">备注：</td>
47.    <td class="tableContent">
48.            <textarea name = "memo"  放
49.style="height:120px;">${obj.memo }</textarea>
50.    </td>
51.    </tr>
52.            </table>
53.    </div>
54.</div>
```

代码说明

- 第 1～54 行：通过单击客户列表界面中的“查看”按钮跳转到该页面，页面通过表格布局显示客户详细信息。

③ 在 src\main\webapp\WEB-INF\pages\baseinfo\custom 中添加“添加客户信息页面” jCustomCreate.jsp，关键代码如下。

```
<li id="save"><a href="#" onclick="formSubmit('insert.action','_self');">确定</a></li>
<li id="back"><a href="list.action">返回</a></li>
</ul>
</div>
</div>
</div>
</div>

<div class="textbox" id="centerTextbox">

<div class="textbox-header">
<div class="textbox-inner-header">
<div class="textbox-title">
        添加客户信息
</div>
</div>
</div>
</div>
<div>
<table class="commonTable" cellspacing="1">
    <tr>
    <td class="columnTitle_mustbe">客户编号：</td>
    <td class="tableContent"><input type="text" name="customNo" /></td>
```

```
24. <td class="columnTitle_mustbe">简称：</td>
25. <td class="tableContent"><input type="text" name="shortName" /></td>
26. </tr>
27. <tr>
28. <td class="columnTitle_mustbe">客户名称：</td>
29. <td class="tableContent"><input type="text" name="name" /></td>
30. <td class="columnTitle_mustbe">联系人：</td>
31. <td class="tableContent"><input type="text" name="contacts" /></td>
32. </tr>
33. <tr>
34. <td class="columnTitle_mustbe">地址：</td>
35. <td class="tableContent"><input type="text" name="address" /></td>
36. <td class="columnTitle_mustbe">邮编：</td>
37. <td class="tableContent"><input type="text" name="email" /></td>
38. </tr>
39. <tr>
40. <td class="columnTitle_mustbe">电话：</td>
41. <td class="tableContent"><input type="text" name="mobile" /></td>
42. <td class="columnTitle_mustbe">传真：</td>
43. <td class="tableContent"><input type="text" name="fax" /></td>
44. </tr>
45. <tr>
46. <td class="columnTitle_mustbe">备注：</td>
47. <td class="tableContent">
48.         <textarea name = "memo" style="height:120px;"></textarea>
49. </td>
50. </tr>
51.         </table>
52. </div>
53.</div>
```

代码说明

- 第 1 行：单击“确定”按钮时，跳转到控制层的 insert 方法中实现客户信息添加。
- 第 2 行：单击“返回”按钮时，跳转到控制层的 list 方法中获取列表信息以显示客户列表界面。
- 第 20～51 行：输入添加的客户信息。

④ 在 src\main\webapp\WEB-INF\pages\baseinfo\custom 中添加“修改客户信息页面”jCustomUpdate.jsp，关键代码如下。

```
<%@ page language="java" pageEncoding="UTF-8"%>
<%@ taglib prefix = "fmt" uri = "http://java.sun.com/jsp/jstl/fmt" %>
```

```
<%@ includc file="../../base.jsp"%>
<html xmlns="http://www.w3.org/1999/xhtml">
<head>
	<title>修改客户信息</title>
<link rel="stylesheet" type="text/css" href="${ctx}/skin/default/css/table.css">
<script type="text/javascript" src="${ctx}/js/datepicker/WdatePicker.js"></script>
</head>
<body>
<form method="post">

	<input type="hidden" name="id" value="${obj.id}"/>
<div id="menubar">
<div id="middleMenubar">
<div id="innerMenubar">
<div id="navMenubar">
<ul>
<li id="save"><a href="#" onclick="formSubmit('update.action','_self');">确定</a></li>
<li id="back"><a href="list.action">返回</a></li>
</ul>
</div>
</div>
</div>
</div>
<div class="textbox" id="centerTextbox">

<div class="textbox-header">
<div class="textbox-inner-header">
<div class="textbox-title">
		修改客户信息
</div>
</div>
</div>
</div>

<div>
		<table class="commonTable" cellspacing="1">
	<tr>
	<td class="columnTitle_mustbe">客户编号：</td>
	<td class="tableContent"><input type="text" name="customNo"
value="${obj.customNo }" /></td>
	<td class="columnTitle_mustbe">简称：</td>
```

```
44.  <td class="tableContent"><input type="text" name="shortName"
45.value="${obj.shortName }" /></td>
46.  </tr>
47.  <tr>
48.  <td class="columnTitle_mustbe">客户名称：</td>
49.  <td class="tableContent"><input type="text" name="name"
50.value="${obj.name }" /></td>
51.  <td class="columnTitle_mustbe">联系人：</td>
52.  <td class="tableContent"><input type="text" name="contacts"
53.value="${obj.contacts }" /></td>
54.  </tr>
55.  <tr>
56.  <td class="columnTitle_mustbe">地址：</td>
57.  <td class="tableContent"><input type="text" name="address"
58.value="${obj.address }"/></td>
59.  <td class="columnTitle_mustbe">邮编：</td>
60.  <td class="tableContent"><input type="text" name="email"
61.value="${obj.email }" /></td>
62.  </tr>
63.  <tr>
64.  <td class="columnTitle_mustbe">电话：</td>
65.  <td class="tableContent"><input type="text" name="mobile"
66.value="${obj.mobile }" /></td>
67.  <td class="columnTitle_mustbe">传真：</td>
68.  <td class="tableContent"><input type="text" name="fax" value="${obj.fax }"
69./></td>
70.  </tr>
71.  <tr>
72.  <td class="columnTitle_mustbe">备注：</td>
73.  <td class="tableContent">
74.  <textarea name = "memo" style="height:120px;">${obj.memo }</textarea>
75.  </td>
76.  </tr>
77.          </table>
78.  </div>
79.</div>
```

代码说明

- 第 1 行：单击“确定”按钮时，跳转到控制层的 update 方法中实现客户信息修改。
- 第 2 行：单击“返回”按钮时，跳转到控制层的 list 方法中获取列表信息以显示客户表界面。

- 第 38～77 行：输入修改的客户信息。

```
80.</form>
81.</body>
82.</html>
```

⑤ 在项目包 com.cetc55.pss.baseinfo.po 下添加类 Custom.java，作为存储客户信息的实体类，关键代码如下。

```
package com.cetc55.pss.baseinfo.po;

import java.io.Serializable;
/**
 * @Description:客户信息
 * @Author: cetc55
 * @CreateDate: 2018 年 5 月 18 日
 */
public class Custom implements Serializable{

    private static final long serialVersionUID = 1L;

    private String id ;                         //ID
    private String customNo ;                   //客户编号
    private String name ;                       //客户名称
    private String shortName ;                  //简称
    private String contacts ;                   //联系人
    private String address ;                    //地址
    private String email ;                      //邮编
    private String mobile ;                     //电话
    private String fax ;                        //传真
    private String memo ;                       //备注
    private String tenantId   ;                 //所属租户 ID

    public Custom() {
            super();
    }
    public String getId() {
            return id;
    }
    public void setId(String id) {
            this.id = id;
```

```
    }
    public String getCustomNo() {
        return customNo;
    }
    public void setCustomNo(String customNo) {
        this.customNo = customNo;
    }
    public String getName() {
        return name;
    }
    public void setName(String name) {
        this.name = name;
    }
    public String getShortName() {
        return shortName;
    }
    public void setShortName(String shortName) {
        this.shortName = shortName;
    }
    public String getContacts() {
        return contacts;
    }
    public void setContacts(String contacts) {
        this.contacts = contacts;
    }
    public String getAddress() {
        return address;
    }
    public void setAddress(String address) {
        this.address = address;
    }
    public String getEmail() {
        return email;
    }
    public void setEmail(String email) {
        this.email = email;
    }
    public String getMobile() {
        return mobile;
    }
    public void setMobile(String mobile) {
```

```
        this.mobile = mobile;
    }
    public String getFax() {
        return fax;
    }
    public void setFax(String fax) {
        this.fax = fax;
    }
    public String getMemo() {
        return memo;
    }
    public void setMemo(String memo) {
        this.memo = memo;
    }
    public String getTenantId() {
        return tenantId;
    }
    public void setTenantId(String tenantId) {
        this.tenantId = tenantId;
    }
}
```

⑥ 在项目包 com.cetc55.pss.baseinfo.controller 下添加类 CustomController，实现控制层的查增改删代码来调用业务层，关键代码如下。

```
package com.cetc55.pss.baseinfo.controller;

import java.util.HashMap;
import java.util.List;
import java.util.Map;

import javax.annotation.Resource;
import javax.servlet.http.HttpSession;

import org.springframework.stereotype.Controller;
import org.springframework.ui.Model;
import org.springframework.web.bind.annotation.RequestMapping;
import org.springframework.web.bind.annotation.RequestParam;

import com.cetc55.pss.baseinfo.po.Custom;
import com.cetc55.pss.baseinfo.service.CustomService;
import com.cetc55.pss.core.controller.BaseController;
```

```
18.import com.cetc55.pss.sysadmin.po.User;
19.import com.cetc55.pss.sysadmin.vo.UserVo;
20.
21.@Controller
22.@RequestMapping("/baseinfo/custom")
23.public class CustomController extends BaseController {
24.
25.    @Resource
26.    CustomService customService ;
27.    //存放列表信息
28.    private List<Custom> dataList ;
29.
30.    /**
31.     * 跳转到列表页面
32.     */
33.    @RequestMapping("/list.action")
34.    public String list(Model model,HttpSession session){
35.        //获取租户信息
36.        UserVo curuser = (UserVo) session.getAttribute("CURUSER");
37.
38.        if(curuser==null){
39.            return "/user_index.jsp";
40.        }
41.        Map<String,Object> paraMap = new HashMap<String,Object>();
42.        paraMap.put("tenantId", curuser.getTenantId());
43.
44.        dataList = customService.find(paraMap);
45.        model.addAttribute("dataList",dataList);
46.
47.        return "/baseinfo/custom/jCustomList.jsp" ;
48.    }
```

代码说明

- 第 33～48 行：调用业务层的 find 方法获取客户信息列表以显示客户信息列表界面。

```
49.    @RequestMapping("/toview.action")
50.    public String toview(String id, Model model){
51.        Custom obj = this.customService.get(id);
52.        model.addAttribute("obj",obj);
53.
54.        return "/baseinfo/custom/jCustomView.jsp";
```

```
55.  }
56.  /**
57.   * 跳到添加页面
58.   */
59.  @RequestMapping("/tocreate.action")
60.  public String tocreate(){
61.          return "/baseinfo/custom/jCustomCreate.jsp";
62.  }
```

代码说明

- 第 40～43 行：单击客户列表界面的“添加”按钮时，执行该方法后跳转到添加客户信息界面。

```
63.  /**
64.   * 添加
65.   */
66.  @RequestMapping("/insert.action")
67.  public String create(Custom custom,HttpSession session){
68.          //获取租户信息
69.          UserVo curuser = (UserVo) session.getAttribute("CURUSER");
70.
71.          if(curuser==null){
72.                  return "/user_index.jsp";
73.          }
74.          String tenantId = curuser.getTenantId() ;
75.
76.          custom.setTenantId(tenantId);
77.          this.customService.insert(custom);
78.
79.          return "redirect:/baseinfo/custom/list.action";
80.  }
```

代码说明

- 第 66～80 行：单击添加客户信息界面的“确定”按钮时，执行该方法，调用业务层的 insert 方法后跳转到客户列表界面。

```
81.  /**
82.   * 跳转到更新页面
83.   */
84.  @RequestMapping("/toupdate.action")
85.  public String toupdate(String id,Model model){
```

```
86.         Custom obj = this.customService.get(id);
87.         model.addAttribute("obj",obj);
88.
89.         return "/baseinfo/custom/jCustomUpdate.jsp";
90.   }
```

代码说明

- 第 84～90 行：单击管理客户列表界面的“修改”按钮时，执行该方法后跳转到修改客户界面。

```
91.   /**
92.    * 更新
93.    */
94.   @RequestMapping("/update.action")
95.   public String update(Custom custom){
96.         this.customService.update(custom);
97.         return "redirect:/baseinfo/custom/list.action";
98.   }
```

代码说明

- 第 94～98 行：单击修改客户信息界面的“确定”按钮时，执行该方法，调用业务 update 方法后跳转到客户列表界面。

```
99.   /**
100.   * 删除
101.   */
102.  @RequestMapping("/deleteById.action")
103.  public String deleteById(String id){
104.        this.customService.deleteById(id);
105.        return "redirect:/baseinfo/custom/list.action";
106.  }
107.  /**
108.   * 批量删除
109.   */
110.  @RequestMapping("/delete.action")
111.  public String delete(@RequestParam("id")String[] ids){
112.        this.customService.delete(ids);
113.        return "redirect:/baseinfo/custom/list.action";
114.  }
115.}
```

代码说明

- 第 102～115 行：单击客户列表信息界面的“删除”按钮时，执行该方法，调用业务层的 delete 方法后跳转到客户列表界面。

⑦ 在项目包 com.cetc55.pss.baseinfo.service 中添加业务层的接口类 CustomService.java，关键代码如下。

```
package com.cetc55.pss.baseinfo.service;

import com.cetc55.pss.baseinfo.po.Custom;
import com.cetc55.pss.core.service.BaseService;

public interface CustomService extends BaseService<Custom> {

}
```

⑧ 在项目包 com.cetc55.pss.baseinfo.service.impl 下添加业务层类 CustomServiceImpl.java，实现业务层的查增改删，业务层调用数据层，关键代码如下。

```
package com.cetc55.pss.baseinfo.service.impl;

import java.util.UUID;
import javax.annotation.Resource;
import org.springframework.stereotype.Service;
import com.cetc55.pss.baseinfo.dao.CustomDao;
import com.cetc55.pss.baseinfo.po.Custom;
import com.cetc55.pss.baseinfo.service.CustomService;
import com.cetc55.pss.core.service.impl.BaseServiceImpl;

@Service("customService")
public class CustomServiceImpl extends BaseServiceImpl<Custom> implements
CustomService{

    CustomDao customDao ;
    @Resource
    public void setCustomDao(CustomDao customDao) {
        super.setBaseDao(customDao);
        this.customDao = customDao;
    }

    @Override
    public void insert(Custom entity) {
```

```
24.         entity.setId(UUID.randomUUID().toString());
25.         this.customDao.insert(entity);
26.     }
27.}
```

代码说明

- 第 23～26 行：单击添加客户信息界面的“确定”按钮时，在控制层 insert 方法中调用该方法，该方法中调用 Dao 层的 insert 实现客户信息的添加。

⑨ 在项目包 com.cetc55.pss.baseinfo.dao 下添加接口类 CustomDao.java，关键代码如下。

```
package com.cetc55.pss.baseinfo.dao;
import com.cetc55.pss.baseinfo.po.Custom;
import com.cetc55.pss.core.dao.BaseDao;

public interface CustomDao extends BaseDao<Custom> {

}
```

⑩ 在项目包 com.cetc55.pss.baseinfo.dao.impl 下添加类 CustomDaoImpl.java，调用数据库映射文件，关键代码如下。

```
package com.cetc55.pss.baseinfo.dao.impl;

import org.springframework.stereotype.Repository;

import com.cetc55.pss.baseinfo.dao.CustomDao;
import com.cetc55.pss.baseinfo.po.Custom;
import com.cetc55.pss.core.dao.impl.BaseDaoImpl;

@Repository("customDao")
public class CustomDaoImpl extends BaseDaoImpl<Custom> implements CustomDao {

    //设置命名空间
    public CustomDaoImpl() {
        super.setNs("com.cetc55.pss.baseinfo.mapper.CustomMapper");
    }
}
```

⑪ 在项目包 com.cetc55.pss.baseinfo.mapper 下添加 MyBatis 框架映射文件 CustomMapper.xml，访问数据库以实现客户信息的查增改删，关键代码如下。

```
<?xml version="1.0" encoding="UTF-8" ?>
```

```
2.<!DOCTYPE mapper
3.PUBLIC "-//mybatis.org//DTD Mapper 3.0//EN"
4."http://mybatis.org/dtd/mybatis-3-mapper.dtd">
5.<mapper namespace="com.cetc55.pss.baseinfo.mapper.CustomMapper">
6.    <resultMap id="CustomRM" type="Custom">
7.        <id property="id" column="CUSTOM_ID"/>
8.
9.        <result property="customNo" column="CUSTOM_NO"/>
10.       <result property="name" column="CUSTOM_NAME"/>
11.       <result property="shortName" column="SHORT_NAME"/>
12.       <result property="contacts" column="CONTACTS"/>
13.       <result property="address" column="ADDRESS"/>
14.       <result property="email" column="EMAIL"/>
15.       <result property="mobile" column="MOBIL"/>
16.       <result property="fax" column="FAX"/>
17.       <result property="memo" column="MEMO"/>
18.       <result property="tenantId" column="TENANT_ID"/>
19.   </resultMap>
20.
21.   <!-- 查询列表 -->
22.   <select id="find" parameterType="map" resultMap="CustomRM">
23.       select * from CUSTOM_C
24.       <where>
25.           TENANT_ID = #{tenantId}
26.       </where>
27.   </select>
```

代码说明

- 第 22～27 行：查询信息列表的数据库语句。

```
28.   <!-- 获取单个信息 -->
29.   <select id="get" parameterType="string" resultMap="CustomRM">
30.       select * from CUSTOM_C
31.       where CUSTOM_ID = #{pid}
32.   </select>
33.   <!-- 添加仓库信息 -->
34.   <insert id="insert" parameterType="Custom">
35.       insert into CUSTOM_C
36.
37.(CUSTOM_ID,CUSTOM_NO,CUSTOM_NAME,SHORT_NAME,CONTACTS,ADDRESS,EMAIL,MOBIL,FAX, MEMO,TENANT_ID)
```

```
38.         values
39.         (
40.             #{id, jdbcType = VARCHAR},
41.             #{customNo, jdbcType = VARCHAR},
42.             #{name, jdbcType = VARCHAR},
43.             #{shortName, jdbcType = VARCHAR},
44.             #{contacts, jdbcType = VARCHAR},
45.             #{address, jdbcType = VARCHAR},
46.             #{email, jdbcType = VARCHAR},
47.             #{mobile, jdbcType = VARCHAR},
48.             #{fax, jdbcType = VARCHAR},
50.             #{memo, jdbcType = VARCHAR},
51.             #{tenantId, jdbcType = VARCHAR}
52.         )
53.     </insert>
```

代码说明

- 第 34～53 行：添加客户信息的数据库插入语句。

```
54.     <!-- 修改仓库信息 -->
55.     <update id="update" parameterType="Custom">
56.         update CUSTOM_C
57.         <set>
58.             <if test="customNo != null"> CUSTOM_NO = #{customNo},</if>
59.             <if test="name != null"> CUSTOM_NAME = #{name},</if>
60.             <if test="shortName != null">SHORT_NAME = #{shortName},</if>
61.             <if test="contacts != null">CONTACTS = #{contacts},</if>
62.             <if test="address != null">ADDRESS = #{address},</if>
63.             <if test="email != null">EMAIL = #{email},</if>
64.             <if test="mobile != null">MOBIL = #{mobile},</if>
65.             <if test="fax != null">FAX = #{fax},</if>
66.             <if test="memo != null">MEMO = #{memo},</if>
67.         </set>
68.         where CUSTOM_ID = #{id}
69.     </update>
```

代码说明

- 第 55～69 行：修改客户信息的数据库更新语句。

```
70.     <!-- 删除单个仓库信息 -->
71.     <delete id="deleteById" parameterType="string">
```

```
72.         delete from CUSTOM_C
73.         where CUSTOM_ID = #{pid}
74.     </delete>
75.         <!-- 批量删除仓库信息 -->
76.     <delete id="delete" parameterType="string">
77.         delete from CUSTOM_C
78.         where CUSTOM_ID in
79.         <foreach collection="array" item="id" open="(" close=")" separator=",">
80.             #{id}
81.         </foreach>
82.     </delete>
```

代码说明

- 第 71～82 行：删除客户信息的数据库删除语句。

```
</mapper>
```

技能训练

实现租户对商品销售订单信息的查看、添加、修改、删除功能，销售订单信息列表的界面如图 9-9 所示，查看、添加、修改销售订单信息的界面如图 9-10～图 9-12 所示。

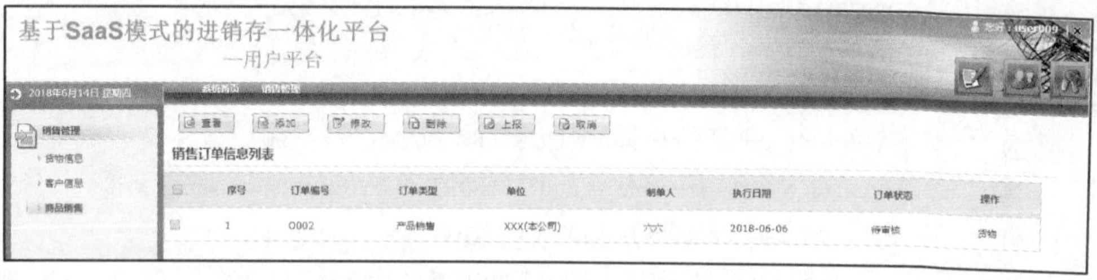

图 9-9
销售订单信息列表的界面

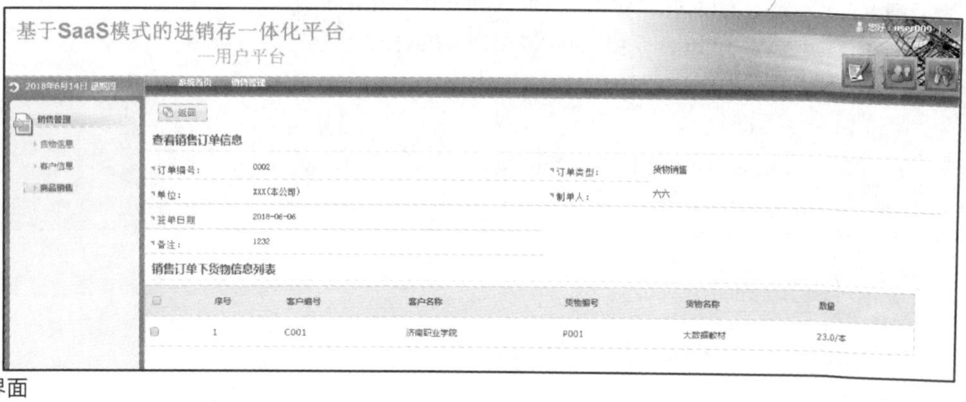

图 9-10
查看销售订单信息的界面

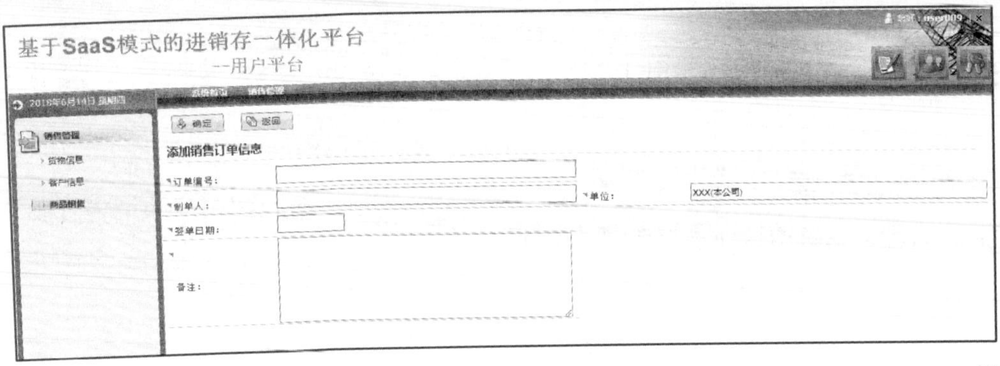

图 9-11
添加销售订单信息的界面

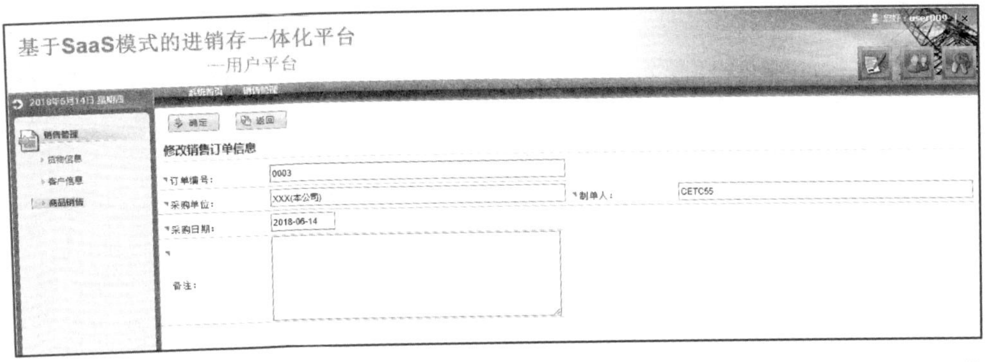

图 9-12
修改销售订单信息的界面

添加、修改销售订单货物信息的界面如图 9-13 和图 9-14 所示。

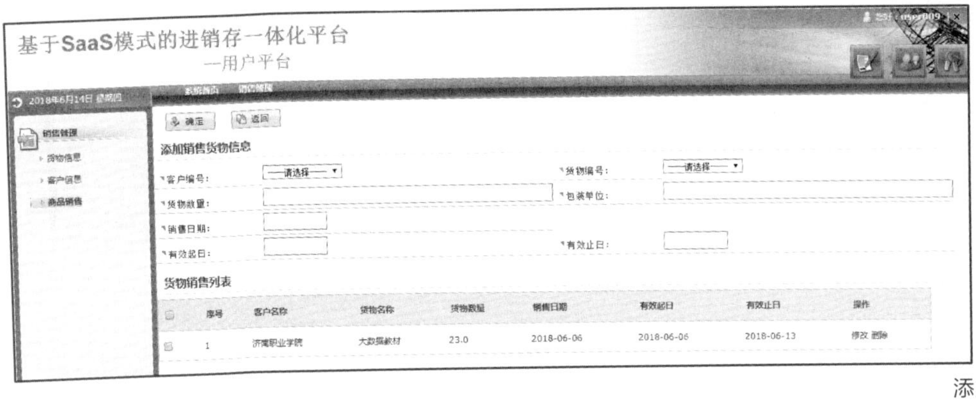

图 9-13
添加销售货物信息的界面

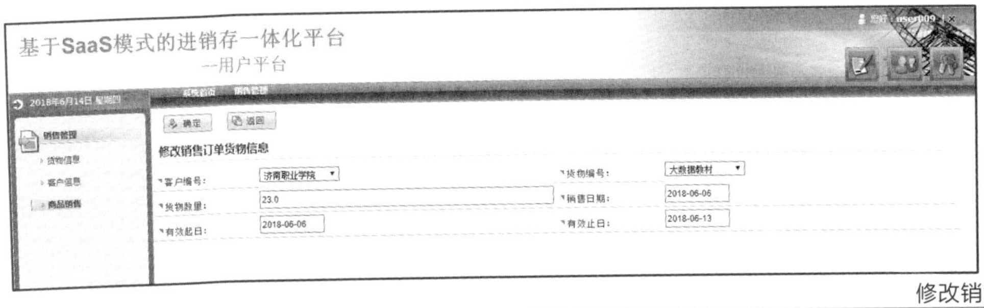

图 9-14
修改销售订单货物信息的界面

项目总结

通过本项目，读者可掌握进销存系统的销售管理的业务知识，同时实现租户用户的销售阶段的货物信息、客户信息管理，以及销售订单管理的系统开发功能。

项目 10 租户用户之库存管理

项目描述

对于 SaaS 租户的普通用户来说，可以通过本系统进行仓库的信息管理，包括仓库信息、原材料和货物的出入库管理等。

PPT10
租户用户之库存管理

PPT

【知识目标】

- 了解进销存系统中库存管理的业务知识。

【技能目标】

- 实现库存管理的功能。

【任务列表】

任务编号	任务名称	建议课时
任务	管理仓库信息	6
总计（课时）		6

任务　管理仓库信息

微课 10
管理仓库信息

【任务描述】

本任务实现租户对仓库信息的查看、添加、修改和删除功能，仓库信息列表的界面如图 10-1 所示，查看、添加、修改仓库信息的界面如图 10-2～图 10-4 所示。

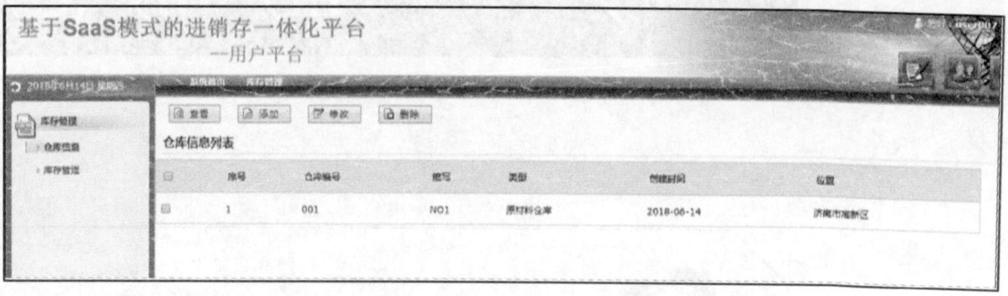

图 10-1
仓库信息列表的界面

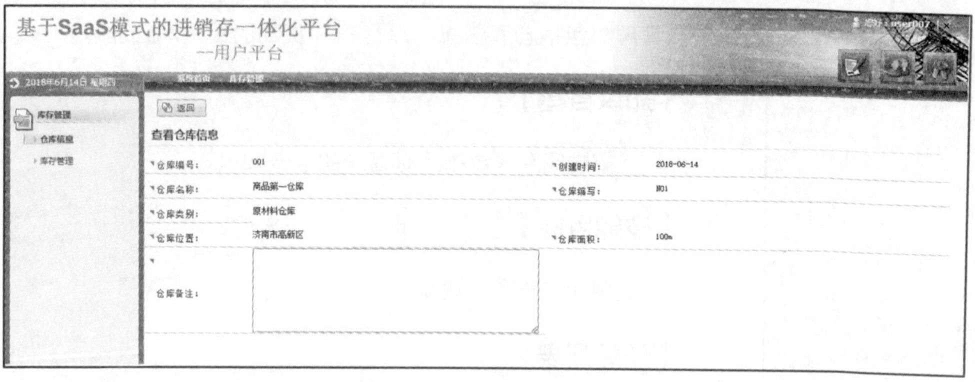

图 10-2
查看仓库信息的界面

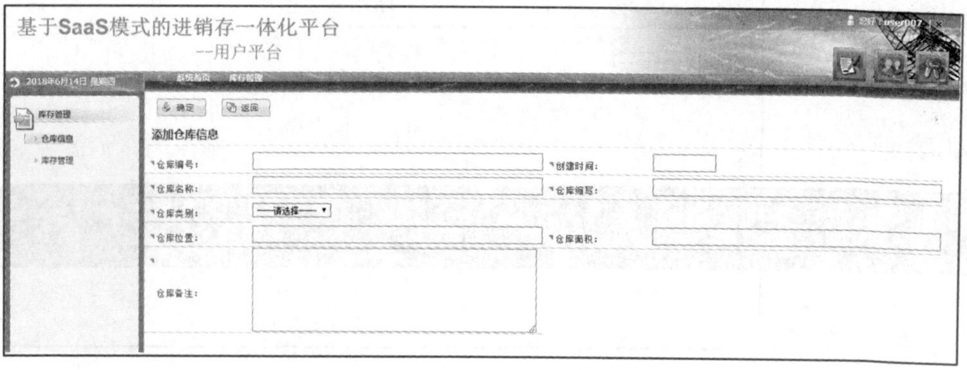

图 10-3
添加仓库信息的界面

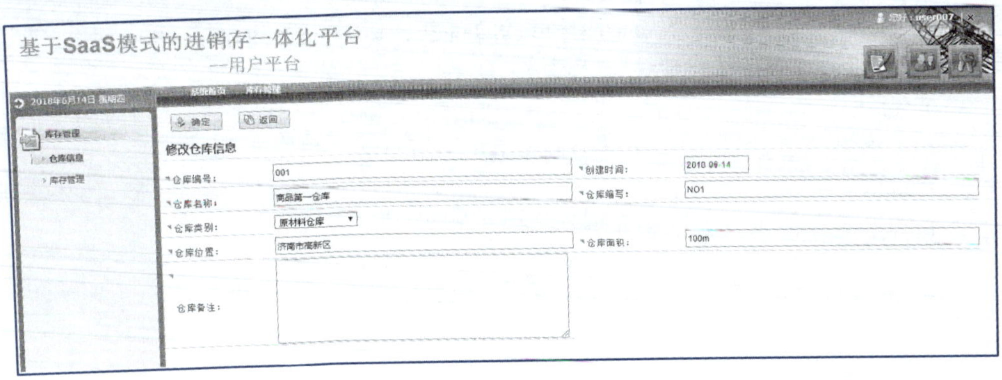

图 10-4
修改仓库信息的界面

【任务目标】

- 掌握仓库信息展示功能的实现方法。
- 掌握仓库信息的业务逻辑内容及实现方式。

【知识学习】

租户库存管理人员成功登录系统后，单击主菜单栏中的“库存管理”按钮，左侧菜单功能栏会展示出“仓库信息”按钮。

单击“仓库信息”按钮，右侧会展示所有仓库信息的列表。

单击仓库信息列表上方的“查看”“添加”和“修改”按钮，会分别跳转到对应页面，对仓库信息进行查看、添加和修改。在仓库信息列表中选择单个或多个信息，然后单击“删除”按钮，会删除选中的仓库信息。

【任务实施】

本功能开发结构为视图层→控制层→业务层→持久层。

其中，视图层→控制层通过 SpringMVC 注解的方式实现。持久层通过 MyBatis 框架的数据库语句映射文件实现。

① 在创建的工程目录下首先创建视图层文件，即仓库信息列表界面的相关代码部分。

在 src\main\webapp\WEB-INF\pages\baseinfo\repository 中添加仓库信息列表页面 jRepositoryList.jsp，关键代码如下。

```
<li id="view"><a href="#" onclick="formSubmit('toview.action','_self');this.blur();">查看
</a></li>
<li id="new"><a href="#" onclick="formSubmit('tocreate.action','_self');this.blur();">添加
</a></li>
<li id="update"><a href="#" onclick="formSubmit('toupdate.action','_self');this.blur();">
修改
</a></li>
```

```
7.<li id="delete"><a href="#" onclick="formSubmit('delete.action','_self');this.blur();">删除
8</a></li>
9.</ul>
10.</div>
11.</div>
12.</div>
13.</div>
```

代码说明

- 第 1 行：查看仓库信息，单击“查看”按钮时，跳转到控制层的 toview 方法中。
- 第 3 行：添加仓库信息，单击“添加”按钮时，跳转到控制层的 tocreate 方法中。
- 第 5 行：修改仓库信息，单击“修改”按钮时，跳转到控制层的 toupdate 方法中。
- 第 7 行：删除仓库信息，单击“删除”按钮时，跳转到控制层的 delete 方法中。

```
14.<!-- 页面主体部分（列表等） -->
15.<div class="textbox" id="centerTextbox">
16.<div class="textbox-header">
17.<div class="textbox-inner-header">
18.<div class="textbox-title">
19.
20.    仓库信息列表
21.
22.</div>
23.</div>
24.</div>
25.<div>
26.<div class="eXtremeTable" >
27.<table id="ec_table" class="tableRegion" width="98%" >
28.    <thead>
29.    <tr>
30.            <td class="tableHeader"><input type="checkbox" name="selid"
31.onclick="checkAll('id',this)"></td>
32.            <td class="tableHeader">序号</td>
33.            <td class="tableHeader">仓库编号</td>
34.            <td class="tableHeader">缩写</td>
35.            <td class="tableHeader">类型</td>
36.            <td class="tableHeader">创建时间</td>
37.            <td class="tableHeader">位置</td>
38.    </tr>
39.    </thead>
40.    <tbody class="tableBody" >
```

```
41.
42.   <c:forEach items="${dataList}" var="o" varStatus="status">
43.   <tr class="odd" onmouseover="this.className='highlight'"
44.onmouseout="this.className='odd'" >
45.           <td><input type="checkbox" name="id" value="${o.id}"/></td>
46.           <td>${status.index+1}</td>
47.           <td><a href="toview.action?id=${o.id}">${o.repositoryNo}</a></td>
48.           <td>${o.shortName}</td>
49.           <td>
50.                   <c:if test="${o.type == '1'}">原材料仓库</c:if>
51.                   <c:if test="${o.type == '2'}">货物仓库</c:if>
52.           </td>
53.           <td><fmt:formatDate value="${o.createTime}" pattern="yyyy-MM-dd"/></td>
54.           <td>${o.location}</td>
55.   </tr>
56.   </c:forEach>
57.   </tbody>
58.</table>
```

代码说明

- 第 27～58 行：通过表格实现列表信息布局，循环显示仓库列表信息。

② 在 src\main\webapp\WEB-INF\pages\baseinfo\repository 中添加“查看仓库信息页面”jRepositoryView.jsp，关键代码如下。

```
<li id="back"><a href="list.action">返回</a></li>
</ul>
</div>
</div>
</div>
</div>

<div class="textbox" id="centerTextbox">

<div class="textbox-header">
<div class="textbox-inner-header">
<div class="textbox-title">
        查看仓库信息
</div>
</div>
</div>
</div>
```

```

<div>
	<table class="commonTable" cellspacing="1">
	<tr>
	<td class="columnTitle_mustbe">仓库编号：</td>
	<td class="tableContent">${obj.repositoryNo}</td>
	<td class="columnTitle_mustbe">创建时间：</td>
	<td class="tableContent">
		<fmt:formatDate value="${obj.createTime}" pattern="yyyy-MM-dd"/>
	</td>
	</tr>
	<tr>
	<td class="columnTitle_mustbe">仓库名称：</td>
	<td class="tableContent">${obj.name}</td>
	<td class="columnTitle_mustbe">仓库缩写：</td>
	<td class="tableContent">${obj.shortName}</td>
	</tr>
	<tr>
		<td class="columnTitle_mustbe">仓库类别：</td>
	<td class="tableAutoContent">
			<c:if test="${obj.type == '1'}">原材料仓库</c:if>
			<c:if test="${obj.type == '2'}">货物仓库</c:if>
	</td>
	</tr>
	<tr>
	<td class="columnTitle_mustbe">仓库位置：</td>
	<td class="tableContent">${obj.location}</td>
	<td class="columnTitle_mustbe">仓库面积：</td>
	<td class="tableContent">${obj.area}</td>
	</tr>
	<tr>
	<td class="columnTitle_mustbe">仓库备注：</td>
	<td class="tableContent">
		<textarea name = "memo" style="height:120px;"
readonly="true">${obj.memo }</textarea>
	</td>
	</tr>
	</table>
	</div>
</div>
```

代码说明

- 第 1～57 行：通过单击仓库列表界面中的“查看”按钮跳转到该页面，页面通过表格布局显示仓库详细信息。

③ 在 src\main\webapp\WEB-INF\pages\baseinfo\repository 中添加“添加仓库信息页面”jRepositoryCreate.jsp，关键代码如下。

```
<li id="save"><a href="#" onclick="formSubmit('insert.action','_self');">确定</a></li>
<li id="back"><a href="list.action">返回</a></li>
</ul>
</div>
</div>
</div>
</div>
<div class="textbox" id="centerTextbox">
<div class="textbox-header">
<div class="textbox-inner-header">
<div class="textbox-title">
            添加仓库信息
</div>
</div>
</div>
</div>
<div>
        <table class="commonTable" cellspacing="1">
    <tr>
    <td class="columnTitle_mustbe">仓库编号：</td>
    <td class="tableContent"><input type="text" name="repositoryNo" /></td>
    <td class="columnTitle_mustbe">创建时间：</td>
    <td class="tableContent">
        <input type="text" name="createTime"   readonly ="true"
style="width:90px;"
    onclick="WdatePicker({'skin':'whyGreen','dateFmt':'yyyy-MM-dd'})"/>
    </td>
    </tr>
    <tr>
    <td class="columnTitle_mustbe">仓库名称：</td>
```

```
35. <td class="tableContent"><input type="text" name="name" /></td>
36. <td class="columnTitle_mustbe">仓库缩写：</td>
37. <td class="tableContent"><input type="text" name="shortName" /></td>
38. </tr>
39. <tr>
40.         <td class="columnTitle_mustbe">仓库类别：</td>
41. <td class="tableAutoContent">
42.         <select name="type">
43.                                 <option value="">----请选择----</option>
44.                                 <option value="1" >原材料仓库</option>
45.                                 <option value="2" >货物仓库</option>
46.         </select>
47. </td>
48. </tr>
49. <tr>
50. <td class="columnTitle_mustbe">仓库位置：</td>
51. <td class="tableContent"><input type="text" name="location"/></td>
52. <td clas="columnTitle_mustbe">仓库面积：</td>
53. <td class="tableContent"><input type="text" name="area"/></td>
54. </tr>
55. <tr>
56. <td class="columnTitle_mustbe">仓库备注：</td>
57. <td class="tableContent">
58.         <textarea name = "memo" style="height:120px;"></textarea>
59. </td>
60. </tr>
61.         </table>
62. </div>
63.</div>
```

代码说明

- 第 1 行：单击“确定”按钮时，跳转到控制层的 insert 方法中实现仓库信息添加。
- 第 2 行：单击“返回”按钮时，跳转到控制层的 list 方法中获取列表信息以显示仓库列表界面。
- 第 21～61 行：输入添加的仓库信息。

④ 在 src\main\webapp\WEB-INF\pages\baseinfo\repository 中添加“修改仓库信息页面”jRepositoryUpdate.jsp，关键代码如下。

```
<li id="save"><a href="#" onclick="formSubmit('update.action','_self');">确定</a></li>
<li id="back"><a href="list.action">返回</a></li>
</ul>
```

```
</div>
</div>
</div>
</div>
<div class="textbox" id="centerTextbox">
<div class="textbox-header">
<div class="textbox-inner-header">
<div class="textbox-title">
        修改仓库信息
</div>
</div>
</div>
</div>
<div>
        <table class="commonTable" cellspacing="1">
<tr>
<td class="columnTitle_mustbe">仓库编号：</td>
<td class="tableContent"><input type="text" name="repositoryNo"
value="${obj.repositoryNo }"/></td>
<td class="columnTitle_mustbe">创建时间：</td>
<td class="tableContent">
        <input type="text" name="createTime"   value="<fmt:formatDate
value='${obj.createTime}' pattern='yyyy-MM-dd'/>"   readonly ="true"   style="width:
90px;"
onclick="WdatePicker({'skin':'whyGreen','dateFmt':'yyyy-MM-dd'})"/>
</td>
</tr>
<tr>
<td class="columnTitle_mustbe">仓库名称：</td>
<td class="tableContent"><input type="text" name="name"
value="${obj.name }"/></td>
<td class="columnTitle_mustbe">仓库缩写：</td>
<td class="tableContent"><input type="text" name="shortName"
value="${obj.shortName }"/></td>
</tr>
<tr>
        <td class="columnTitle_mustbe">仓库类别：</td>
<td class="tableAutoContent">
```

```
44.          <select name="type">
45.                                              <option value="">----请选择----</option>
46.                                              <option value="1" <c:if test='${obj.type ==
47."1" }'>selected</c:if>>4 原材料仓库</option>
48.          <option  value="2"  <c:if  test='${obj.type  ==  "2"  }'>selected</c:if>> 货物仓库
</option>
49.          </select>
50.    </td>
51.    </tr>
52.    <tr>
53.    <td class="columnTitle_mustbe">仓库位置：</td>
54.    <td class="tableContent"><input type="text" name="location"
55.value="${obj.location }"/></td>
56.    <td class="columnTitle_mustbe">仓库面积：</td>
57.    <td class="tableContent"><input type="text" name="area"
58.value="${obj.area }"/></td>
59.    </tr>
60.    <tr>
61.    <td class="columnTitle_mustbe">仓库备注：</td>
62.    <td class="tableContent">
63.          <textarea name = "memo"
64.style="height:120px;">${obj.memo }</textarea>
65.    </td>
66.    </tr>
67.          </table>
68.    </div>
69.</div>
```

代码说明

- 第 1 行：单击“确定”按钮时，跳转到控制层的 update 方法中实现仓库信息修改。
- 第 2 行：单击“返回”按钮时，跳转到控制层的 list 方法中获取列表信息以显示仓库表界面。
- 第 21～67 行：输入修改的仓库信息。

⑤ 在项目包 com.cetc55.pss.baseinfo.po 下添加类 Repository.java，作为存储仓库信息的实体类，关键代码如下。

```
package com.cetc55.pss.baseinfo.po;
public class Repository implements Serializable {

    private static final long serialVersionUID = -5350665581780582692L;

```

```
    private String id ;                    //仓库 ID
    private String repositoryNo ;          //仓库编号
    private String name ;                  //仓库名称
    private String shortName ;             //仓库简称
    private String type ;                  //仓库类别: 1—原材料仓库；2—货物仓库
    private Date createTime ;              //创建时间
    private String location ;              //仓库位置
    private String area ;                  //仓库面积
    private String memo ;                   //备注
    private String tenantId ;              //所属租户 ID

    public Repository() {}

}
```

⑥ 在项目包 com.cetc55.pss.baseinfo.controller 下添加类 RepositoryController.java，实现控制层的查增改删代码来调用业务层，关键代码如下。

```
ackage com.cetc55.pss.baseinfo.controller;
@Controller
@RequestMapping("/baseinfo/repository")
public class RepositoryController extends BaseController {

    @Resource
    RepositoryService repositoryService ;
    //存放列表信息
    private List<Repository> dataList ;

    /**
     * 跳转到列表页面
     */
    @RequestMapping("/list.action")
    public String list(Model model,HttpSession session ){
          //获取租户信息
          UserVo curuser = (UserVo) session.getAttribute("CURUSER");
          if(curuser==null){
                return "/user_index.jsp";
          }
          Map<String,Object> paraMap = new HashMap<String,Object>();
          paraMap.put("tenantId", curuser.getTenantId());

          dataList = repositoryService.find(paraMap);
```

```
25.         model.addAttribute("dataList",dataList);
26.
27.         return "/baseinfo/repository/jRepositoryList.jsp" ;
28.     }
```

代码说明

- 第 14～28 行：调用业务层的 find 方法获取仓库信息列表以显示仓库信息列表界面。

```
29.     @RequestMapping("/toview.action")
30.     public String toview(String id, Model model){
31.         Repository obj = this.repositoryService.get(id);
32.         model.addAttribute("obj",obj);
33.
34.         return "/baseinfo/repository/jRepositoryView.jsp";
35.     }
36.     /**
37.      * 跳到添加页面
38.      */
39.     @RequestMapping("/tocreate.action")
40.     public String tocreate(){
41.         return "/baseinfo/repository/jRepositoryCreate.jsp";
42.     }
```

代码说明

- 第 39～42 行：单击仓库列表界面的“添加”按钮时，执行该方法后跳转到添加仓库信息界面。

```
43.     /**
44.      * 添加
45.      */
46.     @RequestMapping("/insert.action")
47.     public String create(Repository repository,HttpSession session){
48.         //获取租户信息
49.         UserVo curuser = (UserVo) session.getAttribute("CURUSER");
50.         if(curuser==null){
51.             return "/user_index.jsp";
52.         }
53.         String tenantId = curuser.getTenantId() ;
54.
55.         repository.setTenantId(tenantId);
56.         this.repositoryService.insert(repository);
```

```
57.         return "redirect:/baseinfo/repository/list.action";
58.     }
```

代码说明

- 第 46～58 行：单击添加仓库信息界面的“确定”按钮时，执行该方法，调用业务层的 insert 方法后跳转到仓库列表界面。

```
59.     /**
60.      * 跳到更新页面
61.      */
62.     @RequestMapping("/toupdate.action")
63.     public String toupdate(String id,Model model){
64.         Repository obj = this.repositoryService.get(id);
65.         model.addAttribute("obj",obj);
66.         return "/baseinfo/repository/jRepositoryUpdate.jsp";
67.     }
```

代码说明

- 第 62～67 行：单击管理仓库列表界面的“修改”按钮时，执行该方法后跳转到修改仓库信息界面。

```
68.     /**
69.      * 更新
70.      */
71.     @RequestMapping("/update.action")
72.     public String update(Repository repository){
73.         this.repositoryService.update(repository);
74.         System.out.println(repository.getMemo());
75.         return "redirect:/baseinfo/repository/list.action";
76.     }
```

代码说明

- 第 71～76 行：单击修改仓库信息界面的“确定”按钮时，执行该方法，调用业务层的 update 方法后跳转到仓库列表界面。

```
77.     /**
78.      * 删除
79.      */
80.     @RequestMapping("/deleteById.action")
81.     public String deleteById(String id){
82.         this.repositoryService.deleteById(id);
```

```
83.         return "redirect:/baseinfo/repository/list.action";
84.     }
85.     /**
86.      * 批量删除
87.      */
88.     @RequestMapping("/delete.action")
89.     public String delete(@RequestParam("id")String[] ids){
90.         this.repositoryService.delete(ids);
91.         return "redirect:/baseinfo/repository/list.action";
92.     }
93.}
```

代码说明

- 第 80～92 行：单击仓库列表信息界面的“删除”按钮时，执行该方法，调用业务层的 delete 方法后跳转到仓库列表界面。

⑦ 在项目包 com.cetc55.pss.baseinfo.service 中添加业务层的接口类 RepositoryService.java，关键代码如下。

```
package com.cetc55.pss.baseinfo.service;
public interface RepositoryService extends BaseService<Repository> {

}
```

⑧ 在项目包 com.cetc55.pss.baseinfo.service.impl 下添加业务层类 RepositoryServiceImpl.java，实现业务层的查增改删，业务层调用数据层，关键代码如下。

```
package com.cetc55.pss.baseinfo.service.impl;
@org.springframework.stereotype.Repository("repositoryImpl")
public class RepositoryServiceImpl extends BaseServiceImpl<Repository> implements
RepositoryService {
    RepositoryDao repositoryDao ;

    @Resource
    public void setRepositoryDao(RepositoryDao repositoryDao) {
        super.setBaseDao(repositoryDao);
        this.repositoryDao = repositoryDao;
    }

    @Override
    public void insert(Repository entity) {
        //创建 UUID 主键
        entity.setId(UUID.randomUUID().toString());
```

```
17.         this.repositoryDao.insert(entity);
18.     }
19.}
```

代码说明

- 第 23～26 行：单击添加仓库信息界面的“确定”按钮时，在控制层的 insert 方法中调用该方法，在该方法中调用 Dao 层的 insert 实现仓库信息的添加。

⑨ 在项目包 com.cetc55.pss.baseinfo.dao 下添加接口类 RepositoryDao.java，关键代码如下。

```
package com.cetc55.pss.baseinfo.dao;
public interface RepositoryDao extends BaseDao<Repository> {

}
```

⑩ 在项目包 com.cetc55.pss.baseinfo.dao.impl 下添加类 RepositoryDaoImpl.java，调用数据库映射文件，关键代码如下。

```
package com.cetc55.pss.baseinfo.dao.impl;
@org.springframework.stereotype.Repository("repositoryDao")
public class RepositoryDaoImpl extends BaseDaoImpl<Repository> implements RepositoryDao
{

    public RepositoryDaoImpl() {
        super.setNs("com.cetc55.pss.baseinfo.mapper.RepositoryMapper");
    }
}
```

⑪ 在项目包 com.cetc55.pss.baseinfo.mapper 下添加 MyBatis 框架映射文件 RepositoryMapper.xml，访问数据库以实现仓库的查增改删，关键代码如下。

```
<?xml version="1.0" encoding="UTF-8" ?>
<!DOCTYPE mapper
PUBLIC "-//mybatis.org//DTD Mapper 3.0//EN"
"http://mybatis.org/dtd/mybatis-3-mapper.dtd">
<mapper namespace="com.cetc55.pss.baseinfo.mapper.RepositoryMapper">
    <resultMap id="RepositoryRM" type="Repository">
        <id property="id" column="REPOSITORY_ID"/>

        <result property="repositoryNo" column="REPOSITORY_NO"/>
        <result property="name" column="REPOSITORY_NAME"/>
        <result property="shortName" column="SHORT_NAME"/>
```

```
12.         <result property="type" column="TYPE"/>
13.         <result property="location" column="LOCATION"/>
14.         <result property="createTime" column="CREATE_TIME"/>
15.         <result property="area" column="AREA" />
16.         <result property="memo" column="MEMO"/>
17.         <result property="tenantId" column="TENANT_ID"/>
18.     </resultMap>
19.
20.     <!-- 查询列表 -->
21.     <select id="find" parameterType="map" resultMap="RepositoryRM">
22.         select * from repository_c
23.         <where>
24.             TENANT_ID = #{tenantId}
25.             <if test="type != null"> AND TYPE = #{type}</if>
26.         </where>
27.     </select>
```

代码说明

- 第 21～27 行：查询信息列表的数据库语句。

```
28.     <!-- 获取单个信息 -->
29.     <select id="get" parameterType="string" resultMap="RepositoryRM">
30.         select * from repository_c
31.         where repository_id = #{pid}
32.     </select>
33.     <!-- 添加仓库信息 -->
34.     <insert id="insert" parameterType="Repository">
35.         insert into repository_c
36.(REPOSITORY_ID,REPOSITORY_NO,REPOSITORY_NAME,SHORT_NAME,TYPE,
CRE
37.ATE_TIME,LOCATION,AREA,MEMO,TENANT_ID)
38.         values
39.         (
40.             #{id, jdbcType = VARCHAR},
41.             #{repositoryNo, jdbcType = VARCHAR},
42.             #{name, jdbcType = VARCHAR},
43.             #{shortName, jdbcType = VARCHAR},
44.             #{type, jdbcType = VARCHAR},
45.             #{createTime, jdbcType = VARCHAR},
46.             #{location, jdbcType = VARCHAR},
47.             #{area, jdbcType = VARCHAR},
```

```
48.             #{memo, jdbcType = VARCHAR},
49.             #{tenantId, jdbcType = VARCHAR}
50.         )
51. </insert>
```

代码说明

- 第 34～51 行：添加仓库信息的数据库插入语句。

```
52. <!-- 修改仓库信息 -->
53. <update id="update" parameterType="Repository">
54.     update repository_c
55.     <set>
56.         <if test="repositoryNo != null">REPOSITORY_NO = #{repositoryNo},</if>
57.         <if test="name != null">REPOSITORY_NAME = #{name},</if>
58.         <if test="shortName != null">SHORT_NAME = #{shortName},</if>
59.         <if test="type != null">TYPE = #{type},</if>
60.         <if test="createTime != null">CREATE_TIME = #{createTime},</if>
61.         <if test="location != null">LOCATION = #{location},</if>
62.         <if test="area != null">AREA = #{area},</if>
63.         <if test="memo != null">MEMO = #{memo},</if>
64.     </set>
65.     where repository_id = #{id}
66. </update>
```

代码说明

- 第 53～66 行：修改仓库信息的数据库更新语句。

```
67. <!-- 删除单个仓库信息 -->
68. <delete id="deleteById" parameterType="string">
69.     delete from repository_c
70.     where repository_id = #{pid}
71. </delete>
72.     <!-- 批量删除仓库信息 -->
73. <delete id="delete" parameterType="string">
74.     delete from repository_c
75.     where repository_id in
76.     <foreach collection="array" item="id" open="(" close=")" separator=",">
77.         #{id}
78.     </foreach>
79. </delete>
```

代码说明

- 第 68～79 行：删除仓库信息的数据库删除语句。

```
80.</mapper>
```

技能训练

实现租户对库存管理信息的原材料入库、原材料出库、货物入库、货物出库功能，如图 10-5 所示。

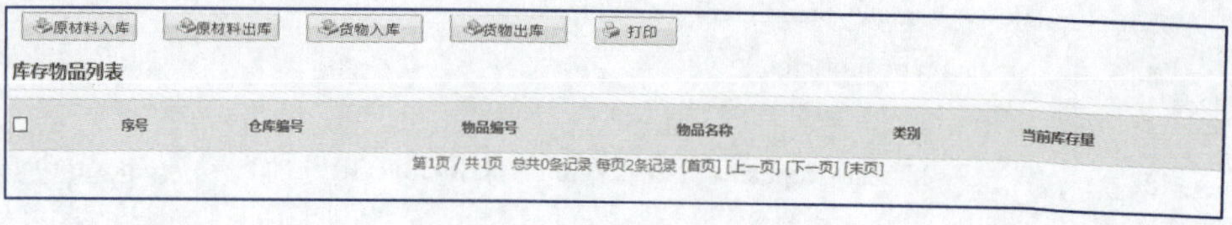

图 10-5
库存物品列表

项目总结

本项目实现了租户用户的库存管理阶段的仓库信息、库存管理的功能。

第三篇

部署发布篇

项目 11 系统云部署及发布

项目描述

Cetc55 系统需要部署到云服务环境上，本项目将详细介绍云部署的概念和部署步骤。

PPT11 系统云部署及发布

PPT

【知识目标】

- 了解云应用的部署知识。

【技能目标】

- 学会云应用在 Linux 上的部署。

【任务列表】

任务编号	任务名称	建议课时
任务	云部署及发布	8
总计（课时）		8

任务　云部署及发布

微课 11-1
云部署及发布-1

微课 11-2
云部署及发布-2

【任务描述】

介绍云部署的定义，了解云部署的基础理论知识。

【任务目标】

- 了解云部署的概念。
- 掌握云部署流程。

【知识学习】

云主机是云计算在基础设施应用上的重要组成部分，位于云计算产业链金字塔底层，产品源自云计算平台。该平台整合了互联网应用三大核心要素——计算、存储和网络，面向用户提供公用化的互联网基础设施服务。云主机是一种类似 VPS 主机的虚拟化技术，VPS 采用虚拟软件，VZ 或 VM 在一台主机上虚拟出多个类似独立主机的部分，能够实现单机多用户，每个部分都可以做单独的操作系统，管理方法同主机一样。而云主机是在一组集群主机上虚拟出多个类似独立主机的部分，集群中的每个主机上都有云主机的一个镜像，从而大大提高了虚拟主机的安全稳定性，除非所有集群内的主机全部出现问题，云主机才会无法访问。

把开发完成的应用程序部署到云环境的云主机上，通过云主机提供服务，这就是云部署。

【任务实施】

1．将应用发布到云主机上

（1）安装 Tomcat

① 从 Tomcat 官网上下载 Linux 版本 Tomcat 7.0 的安装 Tar 包 apache-tomcat-7.0.88.tar.gz，并把 Tar 包上传到云主机/usr/tomcat 下，如图 11-1 所示。

```
[root@saas tomcat]# ls
apache-tomcat-7.0.88  apache-tomcat-7.0.88.tar.gz
[root@saas tomcat]#
```

图 11-1
Tar 包上传到云主机

② 解压 Tar 包，安装 Tomcat，在/usr/tomcat 目录下执行 tar -xvf apache-tomcat-7.0.88.tar.gz 命令，解压后的 Tomcat 目录内容如图 11-2 所示。

③ 执行 cd bin，进入到 bin 目录，如图 11-3 所示。

④ 执行 start.sh 脚本，启动 Tomcat，启动后进入 Web 页面进行验证，端口为 8080。

图 11-4 所示即表示 Tomcat 安装成功。

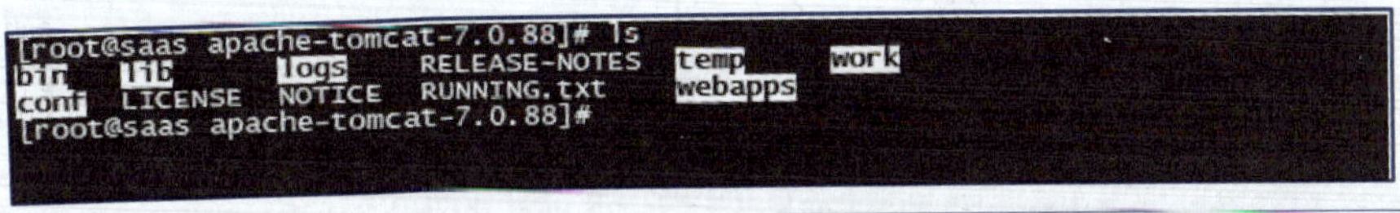

图 11-2
Tomcat 目录内容

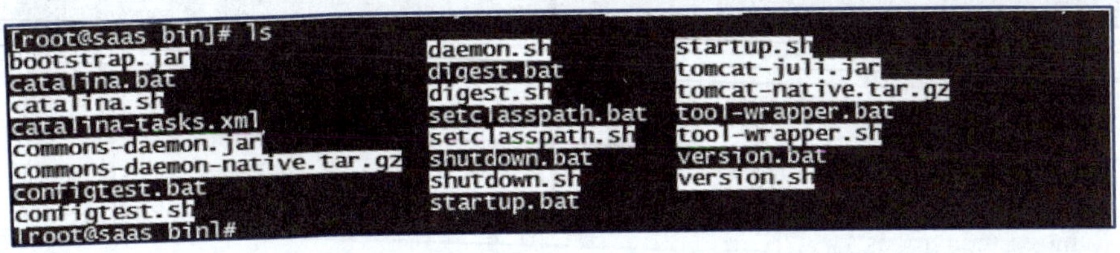

图 11-3
bin 目录内容

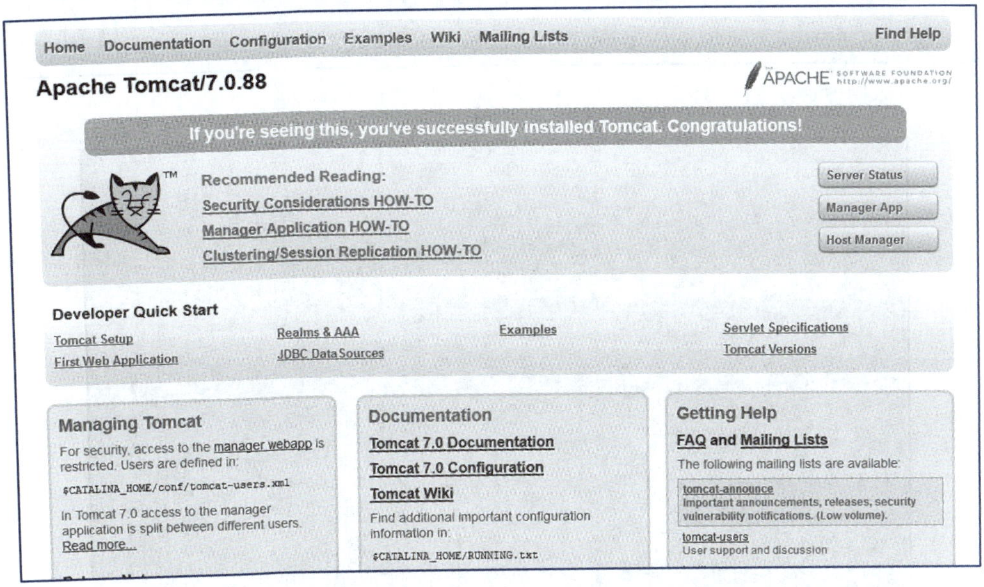

图 11-4
Tomcat 安装成功页面

（2）安装 Mariadb 并创建数据库

此部分需要安装 MySQL，创建数据库，并把本地 SQL 导入到数据库中。

① 使用 yum 安装，执行命令如下。

```
#yum install mariad mariadb-server mysql-connector-java –y
```

② 安装成功后启动数据库，执行命令如下。

```
#systemctlstart mariadb
```

③ 进行数据库初始配置，执行命令如下。

```
# mysql_secure_installation
```

初始密码为空，直接按 Enter 键即可，如图 11-5 所示。

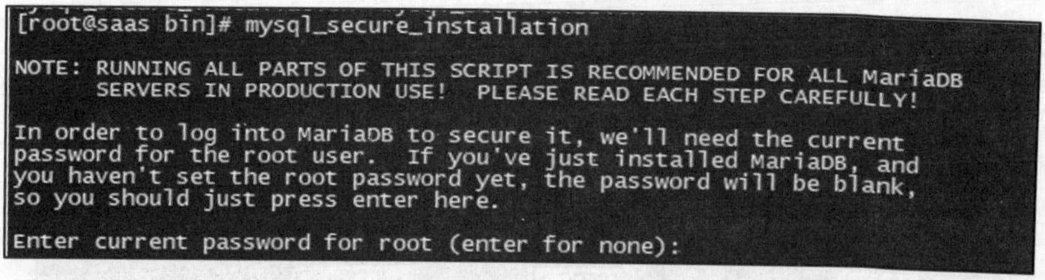

图 11-5
配置数据库

④ 设定数据库登录密码为 123456，然后进行后续配置。

Remove anonymous users?[y/n] 输入 y-----删除匿名用户

Disallow root login remotely?[y/n] 输入 n　-----允许远程登录

Remove test database and access to it ?[y/n]　　输入 y------删除测试数据库

Reload privileges tables now?[y/n] 输入 y-------重新加载权限

具体操作如图 11-6 所示。

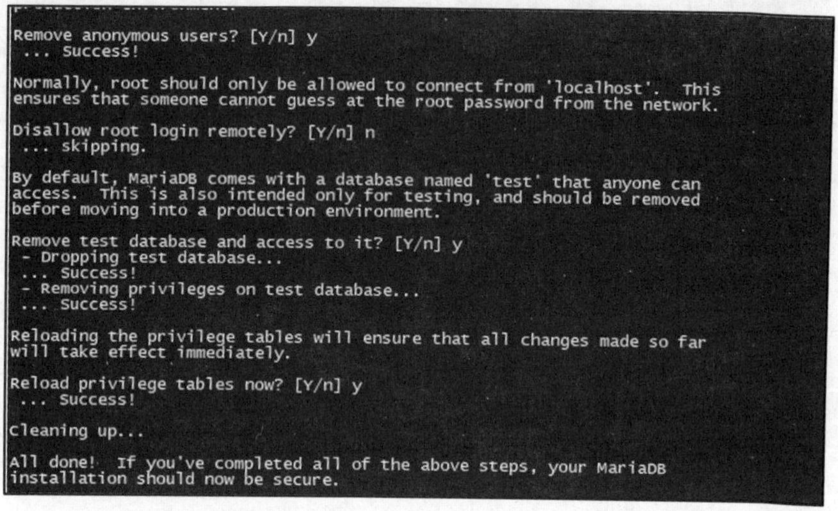

图 11-6
数据库配置

⑤ 配置完成后登录数据库，如图 11-7 所示。

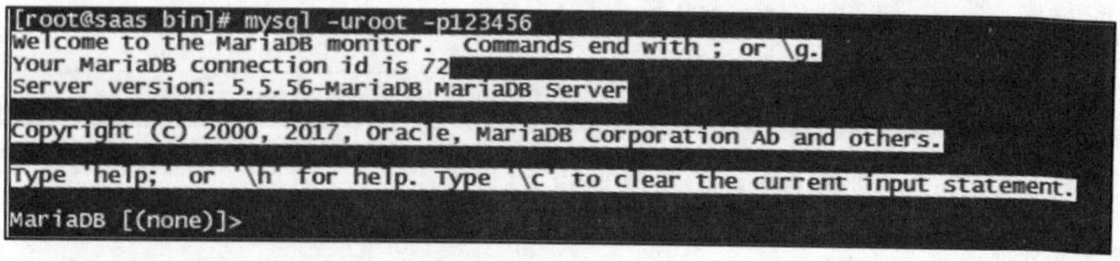

图 11-7
登录数据库

⑥ 通过 Navicat 把本地数据库导出成脚本文件 SaaS_pss.sql，然后上传到云主机/opt/目录下，如图 11-8 和图 11-9 所示。

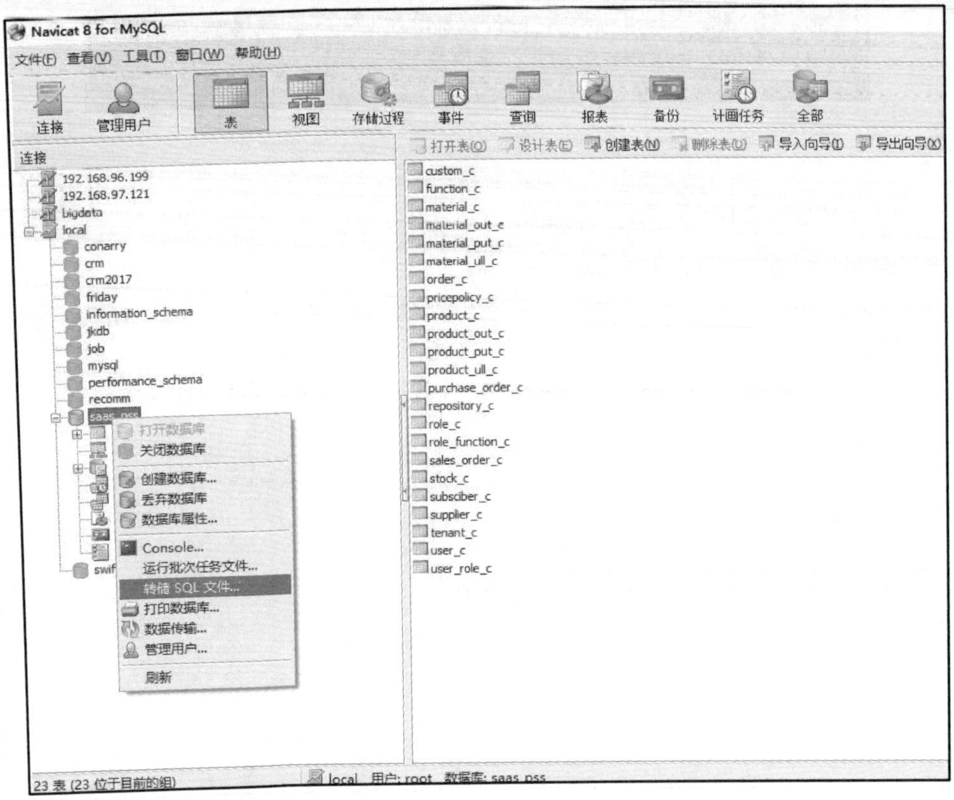

图 11-8
导出数据库 SQL 文件

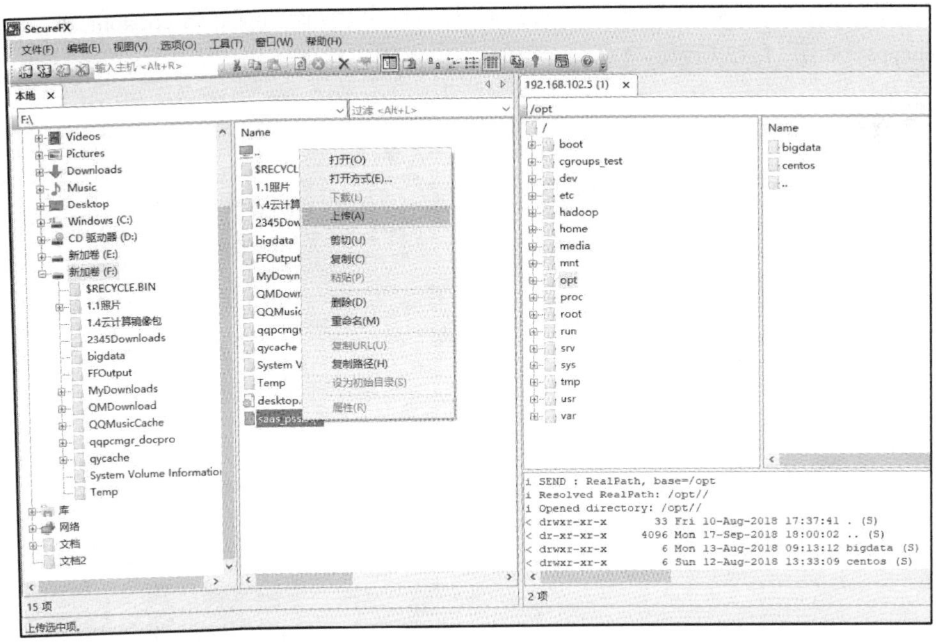

图 11-9
上传 SQL 文件到云主机

⑦ 先执行 user 命令切换到项目的数据库，再执行 source 命令，把数据库导入，如图 11-10 所示。

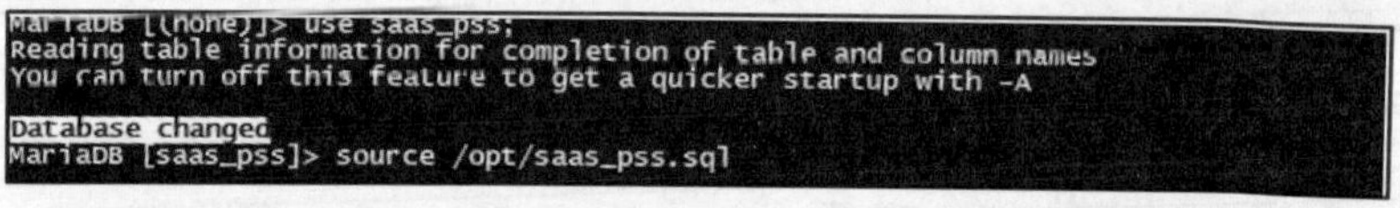

图 11-10
导入数据库

（3）上传项目工程 war 文件到云主机

把项目工程通过 maven 打成 war 包，上传到云主机上。

① 在 Eclipse 软件中右击工程名，在弹出的快捷菜单中选择 Run As→Maven install 命令，把工程打成 war 包，打包过程如图 11-11 所示。

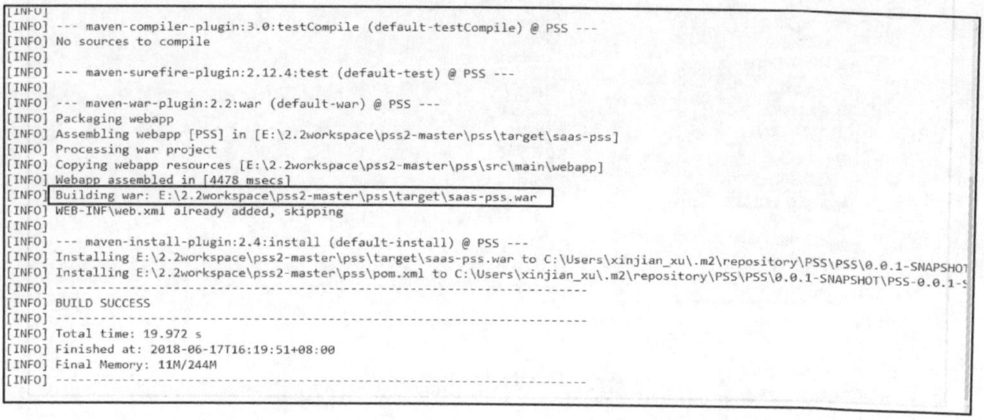

图 11-11
打包过程

② 把生成的 war 包上传到云主机上，目录为/usr/tomcat/apache-tomcat-7.0.88/webapps，如图 11-12 所示。

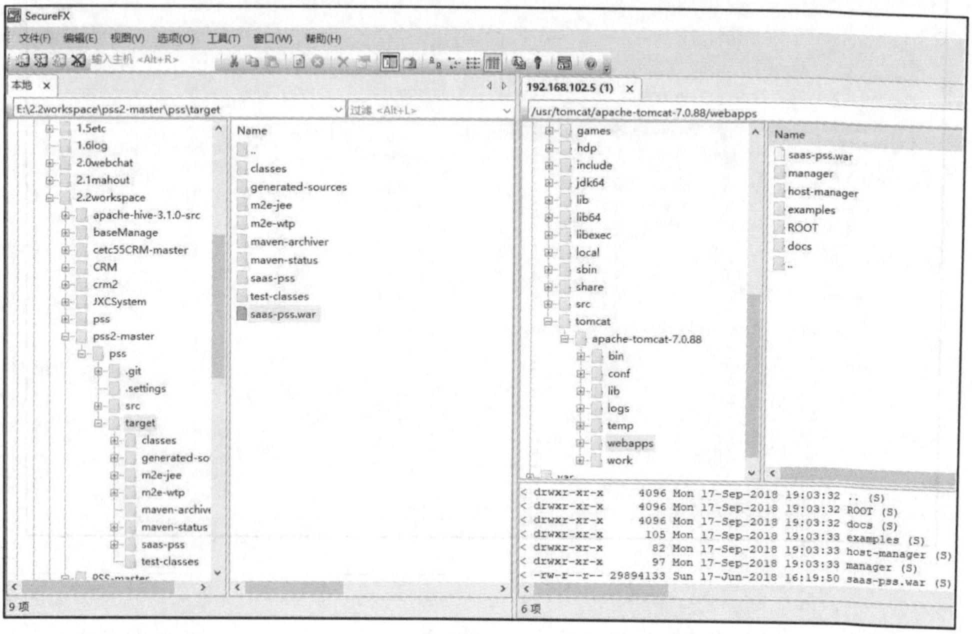

图 11-12
上传 war 包到云主机

③ 重新启动 Tomcat，即可访问企业 SaaS 应用，如图 11-13 所示。

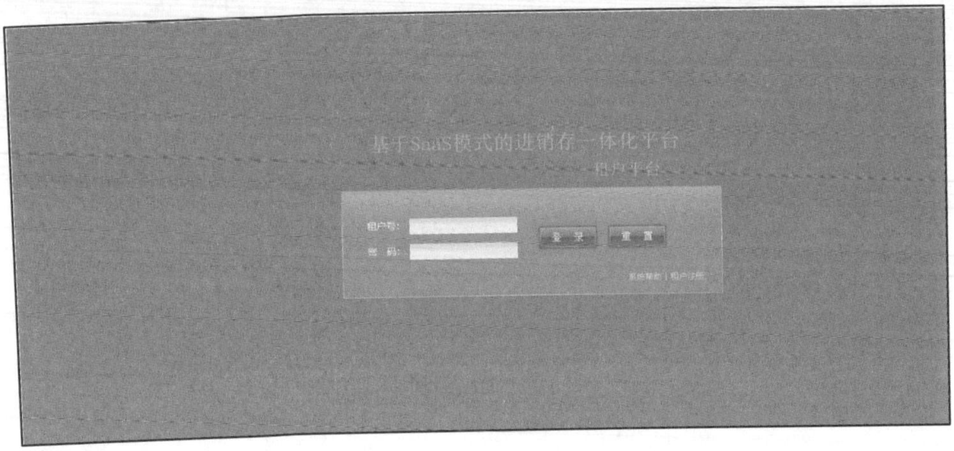

图 11-13
应用首页面

2. 将应用发布到云市场

项目以腾讯云为例，介绍 SaaS 发布到云市场上的整个操作步骤。

① 访问腾讯云官网，免费注册腾讯云账号，如图 11-14 和图 11-15 所示。

图 11-14
腾讯云官网首页

图 11-15
腾讯云注册页面

② 申请成为腾讯云服务商，在主菜单单击“云市场”按钮，如图 11-16 所示。

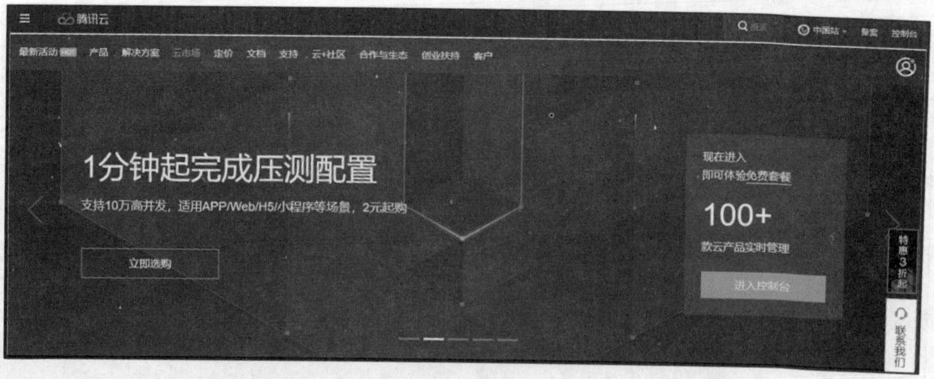

图 11-16
云市场

选择云市场后，进入图 11-17 所示的页面，单击“卖家”按钮，在下拉菜单中选择“服务商入驻”命令。

图 11-17
服务商入驻

进入服务商申请页面，如图 11-18 所示。输入信息完成后，单击“完成”按钮进行信息提交，腾讯云会进行审核，审核通过后，即可成为服务商。

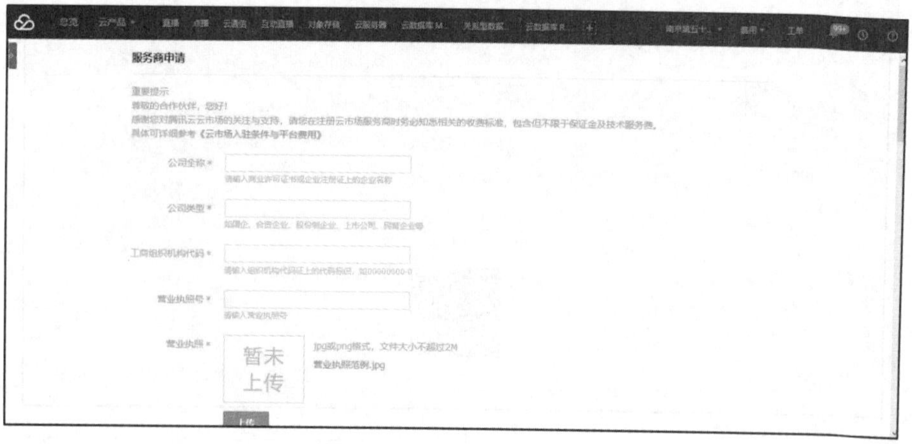

图 11-18
服务商申请页面

③ 发布 SaaS 产品。选择云市场后，进入图 11-19 所示的页面，单击“卖家”按钮，在下拉菜单中选择“服务商中心”命令。

图 11-19
服务商中心

如图 11-20 所示，进入商品管理页面，单击“新建”按钮，创建新应用。

图 11-20
商品管理页面

弹出图 11-21 所示的对话框，选中“SaaS 交付”单选按钮，然后单击“下一步”按钮。

图 11-21
选择“SaaS 交付”单选按钮

输入 SaaS 产品相关的信息，最后进行提交，如图 11-22 所示。

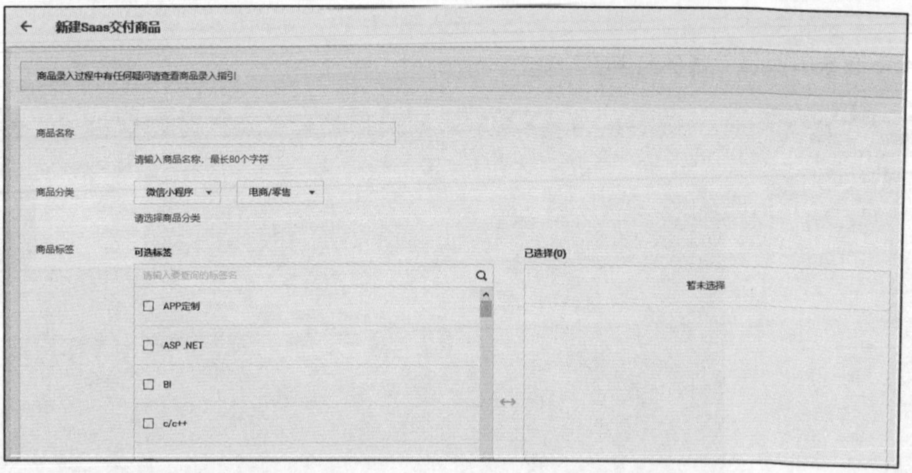

图 11-22
新建 SaaS 交付商品

按照商品输入指引，如图 11-23 所示，完成 SaaS 产品的发布即可。

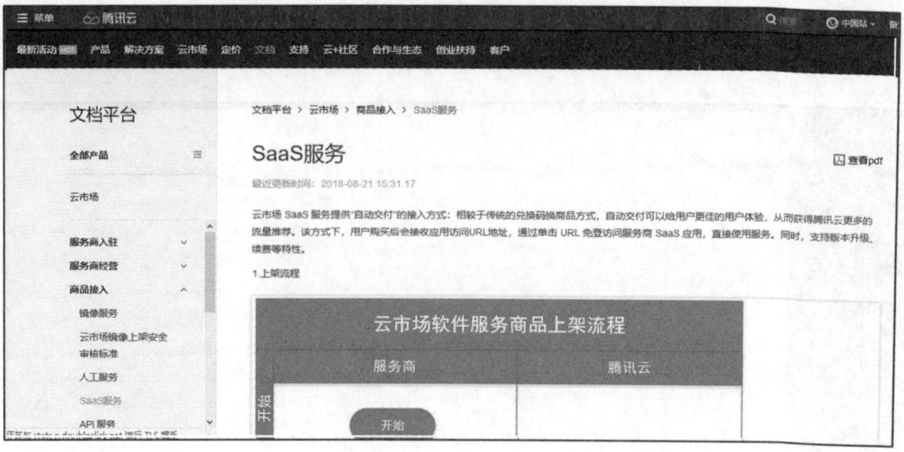

图 11-23
SaaS 服务发布指引

以上就是在腾讯云上发布 SaaS 商品的过程，本过程实现把 SaaS 产品发布到腾讯云市场上进行销售，进而提供 SaaS 服务。

技能训练

① 把自己开发的应用发布到云主机服务器上。
② 把自己开发的应用发布到腾讯云市场上。

项目总结

首先，通过云部署的介绍，学生了解了企业对于云部署的迫切性，其灵活、便利和低廉的价格是中小企业的不二之选。其次，以腾讯云为例，详细展现了实现 SaaS 系统在云上部署的过程，经过任务实施的操作，就可以把本书实现的 SaaS 应用（进销存管理系统）投放到云市场上进行销售。

参考文献

[1] 福克斯，帕特森．SaaS 软件工程—云计算时代的敏捷开发[M]．北京：清华大学出版社，2015.

[2] 何俊．云计算 SaaS 服务演化[M]．北京：科学出版社，2018.

[3] 顾炯炯．云计算架构技术与实践[M]．2 版．北京：清华大学出版社，2016.

[4] 刘鹏．云计算[M]．北京：电子工业出版社，2015.

[5] 杨超伟，黄群英. 空间云计算——应用与实践[M]. 北京：高等教育出版社，2015.

[6] 韩路彪．看透 SpringMVC——源代码分析与实践[M]．北京：机械工业出版社，2015.

[7] 刘增辉．MyBatis 从入门到精通[M]．北京：电子工业出版社，2017.